U0454978

建设项目电子档案标准及系统构建研究

聂云霞　阮洪银　张泽升 ◎ 著

湖南大学出版社
· 长沙 ·

图书在版编目(CIP)数据

建设项目电子档案标准及系统构建研究 / 聂云霞，阮洪银，张泽升著. -- 长沙：湖南大学出版社，2025. 3. -- ISBN 978-7-5667-3954-4

Ⅰ. G275. 3

中国国家版本馆 CIP 数据核字第 2024G4H513 号

建设项目电子档案标准及系统构建研究

JIANSHE XIANGMU DIANZI DANG'AN BIAOZHUN JI XITONG GOUJIAN YANJIU

著　　者：聂云霞　阮洪银　张泽升
责任编辑：吴海燕
印　　装：长沙创峰印务有限公司
开　　本：710 mm×1000 mm　1/16
印　　张：19
字　　数：287 千字
版　　次：2025 年 3 月第 1 版
印　　次：2025 年 3 月第 1 次印刷
书　　号：ISBN 978-7-5667-3954-4
定　　价：68. 00 元

出 版 人：李文邦
出版发行：湖南大学出版社
社　　址：湖南 · 长沙 · 岳麓山
邮　　编：410082
电　　话：0731-88822559(营销部)，88821343(编辑室)，88821006(出版部)
传　　真：0731-88822264(总编室)
网　　址：http://press.hnu.edu.cn
电子邮箱：934868581@ qq. com

前言

PREFACE

随着信息技术的飞速发展，社会电子化、网络化程度越来越高。作为国家经济社会发展中的一项基础性工作，档案工作也必然要适应时代发展的要求，因此，大力推进档案信息化不断向前已迫在眉睫。面对汹涌而至的信息化大潮，社会各界已经认识到电子档案正在成为档案管理对象的主要类型。为避免数字信息的易变性对档案稳定性造成冲击，2020年新修订的《中华人民共和国档案法》第三十七条明确规定了电子档案形成和管理的要求，即"电子档案应当来源可靠、程序规范、要素合规"。法律保障之下，电子档案在千行百业中被应用得更加广泛。然而，在实践中也发现，电子档案的管理仍存在诸多问题，如标准不统一、格式不规范、存储不安全、管理系统质量参差不齐等，严重影响到电子档案的长期保存，制约了电子档案的共享利用。

随着改革开放的不断深入和城镇化的快速发展，中国已成为全球最大的基建市场。随着行业数字化转型的不断加速，基建行业的数字化程度也越来越高，由此带来的建设项目电子档案管理的问题也日益重要且紧迫。"十三五"期间，我国重大项目建档工作卓有成效，其中不乏大量电子档案。《"十四五"全国档案事业发展规划》明确指出，未来发展目标和主要任务之一就是"加快档案资源数字转型"，要求"逐步建立以档案数字资源为主导的档案资源体系。大力推进'增量电子化'，促进各类电子文件应归尽归，电子档案应收尽收，市地级以上国家档案馆全部具备电子档案接收能力，电子档案在档案资源体系中占比明显提升”。在国家政策导向、行业发展趋势和实践管理需要的多重影响下，本书以“建设项目电子档案标准及系统构建”为目的开展深度研究，可谓恰逢其时。

本书基于我国基础设施建设现状，充分考察国内外建设项目电子档案政策实施、理论研究与实践进展，围绕建设项目电子档案标准及系统构建进行了深入研究。在已有成果的基础上，本研究积极响应国家“安可”“信创”的要求，提出了新的电子档案格式规范和数据标准，并设计了具有自主知识产权的电子档案管理系统。值得一提的是，本研究的重要创新点之一在于提出了一种基于区块链技术的电子档案可信存证方法和一种基于大数据技术的电子档案智能检索方法，可以有效解决电子档案的真实性验证、完整性校验、智能化检索等系列问题。唯愿以微薄之力为国家电子档案科学管理提供些许管窥之见，助推当前建设项目电子档案管理中主要问题的解决，进一步提升我国电子档案管理水平与利用效能。

目次

CONTENTS

第1章 绪 论

全球、全业态数字化背景下，工程建设项目也在全过程中较好地嵌入了数字技术。以数字形态而生的各种原生电子记录(电子文件)，经过“归档”环节的筛选，就累积形成了各种各样的电子档案。由于建设项目电子档案真实记录了工程建设的原始完整信息，从申请环节到项目验收环节的相关文件的完整性、准确性都能为日后的工程竣工验收、检查、日常维护和改建等方面提供可靠有力的依据和凭证，因此加强对建设项目的电子档案管理至关重要。从项目管理角度而言，落实好建设项目电子档案管理工作是提升项目管理水平的必要性手段，直接影响着工程的施工质量及整体利益。建设项目档案工作，不仅仅是对项目建设进程中所有档案资料的收集、整理、归档的基本管理，还是工程建设整体质量的“透视镜”，更是追溯社会责任的“尚方宝剑”。

然而综观建设项目电子档案管理现状，并不乐观，其问题主要表现为：

档案管理机构不健全。建设项目档案形成的主体多元化，每个单位自身的档案管理水平参差不齐。同时，各参建单位无档案管理体系和机构，往往是指派一名资料员(大多数是兼职的、临时性的)来开展本项目部的日常档案管理工作。档案责任无法明确，造成整个项目建设档案管理工作混乱，不能及时、准确地反映项目建设过程。

档案收集不规范。建设项目电子档案的收集是档案管理的头部环节。然而，由于建设项目复杂、周期长，且参与方众多，档案收集存在不规范的问题。一些重要的文件可能被遗漏或丢失，或者由于分类不准确导致查找困难。

档案整理不标准。建设项目电子档案的整理是确保档案完整性和可利用性的关键环节。然而，由于缺乏统一的规范和标准，整理过程中经常出现分类混乱、格式不统一、编号不准确等问题，影响到后续的检索与利用。

档案利用不充分。尽管建设项目电子档案的存储和利用可以带来诸多便利，但实际利用过程中还存在一些障碍。一方面，由于保密要求和权限设置不当，一些重要的档案可能无法被充分利用；另一方面，由于缺乏专业的检索工具和索引，用户可能难以快速找到所需的信息。这些都致使档案利用不够充分。

档案信息安全无保障。建设项目电子档案涉及大量的敏感信息，如工程设计图纸、施工方案、验收报告等。在存储和传输过程中，这些信息可能面临被泄露、篡改或损坏的风险。同时，由于网络攻击和网络病毒等，电子档案的安全性也受到威胁。

没有规矩，不成方圆，于建设项目电子档案管理而言，这里的“规矩”显然指的就是“标准”。笔者认为，建设项目电子档案标准的欠缺是上述问题存在的“罪魁祸首”，因此，制定建设项目电子档案相关标准应作为破解问题的切入点，进而在此基础上构建安全、可信、科学的电子档案管理系统，达到从根本上解决问题的目的。

1.1 研究背景与意义

1.1.1 研究背景

自电子计算机诞生以来，人类日益走向数字化生存的道路，社会生产生活方式向电子化、数字化、网络化倾斜，电子档案成为档案的重要存在形态，给档案事业发展带来深刻影响和挑战。纵观全球，文件档案管理“单套制”管理趋势已成为共识。而我国档案部门也在积极响应和实施国家档案局提出的馆藏档案“存量数字化”和“增量电子化”战略，《“十四五”全国档案事业发展规划》提出要“推进企业事业单位电子文件单套制归档从会计系统向管理系统、工程技术系统、科研系统等更广泛领域推广”，建设项目电子档案管理已然成为“十四五”时期档案工作的重要议题之一。

2020 年新修订的《中华人民共和国档案法》规定，电子档案必须来源可靠、程序规范、要素合规，其中蕴含着电子档案标准化与系统化的内在要求。标准化在推进档案管理中发挥着统一、简化的基础性作用，系统化则提供了高效、互通的引领性价值，二者缺一不可。于建设项目而言，一方面，其电子档案标准在法规指引上存在不足，专门性国家标准与行业标准较为缺乏[①]；另一方面，建设项目电子档案管理系统化程度仍有待提高，相关档案材料丢失、错漏等管理问题屡有发生，开展建设项目电子档案标准及系统研究十分重要。

1.1.2 研究意义

凡事预则立，不预则废。在建设项目电子档案管理中，其管理难度表现得更为明显，这主要是因为：建设项目电子档案涉及的档案信息量大、种类繁多，包括工程设计图纸、施工方案、验收报告等，需要更加精细、规范的管理方法和流程；涉及的部门和人员众多，包括设计单位、施工单位、监理单位、业主等，需要更加协调、有序的管理机制和沟通机制；涉及的档案信息具有一定的保密要求，需要更加完善的安全管理机制和技术保障措施；涉及的档案信息需要更加高效、准确的利用方式，需要更加规范、便捷的利用流程和更加先进的技术支持。因此，建设项目全过程管理中需要采取更加科学、规范的管理方法和技术手段，以确保建设项目电子档案管理的安全、准确、高效和便捷。

本书以建设项目电子档案标准制定与系统构建为中心主题，旨在以理论研究为先导，提高建设项目电子档案标准化和系统化水平，推动建设项目电子档案管理实践发展，使电子档案能够更好地服务于建设项目开展和社会化利用，因此具有重要的理论意义和实践意义：其一，通过制定标准化的电子档案格式和数据规范，可以提高档案的完整性和可读性，方便档案的利用和管理；其二，通过构建安全可靠的电子档案存储和管理系统，可以保障档案的安全性和保密性，避免因数据泄露和损坏而给建设项目带来损失；其三，通过推广和应用本研究所提出的方法、措施、标准，可以提高建设项目的信息化水平和管理效率，为工程项目行业的规范化、可持续发展提供有力支撑。

---

① 徐拥军，王兴广，郭若涵. 我国电子档案管理标准建设现状与推进策略[J]. 图书情报工作，2022，66(13)：36-47.

1.2 核心概念与术语

1.2.1 文件与电子档案

文件是档案的前身，档案由文件经过归档转化而来。从文件档案管理视角来看，文件(records)是指机构或个人在履行其法定义务或开展业务活动过程中形成、接收并维护的作为凭证和具有查考作用的信息，可简称为“业务凭证”[①]。档案(records/archives)是指形成文件的业务活动结束之后仍然具有保存价值的文件。文档是文件和档案的合称。从计算机技术视角来看，文件(file)是作一个单元存储或处理的命名的记录集。[②] 文档(document)主要是指非结构化数据。除非特别说明，本书使用的文件、档案、文档的概念均来自文件档案管理领域。

根据我国档案行业标准《电子档案管理基本术语》(DA/T 58—2014)中的定义，电子档案是指具有凭证、查考和保存价值并归档保存的电子文件。[③] 从属性与特征上讲，电子档案的非人工识读性、信息与载体的可分离性、对电子技术和设备的依赖性等特点使其真实性、完整性、安全性、可用性面临挑战。因此，电子档案必须封装元数据、背景信息和认证信息[④]，保障电子档案的真实、完整、安全与可用。

2024年9月14日，国家档案局公布的《电子档案管理办法》(国家档案局第22号令，自2024年11月1日起施行)第一章“总则”第二条中，规定“电子档案，是指机关、团体、企业事业单位和其他组织以及个人在

① 全国信息与文献标准化技术委员会. 信息与文献文件管理第1部分：通则：GB/T 26162.1—2010[S]. 北京：中国标准出版社，2011.

② 中国电子技术标准化研究所. 信息技术 词汇第1部分：基本术语：GB/T 5271.1—2000[S]. 北京：中国标准出版社，2000.

③ 中华人民共和国国家档案局. 电子档案管理基本术语：DA/T 58—2014[S/OL]. [2023-06-12]. https://www.saac.gov.cn/daj/hybz/201806/11d12caaf89e4228a720b07fddffb480/files/4edded2147cc407fa4c72638eedc9726.pdf.

④ 黄新荣. “电子档案”概念新解[J]. 档案学研究，2008(2)：53-55.

履行法定职责或者处理事务过程中，通过计算机等电子设备形成、办理、传输、存储的，对国家和社会具有保存价值并归档保存的各种信息记录”。相较国家层面的电子档案管理办法和部门规章，本书更倾向于《电子档案管理办法》中对“电子档案”的界定和阐释。

1.2.2 建设项目电子档案

建设项目一般指“基本建设项目”的简称，因此也可称为“基建项目”。根据国内档案行业标准《建设项目档案管理规范》(DA/T 28—2018)的定义，建设项目指“建筑、安装等形成固定资产的活动中，按照一个总体设计进行施工，独立组成的，在经济上统一核算、行政上有独立组织形式、实行统一管理的单位”。因此，建设项目施工过程中所形成的立项审批文件、设备文件、会计核算文件、竣工验收文件等材料经由归档保存后就形成了建设项目电子档案。实践中，也有将建设项目电子档案称为“项目电子档案”“工程电子档案”，为便于更好理解，本书统一称为“建设项目电子档案”。

1.2.3 在线电子认证平台

网络时代，电子信息的真实性、完整性、安全性面临威胁，而建立健全在线电子认证平台是规避信息篡改与伪造风险的重要方式。电子认证(electronic authentication)是运用电子技术检验文件安全性或用户身份合法性，它以 PKI (public key infrastructure) 公钥技术为基础，由 CA (certificate authority)认证机构进行端对端加密与核验。电子文件认证常见的有哈希值校验、电子签名、时间戳等，目的在于通过可信任的第三方机构来保证电子文件内容信息的真实可信。

1.2.4 建设项目电子档案的标准

“标准”和“规范”虽然是两个相互关联的概念，但也不尽相同。

在界定方面，“标准”通常是指一种规范、准则或要求，用于规定某个领域中的最佳实践或最低要求。它可以是正式的或非正式的，可以由政府、行业组织、企业或个人制定。“规范”则是一种更具体的标准，通常用于规定某个特定领域或特定产品的具体要求、参数或方法。它通常是基于某个特定的标准或多个标准的进一步细化。

在适用范围方面，标准通常适用于更广泛的领域，可以是行业标准、国家标准、国际标准等。它是一种普遍适用的准则，可以用于指导多个方面的实践。“规范”则更适用于特定领域或特定产品，如建筑设计规范、机械制造规范、食品安全规范等。它通常是针对特定领域的具体要求进行制定的。

而建设项目电子档案所涉及的各个层面规范、准则或要求众多，鉴于此，本书选取“标准”一词与“建设项目电子档案”搭配，更契合研究对象本身及研究内容的覆盖面。

1.3 主要研究内容

一般而言，标准化和系统构建是电子档案管理的核心与重心。因此，本书将重点研究建设项目电子档案标准与系统构建。建设项目电子档案标准化的重点在于制定符合实际需求的格式规范和数据标准，而系统构建的重点在于设计一个安全可控、易于维护、便于使用的电子档案管理系统。与此同时，本研究的难点也在于如何保证电子档案的真实性和完整性，如何保障电子档案的安全性和保密性。

基于上述研究思路，本书主要围绕以下五个部分展开：第一部分，调查分析建设项目电子档案标准及系统需求；第二部分，阐释说明建设项目电子档案标准的重要性、原则、内容以及方法路径；第三部分，从设计原则、部署框架、功能接口等方面探讨构建建设项目在线电子认证平台；第四部分，分析建设项目电子档案系统的设计目标、结构功能与运行机制；第五部分，以广东省交通工程项目为例，总结建设项目电子档案标准及系统构建的经验与启示，并提出在线电子认证平台、长效保存技术、交接信任机制的构建路径。

第 2 章　国内外研究应用状况

2.1 国外研究应用现状

国外建设项目档案研究的相关内容总体上包括对建设项目档案的存档质量控制、数字管理转型、开发利用升级三个层次。

第一，建设项目档案的存档质量研究。建设项目档案的材料质量关系项目运行维护以及档案开发利用水平，国外不少学者都致力于探究保障建设项目档案质量的方法或路径。S Tuttas 等(2016)研究认为监控现场情况并及时构建 BIM 信息模型是质量控制的一项基本任务，并重点强调了图像档案材料的重要价值以及采集策略。① W Basir 等(2018)也持相同观点，同时提出 GIS 技术在 BIM 模型中的集成性价值应用于档案资源的收集整理，能够有效提高建设项目档案质量。② M Tesar 等(2019)从学理角度阐释说明了项目档案形成和收集的主客体伦理观，为建设项目档案质量控制提供了方法论指导。③ 因此，W Basir 等(2020)在 2020 年对 BIM 和 GIS 在建设项目档案中的集成应用进行了更为深入的分析，探讨将数据一致性作为建设项目档案资源质量的审查标准，为技术的集成应用做出了基本限定。④ Z K Wang 等(2022)提出建设项目档案对于评估和追溯工业 4.0 时代下的项目质量至关重要，并以水务工程为例建立基于区块链技术的工程建设数据管理模型，以进一步保障档案安全性和可追溯

---

① TUTTAS S, BRAUN A, BORRMANN A, et al. Evaluation of acquisition strategies for image-based construction site monitoring[J]. The international archives of the photogrammetry, remote sensing and spatial information sciences, 2016, 41: 733-740.

② W BASIR, MAJID Z, UJANG U, et al. Integration of GIS and BIM techniques in construction project management: a review[J]. The International archives of the photogrammetry, remote sensing and spatial information sciences, 2018, 42: 307-316.

③ TESAR M, ARNDT S. Philosophies and ethics of the project archive[J]. Educational philosophy and theory, 2019, 51(4): 434-444.

④ BASIR W, UJANG U, MAJID Z, et al. The integration of bim and gis in construction project-a data consistency review[J]. The International archives of the photogrammetry, remote sensing and spatial information sciences, 2020, 44: 107-116.

性。[①] F Banfi 等(2023)着重分析了 BIM 技术向 HBIM 历史建筑信息模型技术的质量优化可能，通过虚拟视觉叙事重现古罗马建筑遗产以增强认识。[②]

第二，建设项目档案的数字管理研究。电子信息时代的到来使档案载体材料向电子化转变，要求建设项目档案管理各环节适应电子化、数字化和网络化环境。C H Caldas 等(2002)提出了一种改进组织系统中信息管理和访问的自动分类方法以改善手工分类难以适应大量电子信息需求的弊端，通过采用向量机为判别依据初步开发了建设项目文档分类系统，并增强可扩展性使其易于部署。[③] S E Labkoff 等(2007)认为社区卫生等信息基础设施项目日益综合化和全面化，不仅仅要对建设项目进度和资料进行管理，更重要的是把控各流程环节及其所可能涉及的利益因素。[④] K Hu 等(2016)研究了建设项目档案查询的可视化界面，通过时间相关性、搜索相关性、上下文相关性三种类型信息来扩展可视化查询，从而提高项目存档查询效率，减少耗时。[⑤] E Kania 等(2021)将建设项目描述为一个临时的、自组织的联盟网络，该网络由追求其目标的专业实体组成，而对建设项目档案的管理关键在于形成各参与者之间沟通与协调的元网络关系结构。[⑥] M Eizahed 等(2022)认为能源和石油项目是复杂的建设项目之一，必须实施大数据技术将非结构化数据转换为结构化数

① WANG Z K, WANG K N, WANG Y C, et al. A data management model for intelligent water project construction based on blockchain[J]. Wireless communications and mobile computing, 2022, 2022: 8482415.

② BANFI F, ROASCIO S, MANDELLI A, et al. Narrating ancient roman heritage through drawings and digital architectural representation: from historical archives, UAV and LIDAR to virtual-visual storytelling and HBIM projects[J]. Drones, 2023, 7(1): 51.

③ CALDAS C H, SOIBELMAN L, HAN J. Automated classification of construction project documents [J]. Journal of computing in civil engineering, 2002, 16(4): 234-243.

④ LABKOFF S E, YASNOFF W A. A framework for systematic evaluation of health information infrastructure progress in communities[J]. Journal of biomedical informatics, 2007, 40(2): 100-105.

⑤ HU K, STAUB-FRENCH S, TORY M, et al. Visarchive: a time and relevance based visual interface for searching, browsing, and exploring project archives[J]. Visualization in engineering, 2016, 4: 1-16.

⑥ KANIA E, ŚLADOWSKI G, RADZISZEWSKA-ZIELINA E, et al. Planning and monitoring communication between construction project participants[J]. Archives of civil engineering, 2021, 67(2): 455-473.

据，从而实现智能归档。①

第三，建设项目档案的开发利用研究。建设项目涉及文字、图像、音频、视频等多种档案源以及众多参与者，这些海量数据对项目运行与发展具有丰富的开发利用价值。R Spallone 等(2019)在 IMEKO TC-4 国际会议上提出采用 SFM 管理和数字建模的方式以增强建筑档案遗产保护，这种做法能够促进知识关系的生成，使档案成为融合真实与虚拟场所的媒介。② G T Woolston(2020)从诗学的角度阐释建筑档案的空间生产功能，通过诗学将其从静态空间转变为创造性空间，西雅图诗歌网络、华盛顿诗歌路线以及诗意庇护所等项目实践能够帮助人们以新的方式阅读和想象建设项目档案并构建广阔的未来。③ Y Wang 等(2023)梳理了公路建设项目的施工过程及其主要数据来源，基于公路工程数据的不平衡特性构建项目实体与参与过程的数据关联网络以及公路建设数据的知识图谱，并根据熵权云模型方法构建评价指标体系，为公路建设项目档案的知识化应用提供了理论参考。④ R Domenichini(2023)强调历史研究只是建筑档案的作用之一，建筑档案更重要的作用在于关注人类环境，对于集体记忆的构建和知识资源的组织都至关重要。⑤

2.2 国内研究应用现状

对国内文献的调研，主要选取查询了中国期刊全文数据库、中国博

① ELZAHED M，MARZOUK M. Smart archiving of energy and petroleum projects utilizing big data analytics[J]. Automation in construction，2022，133：104005.

② SPALLONE R，BERTOLA G，RONCO F. SFM and digital modelling for enhancing architectural archives heritage[C]//IMEKO TC4 international conference on metrology for archaeology and cultural heritage，MetroArchaeo，Florence，2019：4-6.

③ WOOLSTON G T. Poetics in the architectural archives：possibilities for imagining pasts and futures [D]. Washington：University of Washington，2020.

④ WANG Y，ZHUANG J，ZHOU G，et al. Research on unbalanced mining of highway project key data based on knowledge graph and cloud model[J]. Alexandria engineering journal，2023，68：67-81.

⑤ DOMENICHINI R. Architectural archives，a resource for knowledge and collective memory [J]. Boletim do arquivo da universidade de coimbra，2023 (extra 1)：37-51.

士学位论文全文数据库、中国优秀硕士学位论文全文数据库、中国重要会议论文全文数据库、中国重要报纸全文数据库。上述数据库基本覆盖国内相关研究动态，可以代表国内相关研究的现状。在此次检索中，数据库检索策略为“主题”=“建设项目档案”或“基建档案”，对检索结果加以分类梳理得出国内相关研究大致围绕以下三个方面展开。

2.2.1 建设项目档案的管理流程研究

在我国现有研究成果中，建设项目档案管理流程研究主要围绕建设项目档案数量规模与质量水平的优化控制层面来展开分析探讨，以求保障建设项目档案全生命周期的完整、安全与可用，对于建设项目的维修、恢复、改建、扩建等具有重要意义。第一，在档案验收层面，李培建(1993)较早提出验收工作是一项十分必要且重要的工作，认为在验收时间上需要将同步验收与超前验收相结合，此外还需考虑验收成员组成、方法程序、内容构成等问题。① 其后，刘振忠等(2003)补充说明了建设项目档案验收范围，包括立项审批文件、设计文件、施工技术文件、竣工文件、监理文件、设备文件和竣工验收文件等。② 2006年，国家档案局与国家发展和改革委员会联合下发《重大建设项目档案验收办法》，甘肃省档案局和北京市档案局分别跟进出台相关办法进一步在业务层面规范了建设项目的档案验收工作。③④ 第二，在档案鉴定层面，周政坤(2008)指出，基建档案鉴定好坏实质上反映在保管价值确定得是否得当与正确，根据保管价值确定是长期保管还是定期保管，具体可以在工作中采取分工包干、负责到底的办法，统筹领导、技术人员、档案人员，加强分工协同。⑤ 对此，田煜(2016)认为，建设项目档案准确性的衡量标准当以依据性为前提，以完整性为保障，以一致性为核心，判别方法则当遵循口

---

① 李培建. 基建工程档案验收问题探索[J]. 档案学通讯，1993(5)：35-36.

② 刘振忠，刘同勇. 谈重点建设项目档案的收集与整理[J]. 档案，2003(4)：54-55.

③ 赵海林. 加强和规范建设项目档案管理的一项重大举措《甘肃省建设项目竣工档案专项验收办法》出台[J]. 档案，2006(6)：4.

④ 张益民. 北京市档案局 北京市发展与改革委员会联合发文 首都重点建设项目档案验收工作进一步规范[J]. 北京档案，2007(2)：5.

⑤ 周政坤. 谈如何做好基建档案的清理鉴定[J]. 兰台世界，2008(11)：33-34.

期校验、按图索骥、重点排查和竣工测量。① 第三，在档案监控层面，张伟(2018)以电网建设项目为参照，阐述了建设项目档案全过程管控体系的顶层设计与运作机制，其中包括建立培训交底机制、形成协同工作机制、夯实监督检查机制、抓好验收把关机制、明确合同考核机制等五项内容。② 郝伟斌等(2020)立足“互联网+”环境构建新型监管机制，转变治理理念和开放理念，打造多主体、多向度监管体系，从线下监管、分头监管向线上监管、协同监管转移，形成事前承诺监管、事中分级监管、事后联合监管的建设项目档案监控体系。③

2.2.2 建设项目档案的管理问题研究

档案管理的目标在于保障档案的真实性、完整性、安全性与可用性，因而关于档案管理存在问题的研究也大多出于此。第一，在真实性问题上，熊文胜(2002)认为，建设项目档案文件应首要关注相关依据性材料以作为建设项目真实性的可靠依凭，尤其工程项目的规划许可证、施工许可证、上级批复等文件。④ 从长远来看，建设项目档案材料的失实影响的是项目后期的维护等工作。第二，在完整性问题上，高伟等(2009)鲜明地指出建设项目档案整理过程中存在忽视全过程管理、忽视档案材料成套性、忽视档案案卷质量等问题，给项目工作造成不良影响。⑤ 第三，在安全性问题上，聂益武等(2010)认为，建设项目安全管理问题主要表现在档案意识淡薄、验收效率低下、业务水平薄弱以及信息化建设滞后等方面。⑥ 第四，在可用性问题上，建设项目档案的可用性保障主要在于移交和保管过程中的把握与控制。其中在移交方面，顾希云(2013)认为，基建档案移交大多管理不善，书写材料不规范、移交不及时、材料污损

---

① 田煜．对通信光缆建设项目档案准确性问题的探讨[J]．档案管理，2016(1)：58-59.

② 张伟．电网建设项目档案全过程管控体系构建及应用[J]．中国档案，2018(6)：68-69.

③ 郝伟斌，周昊，李璐璐．“互联网+”环境下建设项目档案新型监管机制研究[J]．档案管理，2020(6)：48-51.

④ 熊文胜．论竣工文件的质量控制[J]．档案学通讯，2002(1)：54-55.

⑤ 高伟，朱昌伟．谈大型公共建设项目档案的案卷整理[J]．兰台世界，2009(S1)：56-57.

⑥ 聂益武，陈美玲．加强重点建设项目档案安全管理的几点思考[J]．浙江档案，2010(7)：31-32.

涂改现象一直存在，导致建设单位蒙受损失的实例可谓不少，严重影响项目正常运作。① 而在档案保管方面，朱彩云(2013)认为，建设项目档案保管过程中制度的不健全以及奖惩的不明导致工作人员纪律性不强、积极性不高，是造成档案可用性问题的主要因素。②

2.2.3 建设项目档案的管理策略研究

从现有研究成果来看，建设项目档案管理模式的优化与更新是提升管理水平的重中之重。纪红卫(2014)提出在验收阶段采取分阶段验收模式来取代整体验收模式，相较而言，整体验收模式的问题解决导向难以满足建设项目档案过程的监管之需，且其集中处理的问题解决导向与建设项目文件控制影响深、档案规范精细、信息化程度高的复杂属性相冲突，不利于建设项目档案管理。③ 徐海燕(2015)认为，在建设项目档案管理中需强化质量认证理念，以加强过程控制和提高管理人员素质。④ 田煜(2016)以内容、形式和整理为坐标轴构建了建设项目档案管理的系统性评价体系，包括内控管理、制度保障、技术优势、验收标准和培训指导五个方面。⑤ 巩玉静(2018)以北京城市副中心投资建设集团有限公司为例，阐述了建设项目标准化管理的实施方法，即建立组织制度、保障设备设施、统一编制标准、全过程同步、加强监督检查和验收管理。⑥ 芦利萍(2022)立足新基建背景，指出新形势下建设项目档案管理模式应向数字化协同和知识化协同转变，建设数字化协同平台，开展建设档案知识获取、知识重用、知识标识和知识维护工作。⑦ 魏士妮(2023)对建设项目档案管理工作的数字化转型也表达了同样的看法，且以北京大兴机场工程建设项目作为示范案例。⑧

---

① 顾希云. 基建档案移交存在的问题及改进建议[J]. 青年记者，2013(17)：112.

② 朱彩云. 浅谈基建档案管理中存在的问题与对策[J]. 兰台世界，2013(S3)：38.

③ 纪红卫. 核电工程项目档案分阶段验收模式探析[J]. 档案学通讯，2014(6)：91-96.

④ 徐海燕. 建设项目档案中的质量认证理念[J]. 中国档案，2015(4)：56-57.

⑤ 田煜. 重大建设项目档案系统性评价指标研究[J]. 档案管理，2016(5)：48-49.

⑥ 巩玉静. 建设项目档案标准化管理方法探析[J]. 北京档案，2018(8)：28-30.

⑦ 芦利萍. 基于新基建的档案管理模式优化探讨[J]. 档案管理，2022(2)：80-81.

⑧ 魏士妮. 北京大兴机场工程建设项目档案管理实践探索[J]. 北京档案，2023(5)：43-44.

第 3 章　电子档案管理理论支撑

3.1 文件生命周期理论

文件与档案既相互区别，又相互联系，这种区别或联系以文件的运动状态即文件生命周期为衡量尺度。文件生命周期理论是档案学基础理论支柱之一，对于理解和应用建设项目电子档案标准及系统构建具有重要理论意义。生命周期作为一个生命科学术语，最早由美国档案学者菲利普·布鲁克斯(Philip Brooks)于1940年拓展至文件档案领域，并逐步形成了文件生命周期理论(theory of records' life cycle)，以应对文件数量急剧增长给文件中心带来的挑战。文件生命周期理论认为文件从其形成到销毁或永久保存是一个完整的运动过程，该过程根据文件价值形态的变化可划分为现行、半现行、非现行等阶段，每一阶段文件的价值形态与其服务对象、保存场所、管理形式之间相对应。[①] 根据这种对应关系，文件的价值形态实际上指文件的原始价值及归档保存后的档案价值。在一个线性的文件生命周期里，文件价值形态呈现出从原始价值向档案价值过渡的客观规律，从而揭示了文件与档案两者在时间维度上的区别与联系，为文件的前端控制和文档的一体化管理提供了理论依据和实践指导。

而对建设项目电子档案标准及系统构建而言，控制和管理档案的前身——文件尤其重要，这不仅关系建设项目电子档案的真实性、完整性、安全性、可用性保障，更与建设项目的正常运转息息相关。总之，文件生命周期理论为建设项目电子档案的标准制定和系统构建奠定了理论基础和前提条件。

① 冯惠玲，张辑哲．档案学概论[M]．2版．北京：中国人民大学出版社，2006：261.

3.2 文件连续体理论

电子信息时代以来，电子文件以非线性运动状态给传统文件生命周期理论带来挑战的同时，也促使其不断修正和完善，文件连续体理论应运而生。20 世纪 90 年代末，澳大利亚档案学者弗兰克·阿普沃德(Frank Upward)应用后保管原则和结构化理论构建了文件连续体模式，提出了构建多维坐标体系来描述电子文件运动过程的思想方法：以文件保管形式轴、价值表现轴、业务活动轴和形成者轴统领单份文件、文件集合、档案全宗、全宗集合的四维文件运动过程。[①] 概言之，文件连续体理论突出了文件运动的连续性、立体性和统一性特点，强调文件与其服务对象、保存场所、管理形式之间的多维互动过程。这一过程进一步揭示了电子文件的运动特点及规律，更加注重对电子文件管理系统的前端控制和全程管理，为文件生命周期理论在电子文件时代的适用性深化提供了借鉴参考。

建设项目电子档案标准制定及系统构建离不开对建设项目电子文件的前端控制和全程管理，要求将电子文件与电子档案看作连续统一、不可分割的整体。具体来说包括以下几点：一是以立体动态的视角考察建设项目电子文件到电子档案的复杂轨迹，明确单份文件、文件集合、档案全宗、全宗集合之间的关联；二是以文件或档案保管形式为统领，把握建设项目电子文件的形成者、业务活动和价值表现等要素，保障其真实性、完整性、可用性和安全性；三是统筹规划建设项目电子文件标准、系统与电子档案标准、系统，建立文档一体化流程。

① 冯惠玲，张辑哲. 档案学概论[M]. 2 版. 北京：中国人民大学出版社，2006：268-269.

3.3 档案双元价值论

关于档案价值形态的探讨，比较经典的是美国著名档案学者谢伦伯格阐述的文件双重价值论，即文件对原形成机关的第一价值和对其他主体的第二价值。[①] 作为一种西方外来理论，文件双重价值论推动了我国档案事业发展，在此基础上，国内档案学者纷纷开展档案价值理论的本土化创新，其中具有代表性的是覃兆刿在《中国档案事业的传统与现代化》中所提的档案双元价值论。

覃兆刿认为，首先，档案价值是档案方式、资源性状、劳动及社会作用效应之和；其次，档案是工具价值和信息价值的双元价值结合体；最后，档案双元价值不是此消彼长的，而是相互平衡的。[②] 档案工具价值由档案的结构形式所赋予，具有普遍性；信息价值则由档案的内容信息所承载，是一种个性价值。两者分别指向档案的自然属性和社会属性。[③] 档案产生的目的在于国家政治统治和社会秩序治理，随着档案由封闭走向开放，档案的信息价值越来越多地被开发利用，如档案知识服务及个性化定制等，档案价值的实现也呈现为一种“椭圆现象”[④]。建设项目电子档案同样具有工具价值和信息价值，工具价值在于保障建设项目的顺利实施，信息价值在于建设项目档案的社会性开发利用，而工具价值和信息价值共同为建设项目电子档案的标准制定和系统建设提供准绳，以求充分延展建设项目电子档案价值实现的深度和广度，这也是建设项目电子档案标准及系统构建的价值意义所在。

---

① 于玲. 论谢伦伯格的“文件双重价值论”思想[J]. 兰台世界，2007(16)：8-9.

② 任越. 从观念到理论：档案双元价值论的演变轨迹研究[J]. 档案学研究，2012(1)：30-34.

③ 覃兆刿. 中国档案事业的传统与现代化[M]. 北京：中国档案出版社，2003：8.

④ 覃兆刿，范磊，付正刚，等. 椭圆现象：关于档案价值实现的一个发现[J]. 档案学研究，2009(5)：3-6.

3.4 电子档案元数据理论

随着信息技术的广泛应用，电子数据大量产生，为应对数据管理的问题与挑战，元数据被广泛用于数据库、文档管理、数字画像、网络共享等信息管理领域。元数据是关于数据的数据，基本功能为描述和定义数据，档案元数据即描述档案背景、内容、结构及其管理过程的数据。[①] 值得注意的是，档案元数据的存在并非在信息技术应用之后，传统纸质档案的案卷封皮、登记簿、检索页都是元数据，只不过较为分散，结构化、精细化、标准化程度不高。元数据的形成主要通过关系型语法规约下电子档案著录这一业务环节，其中包括内容描述信息、归档信息、技术环境信息、状态信息等，从而为格式化处理和机器化理解创造了前提条件。基于此，电子档案元数据管理一般要经历形成、捕获、封装、利用、处置等过程，在维护电子档案长期保存、真实完整、可读可理解等方面发挥重要作用。

建设项目电子档案具有形成周期长、涉及职能部门多、涉及领域广的特点，制定相关标准和建立管理系统是其应然之义，有利于实现建设项目电子档案的信息共享、内容集成和维护优化。而这一过程的重点在于完善建设项目电子档案元数据的记录、封装与共享捕获，集成和优化鉴定归档、开发利用、权限控制等档案管理活动，在档案实体与其背景、内容、结构信息等档案数据之间建立牢靠的逻辑连接，形成一对多或多对一的映射关系，在壁垒打通中赋予档案整理和利用的活态生命力，如档案知识管理与服务等。我国电子档案元数据采集根据不同类型专门制定出台了相关标准规范，包括文书类、照片类、录音录像类、政务服务事项类，在电子档案系统平台设计与开发中发挥着重要作用。

① 冯惠玲，刘越男. 电子文件管理教程[M]. 2版. 北京：中国人民大学出版社，2017：364-365.

第4章 建设项目电子档案需求分析

长期以来，在建设项目管理过程中纸质档案的管理已经逐步形成了固化的标准，对于各个档案责任主体而言，围绕纸质档案的管理和验收已经具备充分的组织、人才、服务、政策和博弈策略；但在行政层面大力提倡数字化管理、资料无纸化管理的大环境下，部分建设项目已经先行先试工程数字化管理和电子档案管理，实现了工程全域或部分无纸化，引发了主管部门、建设单位、参建单位、学界、技术界的广泛关注，大家都开始在各自的领域关注电子档案管理的价值和利益，评估从纸质档案管理跨越到电子档案管理的风险和成本，探索各自的路径和方法。本书则尝试从电子档案需求类型和动因调研入手，分析建设项目各有关方采用电子档案管理的源头需求和驱动力，并以此作为研究电子档案标准和电子档案系统的辅助决策依据。

4.1 建设项目电子档案需求类型及动因

心理学家亚伯拉罕·马斯洛于20世纪50年代提出了一种解释人类动机的理论——需要层次论。该理论认为人类的动机来源于满足一系列的生理、安全、社交、尊重和自我实现的需要。这些需要组成了一个层次结构，每一层需要在满足后，才能向上发展。动因是由需要产生的，当需要达到一定的强度，并且存在着满足需要的对象时，需要才能够转化为动因。需要是内在的心理需求，动因是外在的心理活动表现。

在建设项目组织层面，则存在一系列的特定的需求：完成建设项目或基础建设目标任务、项目各管理要素等重点指标达标、完成各相关监管机构目标任务、获得各项经济效益和社会效益、创造性发挥获得特别认可和奖项等需求。

为了比较全面掌握建设项目参与各方对于电子档案管理的需求动因，本书根据基础调研所得设计了专门的调查问卷，用以求证电子档案管理在参建各方的内在动因，最后综合各要素做出全面分析，在组织建设和制度建设方面，对建设工程电子档案管理标准建设提供辅助决策依据。

4.2 建设项目电子档案需求调查

4.2.1 问卷的内容设计

建设项目电子档案需求动因调查问卷（详见附录一）包括 2 个部分：第一部分是对调查对象基本信息情况的调查，包括所属单位类别和所在岗位；第二部分是对用户建设项目电子档案需求动因的调查，首先将需求动因分为内在动因和外在动因两大类，然后选择建设项目主要管理要素与档案管理业务的交叉点，筛选出以下 10 个动因。

内部动因 6 个：电子档案更便于管理与利用需求（便利性需求）、过程管控需求、成本需求、效率需求、创新创优需求、科研需求。

外部动因 4 个：验收需求、法律需求、政策需求、制度需求，其中，验收主要指质量验收和档案专项验收。

权重赋分范围为 1~10 分，在此范围内赋分越高，表示调查对象认为该需求的重要程度越高。

4.2.2 问卷调查实施情况

本次调研采用问卷调查的方式，调查时间为 2023 年 7 月 4 日到 2023 年 8 月 14 日，以建设项目工作人员为调研对象，采用“线上+线下”的方式，线上通过“问卷星”平台对全国各地的网络用户进行调查，线下通过实地走访单位进行问卷调查，前后发放问卷共 460 份，最终收集问卷共 376 份，回收率为 81.7%，其中有效问卷 310 份，占比 82.4%，无效问卷 66 份，占比 17.6%，无效问卷的判定方式为各项赋分值完全相同。

4.2.3 问卷信度、效度分析

笔者使用 SPSSAU[①] 对问卷进行了信度和效度分析(表 4-1、表 4-2)。

信度分析用于研究定量数据的回答可靠性和准确性。第一，分析 Cronbach'α 系数，如果此值高于 0.8，则说明信度高；如果此值介于 0.7~0.8 之间，则说明信度较好；如果此值介于 0.6~0.7 之间，则说明信度可接受；如果此值小于 0.6，说明信度不佳。第二，如果校正项总计相关性(CITC 值)低于 0.3，可考虑将该项进行删除。第三，如果“项已删除的 α 系数”值明显高于 α 系数，此时可考虑对将该项进行删除后重新分析。第四，对分析进行总结。

效度研究用于分析研究项是否合理、有意义，效度分析使用因子分析这种数据分析方法进行研究，分别通过 KMO 值、共同度、方差解释率、因子载荷系数等指标进行综合分析，以验证出数据的效度水平情况。KMO 值用于判断信息提取的适合程度，共同度用于排除不合理研究项，方差解释率用于说明信息提取水平，因子载荷系数用于衡量因子(维度)和题项对应关系。

本次调查所有研究项对应的共同度均高于 0.4，说明研究项信息可以被有效地提取。KMO 值为 0.827，大于 0.6，说明数据可以被有效提取。3 个因子的方差解释率分别是 26.407%、23.807%、23.143%，旋转后累积方差解释率为 73.357%，大于 50%，意味着研究项的信息量可以有效地提取出来。最后，结合因子载荷系数，确认因子(维度)和研究项对应关系与预期相符，说明问卷具有效度。因子载荷系数绝对值大于 0.4 时即说明选项和因子有对应关系。

① SPSSAU 也称“在线 SPSS”，是一个网页版数据科学算法平台系统，英文全称为 Statistical Product and Service Software Automatically，是一款被教育、科研等专业机构普遍采用的权威评估和调研软件，因此已经成为一项标准分析和统计方式。

表 4-1　信度分析表

名　称	校正项总计相关性(CITC)	项已删除的 α 系数	Cronbach'α 系数
过程管控需求	0. 474	0. 880	0. 882
验收需求	0. 589	0. 873	
成本需求	0. 587	0. 873	
效率需求	0. 624	0. 871	
电子档案更便于管理与利用需求	0. 475	0. 880	
法律需求	0. 700	0. 864	
制度需求	0. 718	0. 863	
政策需求	0. 694	0. 865	
创新创优需求	0. 594	0. 873	
科研需求	0. 666	0. 867	
标准化 Cronbach'α 系数：0. 882			

说明：本次调查数据的信度系数为 0. 882，大于 0. 8，因而说明研究数据信度质量高。针对“项已删除的 α 系数”，任意题项被删除后，信度系数并不会明显上升，说明题项不应该被删除处理。针对 CITC 值，分析项的 CITC 值均大于 0. 4，说明分析项之间具有良好的相关关系，同时也说明信度水平良好。综上所述，研究数据信度系数值高于 0. 8，综合说明数据信度质量高，可用于进一步分析。

表 4-2　效度分析表

名　称	因子载荷系数			共同度(公因子方差)
	因子 1	因子 2	因子 3	
法律需求	0. 864	0. 225	0. 219	0. 845
制度需求	0. 889	0. 214	0. 229	0. 889
政策需求	0. 815	0. 296	0. 185	0. 787
成本需求	0. 246	0. 679	0. 248	0. 583
创新创优需求	0. 186	0. 880	0. 105	0. 820
科研需求	0. 238	0. 874	0. 174	0. 850

续表

名 称	因子载荷系数			共同度(公因子方差)
	因子 1	因子 2	因子 3	
过程管控需求	-0.018	0.228	0.827	0.737
验收需求	0.245	0.338	0.610	0.546
效率需求	0.395	0.180	0.670	0.637
电子档案更便于管理与利用需求	0.266	-0.006	0.756	0.642
特征根值(旋转前)	4.898	1.270	1.167	—
方差解释率(旋转前)	48.984%	12.700%	11.673%	—
累积方差解释率(旋转前)	48.984%	61.684%	73.357%	—
特征根值(旋转后)	2.641	2.381	2.314	—
方差解释率(旋转后)	26.407%	23.807%	23.143%	—
累积方差解释率(旋转后)	26.407%	50.214%	73.357%	—
KMO 值	0.827			—
巴特球形值	1770.063			—
df	45			—
p 值	0.000			—

4.2.4 建设项目电子档案需求动因调查数据统计分析

4.2.4.1 问卷调查对象统计

此次问卷调查，共收集问卷 376 份，其中有效问卷 310 份。调查对象所属单位职能分布情况如表 4-3 所示，区域分布情况如图 4-1 所示，所在部门/岗位词云图如图 4-2 所示。

表 4-3 调查对象所属单位职能分布表

单 位	数 量	占 比
行业管理部门(国家级)	0	0
行业管理部门(省级)	7	2.26%

续表

单　位	数　量	占　比
行业管理部门(市级)	23	7.42%
行业管理部门(县区级)	22	7.10%
档案行政管理部门	11	3.55%
投资管理部门	19	6.13%
设计单位	5	1.61%
建设单位	61	19.68%
施工单位	81	26.13%
监理单位	20	6.45%
试验单位	4	1.29%
检测单位	4	1.29%
信息化服务单位	53	17.10%

说明：调查对象分属12个管理机构，基本涵盖了除管养单位以外的工程建设全过程管理的主要职能部门，管养单位属于档案移交对象，不在本次调查目标范围内。另，由于计算过程中四舍五入的原因，总占比约等于100%。

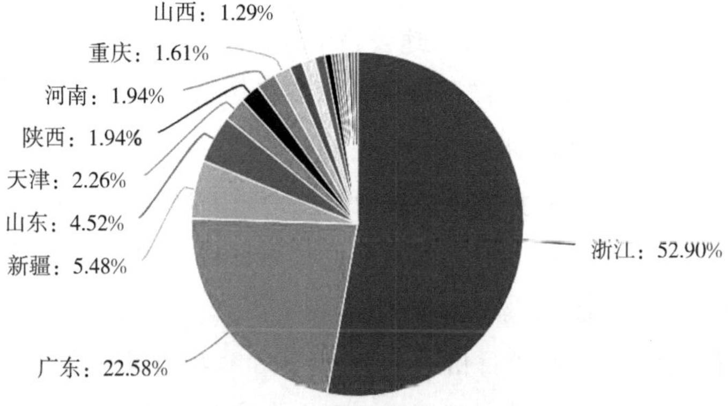

图4-1　调查对象地域分布图

说明：浙江省是电子政务、数字政府各项应用最普及的省份，广东省为最早在公路建设工程采用电子档案的省份，也是最早在交通厅层面提供云上服务的省份，因此都具有很高的代表性。

图 4-2　调查对象所在部门/岗位词云图

说明：从以上分析结果可以看出，“档案管理”是热度非常高的词，超过“工程”“监理”等的热度，同时“资料员”的热度也远远高于“档案员”，说明作为档案的前序工作的资料受到重视的程度更高。

调查覆盖的部分项目如下：柯诸高速公路、湖杭高速公路、义东高速公路、104 国道新昌荘前至关岭段改建工程、104 国道绍兴东湖至蒿坝段改建工程、329 国道上虞至临安公路柯桥钱清至萧山界段改建工程、杭金衢高速公路柯桥联络线、鄠周眉高速公路、甬金衢上高速公路金华城区段第 SG02 标段、西安外环高速公路南段、佛(山)清(远)从(化)高速公路北段工程建设项目、广州新白云国际机场第二高速公路(南段、北段)、S21 阿勒泰至乌鲁木齐高速公路建设一期工程、纳晴和六安高速公路二期项目、聊泰铁路黄河公铁桥及公路接线工程、德清县十字港水系综合治理后续工程、扩大杭嘉湖南排后续东部通道工程(麻泾港枢纽工程)、曹娥江清风船闸及航道工程等。

由于高速公路建设项目相比于其他建设工程项目具有建设周期更长、档案责任主体更复杂、档案管理难度更大的特点，因此调查项目基本以高速公路建设项目为主。

调查的部分单位如下：浙江省交通工程管理中心、浙江公路水运工程监理有限公司、绍兴市交通投资集团有限公司、绍兴市交通建设有限公司、绍兴市住建局、绍兴交通工程管理中心、绍兴市柯桥区建设集团有限公司、绍兴市柯桥区交通建设管理中心、绍兴柯桥杭金衢联络线高速公路有限公司、绍兴市柯诸高速公路有限公司、湖州市交通运输局、湖州交通投资集团有限公司、湖州市水利局、太湖水利工程建设管理中心、德清县档案馆、德清县交通运输局、德清县住建局、海盐县交通投资集团有限公司、德清县水利局、德清县水利建设发展有限公司、浙江湖杭高速公路有限公司、杭州市临平区交通运输局、杭州市临平区建筑业管理服务中心、杭州市临平区交通工程建设服务中心、广西交通科学研究院、天津高速公路集团有限公司、中交上海航道局有限公司、中建二局第二建筑工程有限公司、中交四航局第三工程有限公司、深圳市天健建工有限公司、重庆市原构建筑工程有限公司等。

调查覆盖单位主要选择的是目标省市的交投集团，交投集团承担了各地大部分的国家高速公路建设项目，因此作为本次调查的重点对象。

4.2.4.2 **权重计算**

使用 SPSSAU，运用优序图法对问卷数据进行权重计算。首先构建优序图权重表：计算出各分析项的平均值，接着对平均值进行两两对比，平均值相对更大的计为 1 分，相对更小的计为 0 分，平均值相等的计为 0.5 分，平均值越大意味着重要性越高，权重也会越高。

表 4-4 优序图权重计算表

调查项	过程管控	验收需求	成本需求	效率需求	管理利用需求	法律需求	制度需求	政策需求	创新创优需求	科研需求	平均值
过程管控需求	0.5	0	1	0	0	1	1	1	1	1	7.965
验收需求	1	0.5	1	0	0	1	1	1	1	1	8.039
成本需求	0	0	0.5	0	0	0	0	0	0	1	6.603
效率需求	1	1	1	0.5	0	1	1	1	1	1	8.103
电子档案更便于管理与利用需求	1	1	1	1	0.5	1	1	1	1	1	8.497
法律需求	0	0	1	0	0	0.5	0	0	1	1	7.223
制度需求	0	0	1	0	0	1	0.5	0	1	1	7.335
政策需求	0	0	1	0	0	1	1	0.5	1	1	7.390

续表

调查项	过程管控	验收需求	成本需求	效率需求	管理利用需求	法律需求	制度需求	政策需求	创新创优需求	科研需求	平均值
创新创优需求	0	0	1	0	0	0	0	0	0.5	1	6.955
科研需求	0	0	0	0	0	0	0	0	0	0.5	6.471

说明：完成优序图权重计算表后，结合优序图权重计算表，针对每行数据求和，得到 TTL 值，针对 TTL 值进行归一化处理，最终得到权重值。

表 4-5　优序图权重值计算结果表

调查项	平均值	TTL(指标得分)	权重值
过程管控需求	7.965	6.500	13.000%
验收需求	8.039	7.500	15.000%
成本需求	6.603	1.500	3.000%
效率需求	8.103	8.500	17.000%
电子档案更便于管理与利用需求	8.497	9.500	19.000%
法律需求	7.223	3.500	7.000%
制度需求	7.335	4.500	9.000%
政策需求	7.390	5.500	11.000%
创新创优需求	6.955	2.500	5.000%
科研需求	6.471	0.500	1.000%

说明：计算结果中权重值以百分比表示，可直接量化各需求动因在整体需求中的比例和需求重要程度。

将以上计算结果用柱状图、曲线图表达，可更形象地了解建设工程电子档案需求动因的主要分布。

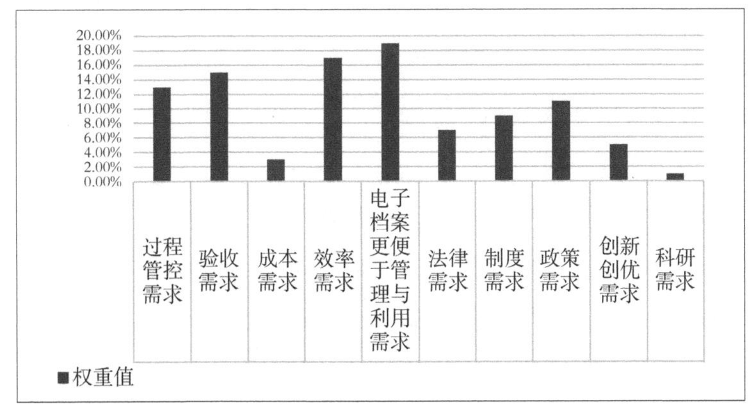

图 4-3　权重值柱状图

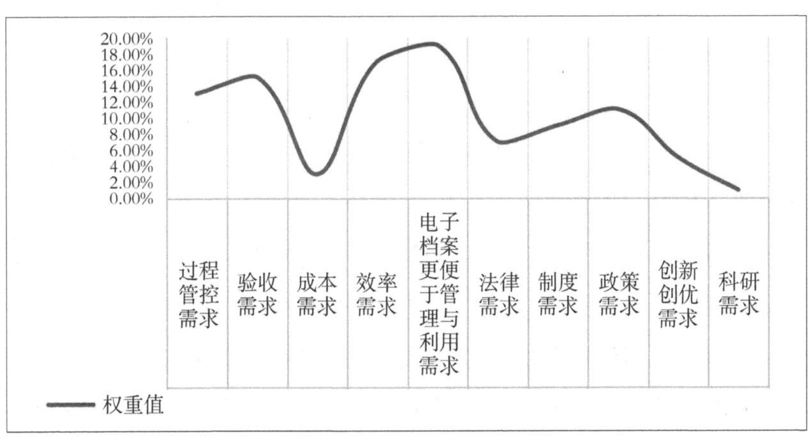

图 4-4　权重值曲线图

4.3　建设项目电子档案需求调查结果剖析

根据以上调查结果，调研组综合分析研判，初步得出如下结论。

电子档案管理与利用需求占比最高，为 19%。这说明在信息化管理普及的情况下，电子文件和电子档案管理与利用的需求已经呈现刚性需求趋势，在文件收集和利用方式已经转为线上的时代，利用电子化手段管理和利用档案已经是建设项目管理者的主流要求。

效率需求的权重为 17%。这说明调查对象普遍看重建设项目电子档案的便捷性和高效性，这也从侧面说明了建设主体的参建各方对电子档案带来的管理效率和效益是非常肯定的，实施电子档案管理可以成为参建单位的内生需求动因。

验收需求的权重为 15%。这说明调查对象在部分建设项目已经受到行业质量验收部门的要求和约束，虽是被动，但可以反映行业主管部门的主动性，也反映了在行业主管部门在外部推行电子档案验收的前提下，建设主体会做出直接响应。

过程管控需求的权重为 13%。过程管控包括内部和外部两种情况，内部的过程管控包括了数据报验、自动质评、自动生成资料、线上计量等管理控制措施的实施，外部管控包括线上质量抽检、线上审计、线上评定和线上档案验收等管理部门推行的管理手段。从实地调查的情况看，前者的影响因素为主，后者的影响比较局限，仅在广东省一地监管部门推行了线上质检和档案验收。

政策需求、制度需求、法律需求的权重分别为 11%、9%、7%。所谓政策是指国家层面建设责任部委发布的指令性政策，比如《公路建设项目文件材料立卷归档管理办法》(交办发〔2010〕382 号)和《建设项目电子文件归档和电子档案管理暂行办法》(档发〔2016〕11 号)是各地交通工程部门档案验收的依据性文件，有一定的约束性；所谓制度是指地方建设管理责任部门根据指令性文件发布的具体管理办法和要求，更具备可操作性和实用性，在某种程度上说，只要坚持执行，就具备强制性条文的作用；法律条文过于宏观，对基层项目难以有明确的指导意义，从以上的调查结果可以看出，这三种因素都没有突出的占比，可能是因为地方性建设责任部门的指令性要求过少或者要求不到位。

成本需求的权重为 3%。调查过程中被调查者普遍反映，实施工程数字化管理和电子档案管理会提高管理成本。调查发现，不是实施电子档案管理会提高成本，而是实施工程数字化管理，对电子文件生成过程的管控方式会提高施工和监理人工成本。传统的管理方式允许后期集中补手续、补资料、补档案，而实施数字化和电子档案后，管理要求每个工序节点都必须即时提交数据和操作系统，否则后序工作不能进行，因此必须在前端投入更多的资料人员，人力成本更高。从根本上说，还是传统方式已成定式，无实施风险，且传统方式有更大的数据信息操作空间，再加上参建方还未扭转思维模式，未能调整预算方式和人员能力结构，提高前端操作人员的数字化操作能力和完善人员配置，减少后序的资料整理和档案整理的人员和费用开支，并对前序的工程数字化管理费用进行补偿。

创新创优需求占比 5%，科研需求占比 1%。这说明参建各方的科研能力和动力都在一个很低的水平，在工程质量验收方面，创新创优、科研成果未受到应有的重视。

4.4 从博弈维度分析建设项目电子档案需求动因

“博弈”一词指某些个人或组织做出相互影响的决策。1928 年，冯·诺依曼证明了博弈论的基本原理，从而宣告了博弈论的正式诞生。1944 年，冯·诺依曼和摩根斯坦共著的划时代巨著《博弈论与经济行为》，将二人博弈推广到 n 人博弈结构并将博弈论系统地应用于经济领域，从而奠定了这一学科的基础和理论体系。博弈论着重研究社会生活中的矛盾及利益冲突与合作，可以说博弈论的分析方法在马克思主义学说中多有体现，对于马克思主义者来说，博弈论更是一种有用的工具，可以用来理解混合冲突和合作的情况。[①] 美国公共政策学者尤金·巴德克是政策博弈分析的主要代表，他将政策执行过程比作不同的赛局，认为政策的执行有效性取决于博弈各方的策略。[②] 作为政策执行者的中央与地方政府以及执行人员，从某种程度上说都本能地会遵循博弈论的基本原则。徐敏宁在《博弈论视角探析公共政策失灵及规制》一文中，详细研究了政府组

① ELSTER J，Marxism，Functionalism and Game Theory [J]. Theory and society，1982，11(4)：201-205..

② 陈振明. 公共政策分析[M]. 北京：中国人民大学出版社，2003：245.

织上下级之间、平行组织之间、组织和组织执行人之间、组织和目标团体之间的政策博弈和政策失灵的关系，提出了建设“积极、健康、生动活泼的竞争和博弈氛围，才能有效地抵制政策失灵、提高政策执行效率”①的观点。

广义上的建设项目的参与者在政府管理层面包括了政府决策层、发改委、规划部门、土地管理部门、投资管理部门、建设质量管理部门、运营管理部门等；在建设层面，包括了投资主体、建设主体、各项分包监理等市场主体，多、快、好、省地完成建设任务是以上各个机构和市场主体的共同目标，而最大化赢利则是各个市场主体的共同目标，合并起来，就是多、快、好、省地完成建设任务并实现赢利。围绕以上目标，政府主体的上下级、横向组织、组织中执行人和市场主体展开了各项合作博弈，形成了各自的博弈策略并达成了当前的博弈格局，为确保自身利益最大化，参与博弈的各方都不会轻易改变博弈策略，担心策略改变将损害其当前利益。下面，将从博弈论的微观角度，从实施电子档案的效率和风险博弈、局部成本和整体效益博弈、数据裁量权博弈、建设者内部博弈、政策管理机构博弈、创新创优科研策略博弈等 6 个方面，比较各自的利益动因，有助于对建设工程管理各方对电子档案的需求动因有更深入的了解。

4.4.1 效率和风险的博弈

出于以下考量，市场主体选择在建设项目中使用纸质档案这一策略。外因：政府主体对纸质档案的检查和验收工作已形成了一套成熟的制度，选择纸质档案更为稳妥。内因：①建设项目的纸质档案管理经过多年发展和经验积累，形成了一套相对固定的可复制的管理手段、管理意识、管理习惯。②相比较，数字化流程对于数据、资料和电子档案对象的一步一签，纸质档案更具操作空间，可以在任何时间段进行收集、整理，不受时空限制，纸质档案易更改、销毁、回补，档案形成者和接收者拥有更高的数据操作主动权。③成本考量。对于市场主体的策略选择，政

① 徐敏宁. 博弈论视角探析公共政策失灵及规制[J]. 党政干部学刊，2008(1)：30.

府主体认为整体上不影响到自身利益，只要市场主体的建设任务顺利进行，不出现严重的质量和安全问题，档案的真实性、原始性、完整性不是关键管理目标，政府主体的策略是对既有档案收管存用方式进行支持配合。

当然，纸质档案管理也存在一些明显的弊端，给档案形成者、接收管理者造成负面影响，工程管理信息化和数字化技术的迭代和更新，导致越来越高的不适性，进而影响到参与人策略的改变。对于市场主体：①行业主管部门推行的工序数字报验、数字验收促进了工程管理信息化系统的普及，如果继续采取纸质资料、纸质档案管理，势必导致线上数据、资料填报和线下资料收集的重复劳动，大大增加了参建单位的工作量和生产成本。②相比线上产生的数据、资料和电子档案，纸质档案收管存用的工作效率极低；建设项目中形成的档案资料数量种类繁多且分散，采用电子流程管理具备更好的效率和更低的成本。③纸质档案的保管需要占用宝贵的办公空间，纸质档案管理也需要专业的人手，对项目投资单位、建设单位和运营单位等档案移交对象而言，已然成为沉重的负担。④纸质档案管理的便利性体现在“后整理”“可编纂”，正是这个便利性导致纸质档案在后期整理和编纂时常发生种种问题，因为人员流动和资料缺漏，档案形成者有时被迫造假，一旦发生质量或安全事故，事后追责均会涉及资料编制和档案收集的法律责任。对于政府主体：①纸质资料和纸质档案数量种类多，检查不便捷，验收内容冗杂，无法进行透视化管理，监管效果差；②由于不能回溯资料和档案产生的过程，对市场主体在工程质量、资料和档案方面的“作弊”行为无法及时发现，只能依赖事故调查和举报，可能出现担责的情况，责任压力也迫使政府主管部门推动工程数字化管理和电子档案管理。

以上对纸质档案的利弊分析，总的来讲，政府主体与市场主体各自的博弈策略实现了预期目标，已经意识到总体上弊大于利，只是对是否马上采用电子档案顾虑重重，相信随着政府主体对工程建设数字化管理工作的逐渐推进，建设项目的参与者们会逐步适应建设项目电子档案管理的方式。实施电子档案管理带来的效益和对工作效率的提高是显而易见的：

对于市场主体：①电子档案实时收集，统一管理，实现前端控制，打破时空限制，具有便捷性和高效性；②可实现信息资源共享；③线上管理与利用，减少时间和人力成本，提高效率；④能够从管理模式上对项目档案的规范化管理提供强有力的技术支撑和后期利用保障。对于政府主体：①提高建设项目档案检查和验收工作的效率；②电子档案中的建设项目相关数据、信息来源可溯，程序合法，有利于对建设质量与安全的把控，更符合当下国家相关管理规范和标准，因此有更高的实施必要。

当然，由于电子档案发展时间较纸质档案晚，实施标准和验收办法上存在制度缺位和经验不足，因此也就有很多制约其应用、推广和发展的因素，博弈双方总体缺乏积极性，需要政府端打破沉默，在制度制定上查遗补漏，积极推进，并针对当前特殊情况对先行先试的项目提供各项政策支持，主动宣传和推广，为电子档案应用各方主体提供充足的制度驱动力，才能让电子档案在工程建设领域更好地实现为党管档、为国存史、为民服务。

4.4.2　局部成本和整体效益的博弈

在建设项目的工程造价预算中，信息化管理费用和档案整理费用都是预算正项。根据各地财政主管部门或发改委主管机构发布的文件，信息化管理费用预算额度约占定额建筑安装费(简称“建安费”)的0.122%～0.6%不等，实际签约费率在0.02%～0.04%[①]，档案整理费用取费标准基本由各地物价局发布[②]，收费标准不一，实际签约费率一般占建安费的0.04%左右。一般来说，信息化系统开发属于项目建设的前端工作，基本需要和工程开工同步进行；而档案整理显然是在项目中后期才会考虑的工作，因此该成本也被作为后端成本，不会在建设过程的前期和中期体现。对于已经完成造价预算的项目而言，尽管实施电子档案会大幅度削

① 《公路工程建设项目概算预算编制办法》(JTG 3830—2018)。

② 《关于规范城市建设工程竣工档案整理综合服务收费有关问题的通知》(鄂价房服〔2014〕286号)。

减档案整理的成本，但受制于预算调整的政策限制（在很多建设项目，造价调整几乎是不可能完成的任务），项目建设方也很难将档案整理节约的费用，补充到电子档案建设所需的费用中。实施电子档案管理的前提是对构成档案元数据的各项要素进行超前控制，将档案管理的策略部署在工序报验、质量评定、资料申报、计量支付各个流程中，这些活动都要求数据即时上传、资料及时审核，否则后序工作无法进行，这无疑会加大施工现场操作员、监理员、资料员的工作量，需要部署更多人力、物力才能确保以上流程顺畅，因此也就提高了前端管理的成本，造成很多管理人员的焦虑。所以，尽管完全意识到提高前端信息化造价，实施工程数字化和电子档案管理可以大大提高项目全过程的效率，产生的效益巨大，而不是仅仅是降低后端的资料整理和档案组卷等各类费用，但囿于预算机制的限制，也很难增拨工程数字化建设要求的信息化系统开发费用。

4.4.3 过程管控中的质评结果裁量权博弈

建设项目本身是一个任务繁重、程序复杂、周期较长的系统工程，涉及多领域多部门，在各方主体的博弈中，市场主体承担建设任务，政府主体对其建设质量进行指导监督。因建设项目的特殊性，在过去的数十年中，政府主体对市场主体建设质量和安全的把控多体现在对建设现场的粗略察看和对各项纸质材料档案的检查，但纸质材料档案难以体现建设过程中真实的细节。经过长期的博弈演化，市场主体为了应对政府主体的监督检查，将过程管控工作变成结果导向型任务，在人工填写建设工程数据时，建设单位和参建单位会根据行业监管部门“喜好”选择性地呈现、编制相关的信息和质保资料，提供“合乎标准”的质评结果，行业主管部门也“乐于”不刨根问底，快速完成检查任务，双方形成了一种心照不宣的合作博弈默契。

在当前阶段，工程管理数字化和电子档案管理要求数据自动上传，无形中放大了行业主管部门、建设单位和参建单位的共同责任，系统反复的示警一方面会影响工程进度，另一方面也导致成本操作空间降低，加大了建造成本。同时，“真实数据实时上传”还大幅度减小管理者对数据、信息和质评结果的自由裁量权。这种情况下，是行业主管部门和项目建设者都对电子档案管理选择回避也就不足为奇。

虽然如此，但各地大力推行数字工程和智慧工地建设将彻底改变以上状况。据本次调查结果分析，建设项目电子档案过程管控需求的权重为 13%，重要程度排名第四，一方面说明政府主体开始重视对建设项目的过程管控，希望通过数字化资料、电子档案管理对建设过程有更直观、清晰的把控；另一方面也体现出市场主体希望通过使用电子档案的策略转换自身的角色定位，主动管理建设项目过程，主动接受政府主体的监督检查。采用数字工程和智慧工地管理可以实时展现真实的建设过程和原始、精准的工程数据，避免重复的手工抄录、统计、签名、审核工作，能大幅度提高建设工程的各项管理效率，包括：质量管理、计量管理、安全管理等。管理人员可在线随时检查工程进度、质量情况、计量结果，提高了资金利用效率，缩短了建设周期，也给数字化资料管理和电子档案管理开辟了更大的应用空间，创造了必要的条件：来源可靠、要素合规、程序规范。

4.4.4 建设项目管理者的内在博弈

建设项目的管理者既包括承担建设管理责任的各个政府主体，也包括负责项目建设和运营的各个市场主体。建设项目在建设工程中须实时记录各项施工、试验和检测数据并报监理审核通过，这个过程叫作“报验”。在项目建设期间，行业主管部门会发起各种针对项目质量、安全、计量等专项工作的“抽检”“临检”，这个过程叫作阶段性验收或专项验收。项目整体或单项工程结束后，施工单位向建设单位申请质量验收，这个过程叫作“交工验收”。项目试运行之后，建设单位向业主或运管单位申请项目移交，这个过程叫作“竣工验收”，这些管理节点的报验、评定、抽检、临检、验收的重要依据之一就是建设过程中形成的各项资料，在竣工验收时再按照档案专项验收组卷要求，将各项资料中属于归档移交的部分以“建设项目档案”的名义正式移交。按照规定，建设项目竣工验收前必须通过项目档案的专项验收。档案专项验收的组织方式因各省市、各行业主管部门的具体要求不同而差异较大，但不外乎自主验收、上级档案行政局(馆)组织验收、上级行政主管档案部门组织验收三种。

数字化资料管理和电子档案管理的模式要求数据即时记录，即时数字签名，资料及时形成，可以做到自动进行质量评价和自动档案组卷，属于主动报验的管理方式。对于建设单位和行业主管部门而言，更便于透视化的过程管控。纸质资料和档案的形成、收集过程是不可见的，建设单位和行业主管部门对资料和档案的监管更像是盲管。对建设单位和参建单位来说，纸质资料和档案的验收方式也非常被动，必须等交竣工阶段有了专家意见才能判定验收的结果，而采用数字化资料管理和电子档案管理的模式，在单位分部分项工程结束时就可以自判结果了。

交工、竣工验收是施工全过程的最后一道程序，是工程项目管理的末期最重要的管理工作，而建设项目档案验收工作是整个项目竣工验收工作的前提条件，是确保建设项目顺利移交的充分必要条件。国家相关部门针对档案验收发布过多项政策，其中，最有影响力的是国家档案局、国家发展和改革委员会印发的《重大建设项目档案验收办法》，第四条明确规定：项目档案验收是项目竣工验收的重要组成部分。未经档案验收或档案验收不合格的项目，不得进行或通过项目的竣工验收。貌似严格的规定，在执行层面经过层层博弈，变成了橡皮图章：在很多地区，工程项目档案专项验收已经是建设单位自行组织的一项活动，虽然有第三方专家参与，但验收执行的严格程度大打折扣，档案的形成者实际上成为档案的验收者，这样的结果导致更多的项目建设管理方不重视档案收集的及时性、完整性和真实性。在这种情势下，作为工序和质量管理条件保障的资料也是完全被动地管理，报验不及时、资料缺漏、突击补资料补签名现象比比皆是，即便在有信息化系统的条件下也很难做到主动交验。

在政府主体尚未就“验收要求”发布具体制度的前提下，很多市场主体还是主动发起电子档案管理，刀刃向内，效率导向，主动在建设项目管理体制内开展自我博弈，使用便捷高效的数字化资料进行报验，愿意尝试用电子档案进行档案移交，从而彻底摆脱落后的档案管理模式带来的政策风险和法律风险。其中，广东省深中通道项目、浙江省绍兴市柯诸高速公路项目可谓电子档案管理集大成者。前者不仅引入数字工程、电子档案管理，还尝试在电子档案管理中引入区块链技术；后者则以在电子档案管理方面稳健和强有力的组织和实施闻名，在短短两个月内电子档案管理覆盖全项目、全角色，两个项目顺利实施电子档案全面管理。无论政府主体还是市场主体，采用数字化手段进行质量报验、资料交付和档案移交的益处都是非常显著的，包括但不限于：①使用数字化资料、电子档案可提高验收的效率，缩短调卷时间，推进竣工验收的进度；②数字化资料、电子档案生成的程序严格且可溯，能实现纸质档案验收无法做到的程序检验。

4.4.5 政府管理机构之间的博弈

从调查结果看，政策需求、制度需求、法律需求的权重分别为11%、9%、7%，从某种角度上看，也是极不正常的数据。理论上说，在建设项目中实施质保资料数字化管理和电子档案管理有显著经济效益和社会效益，相关行政管理机构应该通过指令性的政策强势推行，但在实施电子档案的项目中，选择政策、制度和法律动因的比例远低于成本和效率动因。经过调查发现，导致这个问题的根本原因是工程建设管理部门和档案行政管理部门管理责任交叉、管理责任边界不清，建设工程管理中电子文件管理方式已经普遍落后于电子档案管理的技术要求和标准要求，两者之间未形成配套管理。

在纸质档案管理为主的时代，档案验收可以不去关注也根本无法关注资料形成过程中相关信息的原始性和真实性，判定档案是否合格，也只能看档案材料和档案附属信息(如签名和盖章)的完整度，可用性和安全性是根据纸质档案保管的经验值来确定。但在电子档案管理的场景下，因为电子文件的不稳定性和可修改性，则必须对电子档案的形成过程进行超前控制，在文件收集的过程中，强制收集文件形成和管理行为过程的各项元数据，目的就是在电子文件形成过程中就能完成真实性、完整性、可用性、安全性的自证。也就是说，档案行政管理部门和建设项目行政管理部门在电子档案形成过程管理上就有了业务管理和责任管理的强交叉，因此需要尽快厘清责任界限。各司其职的同时，二者之间还需要合作博弈，尽快出台各项配套的政策和制度，才能推动市场主体面向未来，主动承担数字工程建设责任。

政府主体和市场主体历来就是合作性博弈的双方，在这种博弈关系中，政府主体发挥着主动引导和推动的作用，是博弈过程的主动轮，是博弈结果的成就者，更是博弈成效的利害担当人。在调查过程中，受调查对象普遍表达了对行业主管部门管理行为的敬畏之意，证实了市场主体永远围绕着行业主管部门的具体政策、制度、审计及验收办法进行有效的生产组织，其实质就是进行正向的合作博弈。只要政府主体高度重视工程数字化管理，借助数字化资料、电子档案管理模式，即可有效控制传统纸质资料、纸质档案管理方式导致的各种数据造假、资料造假和档案造假，实现透视化建设工程监督管理，进而确保质量、安全、计量、投资等各项目标的高效完成。

4.4.6 创新创优、科研策略的博弈

从本次的需求调研权重结果可发现，建设项目电子档案科研需求的权重为1%，创新创优需求的权重为5%，这个数据说明建设项目对实施包括建设工程数字化、智慧化、无纸化管理在内的科技“双创”缺乏动力，处理不当，必然会成为建设工程数字化、智慧化、无纸化的发展障碍。

综合分析，出现上述情况的主要原因包括但不限于：第一，政府对工程建设领域的科研、创新创优政策的实施力度不足，未给项目建设主体释放足够的政策动力，未在项目评优、项目验收、金融等方向提供足够的政策指导。第二，行业主管部门在造价阶段未预留相应的取费空间，导致很多项目只能借助“管理费”项目做相关预算，杯水车薪的情况导致创新项目无法实现。第三，工程建设项目各方普遍缺乏创新意识和创新能力。据调查，在工程建设各参建方中，设计方具备更强的科研和人才

优势，而作为参建方主体的建设方、施工方、监理方、检验检测方普遍不具备较强的科研能力和人才优势。

4.5 本章小结

本章主要介绍了建设项目各方对电子档案管理需求动因的调查情况、统计方法以及系列分析的结果，得出各方对电子档案需求动因的优序图，然后从博弈论的角度，对各方实施电子档案管理的利益、风险和成本进行概况分析，从而推断各方的博弈策略。

无论广义的还是狭义的参建各方都具有共同的多、快、好、省完成建设任务并实现赢利(包括社会价值尺度的赢利和经济价值尺度的赢利)的目标，而实施电子档案管理可以给建设项目全过程降本增效带来显著效果。参建各方可基于该共同利益进行共谋，开展良性竞合，让电子档案管理可为；建设领域公共政策的制定机构应充分认识到这个有利条件，积极推动相关制度和办法的就位，为上述市场的发展铺路架桥，提供各项保障条件，从而让电子档案管理在建设项目中真正有为。同时，也因为参建各方对各自风险、成本、资源短板、既得利益的担忧和对长期利益、整体利益的认知局限，必然会采取各自的博弈策略进行消极的对抗，在没有政策制定机构积极干预和疏导的情况下，久而久之也会形成低效的博弈平衡甚至是零和博弈。因此，本章也侧面粗论了政策制定端应采取的博弈策略，一方面为后续各章在电子档案标准和系统构建铺陈实际管理场景依据，另一方面也就电子档案管理标准和系统构建在实际应用场景中的制度障碍、组织障碍和行为障碍做星点提示。

第 5 章　建设项目电子档案标准

标准是对重复性事物和概念所做的统一规定，它以科学技术和实践经验的结合成果为基础，经有关方面协商一致，由主管机构批准，以特定形式发布作为共同遵守的准则和依据。建设项目的电子档案包括工程设计文件、施工图纸、合同协议、工程质量检查记录等各种类型的档案，数量庞大，种类繁多。如果没有标准化的管理，这些档案很容易混乱、丢失或遭到恶意篡改。因此，研究电子档案管理标准可以帮助规范电子档案的管理流程，提高电子档案管理的效率和安全性。建设项目电子档案标准制定是指在建设项目中，制定出一系列标准化的管理流程、管理要求和管理规范，以规范电子档案的形成、整理、归档和使用流程，提高档案管理的效率和安全性。

5.1　建设项目电子档案标准制定的重要性

随着信息技术的不断发展和应用，电子档案已经成为各行各业管理工作的重要组成部分。在建设项目中，电子档案的管理显得尤为重要。建设项目电子档案标准制定的重要性和意义主要体现在以下方面。

5.1.1　有利于规范电子档案的管理

制定建设项目电子档案标准，能够促进档案管理的规范化和系统化。这些标准不仅定义档案的来源可靠性、程序规范性和要素合规性，而且为档案的真实性、完整性、可用性和安全性提供技术规范和操作框架。此外，标准化管理还将强化档案信息资源的长期保存能力和通用性，减少对特定软件或硬件的依赖，从而在技术层面上提高电子档案管理的专业性和适应性。

5.1.2　有利于提高建设项目的管理水平

电子档案管理标准的制定需要对建设项目的管理流程、管理要求和管理规范进行深入研究和分析。通过制定标准，可以使建设项目管理的各个环节都更加规范、高效、科学，从而提高建设项目的管理水平。

5.1.3 有利于保障工程质量

建设项目的电子档案中包括关于工程质量的相关信息，如设计方案、施工图纸、工程验收记录等。这些信息对于工程质量的控制和保障非常重要。如果电子档案管理不规范，这些信息可能会遗漏或者丢失，对工程质量造成严重的影响。因此，建设项目电子档案标准制定可以保障工程质量，提高工程管理的水平。

5.1.4 有利于推动企业信息化建设

电子档案是企业信息化建设的重要组成部分。建设项目电子档案标准的制定可以规范电子档案的管理和利用，提高电子档案的可靠性和安全性，为建设项目信息化建设提供有力的支持和保障。

建设项目电子档案标准制定的重要性和意义不言而喻。通过制定标准，可以规范电子档案的管理，提高建设项目的管理水平和工程质量保障水平，同时也有利于推动信息化建设。因此，建设项目电子档案标准的制定是当前建设项目管理工作中的一项重要任务。

5.2 建设项目电子档案标准的主要内容

中国人民大学冯惠玲教授指出，一个重要的观念是把文件档案和数据关联起来，而不是看作两回事。[①] 从数据到电子文件、电子文件到电子档案的生命路径来看，建设项目电子档案标准化管理的主要内容包括以下几个方面。

① 冯惠玲. 融入数据管理做电子文件管理追风人[J]. 北京档案，2020(12)：6-7.

(1)电子档案形成阶段标准化

建设项目电子档案来源于各个部门和环节，因此，数据形成电子文件过程中的标准化，包括文件命名规范、文件格式统一、元数据标准等方面的规范。此外，还需制定数据录入、整理、汇总等过程的标准化操作流程和规范。

(2)电子档案整理和归档阶段标准化

在电子文件形成后，需要进行整理和归档，这包括文件的分类、索引、文件目录的建立等过程。标准化管理要求建立统一的整理和归档规范，并构建电子档案管理系统，实现电子档案的统一管理和归档。

(3)电子档案利用和长期保存管理阶段标准化

电子档案的利用包括检索、查询、共享等操作，需要制定标准化的利用流程和规范，确保电子档案的有效利用。同时，长期保存管理也需要规范的标准，包括电子档案的备份、迁移、安全性保障等方面的管理规定，以确保电子档案的长期保存和持久利用。

在实际管理中，电子档案的形成、整理、归档、利用和长期保存管理往往是相互交织、互相影响的。例如，电子档案的整理和归档可能需要从电子文件形成阶段就开始考虑，而电子档案的利用也可能需要在整理和归档之后进行。因此，在建设项目电子档案标准化管理过程中，需要在实际操作中进行具体分析和综合考虑，不同阶段的管理工作也需要有交互性和协调性。在实际操作中，可能需要制定一些交叉性的管理规定，以确保各个阶段的管理工作能够有机结合，形成一个完整的电子档案管理体系。

5.3 建设项目电子档案标准制定的原则

建设项目电子档案的管理不仅关系到建设项目的质量、安全和效益，还涉及国家政策和法律法规的落实和执行。在制定建设项目电子档案标准时，必须遵循国家法律法规和行业标准的要求，确保建设项目电子档案管理符合国家要求和行业标准。同时，还需要确保建设项目电子档案标准具有普遍适用性和可操作性，以便实现建设项目电子档案管理的有效性和高效性。只有这样，才能够真正实现建设项目电子档案管理的现代化和规范化。因此，建设项目电子档案标准的制定必须遵循依法依规、普遍适用的原则，以确保建设项目电子档案的准确性、完整性和可靠性。

5.3.1 依法依规

依法依规是建设项目电子档案标准制定的重要原则，它是建设项目电子档案管理的基础。在制定建设项目电子档案标准时，必须遵循国家有关法律法规的要求，尊重建设项目电子档案管理的法律地位和规范要求。例如，根据《中华人民共和国档案法》的要求，建设项目电子档案必须遵循档案归档的规范和流程，保证档案的真实性和完整性。同时，还需要遵循《建设项目档案管理规范》等行业标准的要求，确保建设项目电子档案的管理符合国家要求和行业标准。

5.3.2 普遍适用

普遍适用是建设项目电子档案标准制定的另一个重要原则，是建设项目电子档案管理的实际需要。中山大学苏焕宁等认为，在我国档案界，人们在进行理论研究和趋势探索时往往带有理想的色彩，而在实际操作和应对各种问题时则更多倾向于现实的考量。[①] 建设项目电子档案标准必须具有普遍适用性，能够适用于不同类型和不同规模的建设项目，以便统一规范管理建设项目电子档案。这就要求建设项目电子档案标准不仅要具有普遍性，还要具有可操作性和可实施性。只有这样，才能够真正发挥建设项目电子档案管理的作用，提高建设项目的质量、安全性和效益。

---

① 苏焕宁，陈永生. 从强制“双套制”到任意“单套制”：电子文件归档中理想和现实的互动与创新[J]. 档案学通讯，2020(4)：71-78.

5.3.3 其他原则

在制定建设项目电子档案标准时，还需要遵循以下原则：

第一，科学、规范。建设项目电子档案标准必须科学、规范，具有可操作性和可实施性。

第二，可控、可管理。建设项目电子档案标准必须具有可控性和可管理性，以便实现建设项目电子档案管理的有效性和高效性。

5.4 已有建设项目电子档案标准纵览

工程电子档案管理通用性标准的内容是丰富的、多维的、全面的。目前主要可以依据《电子文件归档与电子档案管理规范》(GB/T 18894—2016)、《建设项目档案管理规范》(DA/T 28—2018)、《建设工程文件归档管理规范》(GB/T 50328—2019)、《电子档案单套管理一般要求》(DA/T 92—2022)等规范要求再结合建设项目、参建单位的实际情况综合制定。

5.4.1 标准政策发展历程

梳理国内各地发布的建设项目档案管理标准政策文件，可初步判定国内在2010年开始着力研究档案信息化管理措施，至今已发展了十余年。这期间，行政主管部门、专家学者和民营企业积极投入，融合技术、经验和现状等各项复杂因素，取得了很多技术成果和宝贵经验，为解决传统档案管理中存在的固有问题打下了坚实的基础。现阶段，档案信息化管理技术措施已趋于成熟，相关法律法规已接近完善，下一步将致力于全面推广实施，将档案信息化管理技术措施应用到现实中，带动档案信息化的巨型飞轮高速转动起来，为社会工作提质减负。主要标准政策发展历程如下：

①2012年4月5日，广东省交通运输厅发布《广东省交通运输厅关于

公路建设项目档案的管理办法》(粤交办〔2012〕406号),第二章公路建设项目档案工作管理第八条内容为“加强项目档案信息化建设,达到快速、准确查考及利用的目的”。

②2015年7月13日,广东省交通运输厅发布《广东省交通运输厅关于印发“交通工程项目电子档案标准及系统研究”研究成果推广及应用实施方案的通知》(粤交办〔2015〕860号),提出在符合实施方案各项要求的前提下,“交通建设项目向中心移交项目档案时,移交全套电子档案及电子文档(扫描而成的电子文件)即可,不再移交纸质档案”。

③2016年4月,国家档案局发布《全国档案事业发展“十三五”规划纲要》(档发〔2016〕4号),提出要加快提升电子档案管理水平,加强对业务系统电子文件归档管理,制定和完善相关领域的电子数据归档和电子档案管理的标准和规范。

④2016年11月4日,国家档案局和国家发展和改革委员会联合印发《建设项目电子文件归档和电子档案管理暂行办法》(档发〔2016〕11号)。其中,第五条规定:“主管部门应当将电子文件归档和电子档案管理工作纳入项目建设计划和竣工验收要求,协调相关部门为电子文件归档和电子档案管理的计划安排、人力组织、资金保障、质量监督提供支持。”第九条规定:“建设单位应将项目电子文件归档和电子档案管理工作纳入项目建设计划和项目领导责任制,纳入招投标要求,纳入合同、协议,纳入验收要求。”

⑤2018年,国家档案局发布《建设项目档案管理规范》(DA/T 28—2018),跟旧规范相比,增加了项目电子文件归档与电子档案管理、项目档案移交等内容,强化了项目电子档案管理方面的相关要求。

⑥2018年、2019年、2022年,国家档案局分别确定了三批建设项目电子文件归档和电子档案管理试点项目名单。

⑦2019年,住房和城乡建设部、国家质量监督检验检疫总局联合发布《建设工程文件归档规范》(GB/T 50328—2019),修订电子文件相关部分,明确“电子档案签署了具有法律效力的电子印章或电子签名的,可不移交相应纸质档案”。

⑧2021 年 1 月 1 日起新实施的《中华人民共和国档案法》第五章中提出：加强档案信息化建设，积极推进电子档案管理信息系统建设，与办公自动化系统、业务系统等相互衔接。电子档案与传统载体档案具有同等效力，可以以电子形式作为凭证使用。

⑨2021 年 6 月 9 日，中共中央办公厅、国务院办公厅印发《“十四五”全国档案事业发展规划》。文件中提出要“加强电子文件归档和电子档案移交接收。贯彻落实电子文件归档相关规定，建立健全电子文件归档、电子档案移交相关制度。强化各领域电子文件归档工作，着力推进在业务流程中嵌入电子文件归档要求，在业务系统中同步规划、同步实施电子文件归档功能，保障电子文件归档工作广泛开展，切实推动来源可靠、程序规范、要素合规的电子文件以电子形式单套制归档”，“推进机关、团体、企业事业单位和其他组织建设与业务系统相互衔接的电子档案管理信息系统”。

⑩2024 年 3 月 1 日起施行的《中华人民共和国档案法实施条例》在第五章中提出：“将档案信息化建设纳入本单位信息化建设规划，加强办公自动化系统、业务系统归档功能建设，并与电子档案管理信息系统相互衔接，实现对电子档案的全过程管理。”

⑪2024 年 11 月 1 日起施行的《电子档案管理办法》(国家档案局令第 22 号)在第五条提出：“组织机构应当加强电子档案全过程管理，确保承载形成、整理、归档、移交、接收、保管、处置、利用等各业务环节的应用系统之间相互衔接，并且持续进行元数据采集、维护等活动，完整记录电子档案管理过程。”

5.4.2 现有的标准规范

建设项目电子文件归档与电子档案管理标准研究可应用的现行规范主要有以下几项。

(1)《电子文件归档与电子档案管理规范》(GB/T 18894—2016)

该规范是国家档案局于 2016 年提出并归口的一项标准，旨在为公务活动中产生的具有保存价值的电子文件的收集、整理、归档以及电子档案的编目、管理与处置提供一般方法。该规范适用于各类组织在处理公务过程中产生的电子文件归档与电子档案管理，其他活动中产生的电子文件归档与电子档案管理可参照执行。

该规范总则包含以下几点：电子文件归档与电子档案管理应遵循纳入单位信息化建设规划、技术与管理并重、便于利用和安全可靠的原则；实施全程和集中管理，确保电子档案的真实性、可靠性、完整性与可用性；建立严格的管理制度，明确相关部门的职责与分工，包括档案部门、电子文件形成或办理部门、信息化部门的职责；明确各门类电子文件及其元数据的归档范围、时间、程序、接口和格式等要求；执行规范的工作程序，采取必要的技术手段，对电子文件归档和电子档案管理全过程实行监控；基于安全的网络和离线存储介质实施电子文件归档和电子档案管理。

此外，该规范还详细规定了业务系统与电子档案管理系统的基本功能、基础设施、系统安全；电子文件归档范围、收集与整理；电子文件归档与电子档案编目；电子档案储存、备份、利用、统计、维护、处置等要求。附件中包含归档、介质、转换与迁移、销毁等登记表样式。

(2)《建设项目档案管理规范》(DA/T 28—2018)

该规范由国家档案局在2018年发布，规定了建设项目档案工作的组织及职责任务，并确立了建设项目文件的形成、归档要求与项目档案管理的原则、方法和要求。该规范适用于新建、改建、扩建和技术改造等建设项目的档案管理。

该规范总则包含以下几点：建设单位对项目档案工作负总责，实行统一管理、统一制度、统一标准，业务上接受档案行政管理部门和上级主管部门的监督和指导；建设单位与参建单位应加强项目档案管理，配备项目档案工作所需人员、经费、设施设备等各项管理资源；项目档案工作应融入项目建设，与项目建设管理同步，纳入项目建设计划、质量保证体系、项目管理程序、合同管理和岗位责任制；加强项目文件过程管理，实现从项目文件形成、流转到归档管理的全过程控制；项目档案应满足项目建设、管理、监督、运行和维护等活动在证据、责任和信息等方面的需要。该规范还规定了项目档案工作的组织及建设单位、参建单位及其档案管理部门和工程管理部门的职责任务，以及文件形成、竣工图编制、文件收集与管理、归档等项目文件管理内容。此外，还涉及整理、鉴定、保管、利用、统计等项目档案管理内容，以及项目电子文件归档与电子档案管理。该规范附录含竣工图章的式样和建设项目文件归档范围和保管期限表。

(3)《建设工程文件归档管理规范》(GB/T 50328—2019)

该规范由住建部在2019年发布，适用于建设工程文件的整理、归档，以及建设工程档案的验收与移交。该规范对文件的范围和质量、立卷、归档、验收和移交做出了要求。附录含建筑工程、市政工程文件归档范围，卷内目录、备考表式样，以及案卷封面、背脊、目录式样。

(4)《电子档案单套管理一般要求》(DA/T 92—2022)

该规范由国家档案局在2022年发布，确立了电子档案单套管理的基本原则，规定了实现单套管理需要在制度建设、系统建设、资源建设与管理、安全管理等方面达到的要求，提出了可行性评估的方式、方法，适用于各类组织电子档案单套管理。

我国建设项目档案管理规范标准内容已经相对完善，但是仍存在一些问题，最典型的是规范标准要求的边界范围不清晰，导致责任主体、责任行为指向模糊，推广实施困难。

5.4.3 标准应用现状

目前我国大多数建设项目档案管理仍在使用传统的纸质管理模式，文件与建设过程同步形成、同步整理、同步归档难以实现，导致档案不真实、不完整、不可靠、难以查询利用、管理被动、资源浪费等问题长期存在。

在创新探索的层面上，我国建设项目电子文件归档与电子档案管理有一定程度的应用。国家档案局从2018年至2022年确定了三批共69个建设项目电子文件归档和电子档案管理试点项目[①]，包含公路、地铁轨道、产业园区、大型电站、长线管道等类型的建设项目。

2022 年 4 月，国家档案局官网发布，两河口水电站试点工作组织有序、管理规范，系统运行稳定，完成了试点任务，为其他建设项目电子文件归档和电子档案管理工作提供了参考借鉴，通过验收。[②]

2023 年 10 月，国家档案局官网发布，深中通道试点充分发挥重大工程引领示范带动作用，以项目建设需求为导向，积极探索、守正创新，实现了电子档案与业务系统的双向赋能，圆满完成了试点工作各项任务，通过验收。[③]

在推广应用的层面上，国内建设项目电子文件归档与电子档案管理有较为成熟的案例，广东省高速公路建设项目从 2013 年至今，以统一质量数据管理和电子签名为前提，以课题研究配套试点应用为先导，以建设项目省级主管单位为主体，发布了配套完善的应用推广方案，已有超 200 个高速公路项目应用电子档案管理，截至 2024 年 12 月，已有超过 40 个项目通过档案专项验收。2022 年 10 月，"汕头湛江高速公路惠州至清远段"通过了档案专项验收，项目投资 208 亿元，档案约 3 万卷，共约 300 万份文件，其中单轨运行的电子文件占比 94%，超 30 家参建单位实现线上协同。另外，河南省、陕西省、天津市高速公路建设工程，也有通过行政主管单位组织档案专项验收的案例。其他区域如湖南、吉林、新疆等，其他类型建设工程如房建、轨道、水利、机场等，也有一定程度上的探索应用。

---

① 国家档案局. 国家档案局关于确定第三批建设项目电子文件归档和电子档案管理试点项目的通知[EB/OL].（2022-03-25）[2024-05-24]. https://www.saac.gov.cn/daj/tzgg/202203/0975d5a35d9b439ea13817a71e910311.shtml

② 国家档案局. 首个建设项目电子文件归档和电子档案管理试点通过竣工验收[EB/OL].（2022-05-10）[2024-05-24]. https://www.saac.gov.cn/daj/jsxm/202205/c9a7f9fd38c548939569891e37920c7c.shtml.

③ 国家档案局. 广东深中通道项目实现电子档案与业务系统双向赋能[EB/OL].（2023-10-20）[2024-05-24]. https://www.saac.gov.cn/daj/c100238/202310/3e128d2522604debb3725ce6af3d995b.shtml.

5.4.4 重点问题

建设项目电子档案面临的问题较多，重点问题主要包括以下几类。

5.4.4.1 标准规范失序

“标准规范失序”是指在规范的制定、实施、管理等过程中，出现了混乱、矛盾、不合理等现象，导致规范的权威性、有效性和可操作性降低。这种失序常常出现在新兴领域、复杂应用场景、跨界合作等方面。具体来说，其表现包括但不限于以下几个方面：

第一，制定标准的主体不明确或缺乏代表性。制定标准的主体可能是政府部门、行业协会、企业、专家学者等。如果这些主体缺乏代表性或具有特殊利益，就可能制定出偏颇、不科学或不实用的标准，进而导致标准失序。

第二，标准之间相互冲突、重叠或不完备。在某些领域，可能存在多个标准，但这些标准之间可能存在冲突或重叠，也可能存在某些方面不够完备，导致受众不知道应该采用哪一种标准，或采用标准后存在矛盾和问题。

第三，标准对新兴技术、新业态的适应性不足。随着科技进步和社会经济发展，新兴技术和业态不断涌现。但现有的标准可能无法适应这些新兴技术和业态，导致使用标准的时候面临问题。

第四，标准实施和监督机制不健全。即使一份标准制定得非常完善，但如果没有有效的实施和监督机制，这份标准也无法在实践中起到应有的作用。

“标准规范失序”是普遍存在的问题，需要各方共同努力来加强标准制定、实施、管理等方面的工作。这主要包括完善相关的立法、管理制度，加强标准制定的代表性和科学性，推动标准之间的统一和适应性，以及建立健全的标准实施和监督机制。这样才能更好地保证标准的权威性、可操作性和有效性，为经济社会发展提供有力的保障。

5.4.4.2 责任边界不清

“责任边界不清”是指在组织或社会系统中，存在着模棱两可的责任分配或者多方面责任的分配，这种情况会导致不明确的授权、不清晰的工作流程和模糊的职权边界。责任边界不清的情况下，组织或社会系统的成员可能会出现重复工作、错位竞争、责任漏洞等问题，进而影响组织或社会系统的高效运作。

总的来说，责任边界不清主要的原因有两种。一是组织或社会系统内部结构复杂、职能部门繁多，导致职责与权限的界限不明；二是外部条件变化极大，组织或社会系统需要不断地进行调整和重组，而在这个过程中责任分配也难以保持清晰和一致。

为解决责任边界不清的问题，可以从以下几个方面着手：首先，要明确组织或社会系统的目标与任务，明确各自的职能以及跨组织或社会系统间的职责范畴、关系等。其次，要通过优化组织或社会系统的结构和流程，使得职责与权限的分配更为科学合理，同时要加强内部的沟通和合作，避免职能部门之间互相掣肘，产生决策混乱或者漏洞。最后，要建立有效的管理与监督机制，加强对组织或社会系统中各个成员的纪律约束和管理，确保责任分清，工作流程畅通，使组织或社会系统的运作更加高效、稳定和可持续。

5.4.4.3 整体应用落后

“整体应用落后”主要是指在建设项目电子文件归档与电子档案管理的应用中，整个行业或者部门在技术和管理方面相对滞后，难以跟上最新的发展。这种现象可能会导致电子文件和电子档案管理的质量和效率不高，存在信息安全等方面的风险。

建设项目电子档案干系人群众多，涉及的文件资料也繁多。然而，在数字化管理方面的投入并不足够，很多甚至还是手动或半自动的流程，信息化水平相对低下，导致文件的电子化操作难度较大，全面数字化落后于先进的国家和地区。

此外，在文件归档和管理方面，也存在许多需要改进的地方。例如，一些单位的电子档案管理系统可能存在数据安全性问题，容易受到黑客攻击和病毒侵袭。而且，由于管理水平和技术水平参差不齐，在档案的真实性、完整性、防篡改性等方面的保障还存在差距。这都影响了人们对电子文件和电子档案管理的可信程度，也影响了电子管理的应用效果。

因此，“整体应用落后”是一个比较严肃的问题，在建设项目电子档案管理中需要引起重视。当然，这也为建设项目档案管理提供了发展机遇，通过不断加强技术和管理的研究和创新，不断推进数字化管理进程，提高电子文件归档和电子档案管理的质量和效率，便有望从容应对数字化时代的挑战。

5.4.5 几个误区

5.4.5.1 将电子档案管理等同于电子档案管理系统

现代社会信息化程度不断提高，电子档案管理也逐渐成为各个行业、领域的必备工具。电子档案管理的优点在于可以节约时间、空间和人力成本，提高效率，方便存储和查找，具有较高的安全性和可靠性。然而在实际的电子档案管理中，很多企业和单位存在一个误区，就是认为电子档案管理只需采购一个电子档案管理系统即可。这种认识是片面的和错误的。电子档案管理是一个系统性的工作，需要在组织管理、技术支持、流程控制等方面进行规范和标准化，而不仅仅是采购一个电子档案管理系统。

第一，电子档案管理需要全面考虑。电子档案管理不仅仅是采购一个电子档案管理系统。电子档案管理具有多个维度，包括组织管理、技术支持、流程控制、安全保障等方面。合理的组织管理可以保证电子档案的规范和标准化，技术支持可以提高电子档案的处理效率和查找速度，流程控制可以保证电子档案的安全性和可靠性，安全保障可以保护电子档案的安全和涉及的隐私。

第二，电子档案管理系统需要根据需求进行定制。不同的企业和单位具有不同的电子档案管理需求，需要根据具体情况进行定制。采购一个通用的电子档案管理系统可能无法满足企业或单位的实际需求。因此，在采购电子档案管理系统时，需要根据实际需求进行定制，确保系统能够满足企业或单位的实际需求。

第三，电子档案管理需要规范和标准化。规范和标准化的管理流程可以避免电子档案混乱、丢失或损坏的情况发生，提高电子档案的处理效率和查找速度。同时，规范和标准化的管理流程也有利于安全保障，有效避免档案信息泄露的情况发生。

第四，电子档案管理需要培训和宣传。员工的电子档案管理意识和能力直接影响到电子档案管理的效率和质量。因此，企业或单位应该通过培训和宣传等方式增强员工的电子档案管理意识和能力，促进电子档案管理的规范和标准化。

5.4.5.2 将电子档案等同于纸质档案扫描后的数字化档案

电子档案和纸质档案不仅有本质上的不同，电子档案管理相比纸质档案还需要更严谨的标准和流程、更为专业的技术支持和维护、更多的人力和经费投入等。只有深入了解电子档案的特点和优势，才能正确地进行电子档案管理，充分发挥其应有的作用。

第一，电子档案和纸质档案有本质区别。纸质档案是物理实体，而电子档案是数字化的虚拟实体。在存储、检索、传输等方面都存在着不同的特点和优势。学者苏君华等提出，相关工作者按部就班，不愿意去研究如何直接管理好电子文件(档案)。[①] 将电子档案简单粗暴地等同于纸质档案扫描后的数字化档案，忽略了电子档案自身的特点和优势，无法发挥其应有的作用。

第二，电子档案管理需要更完善的标准和流程。仅将纸质档案扫描后保存为数字化档案，无法满足电子档案管理的要求。电子档案管理需要更关注如何将传统纸质文件从形成阶段就转变为原生电子文件。实际上，目前业务阶段形成的电子文件管理与档案阶段的归档管理之间存在严重的断链现象，这导致了信息管理的困难。因此，需要建立更灵活和完善的标准和流程，确保电子档案的全程管理和监控，以便更好地满足业务需求，保证信息的完整性、可靠性和可追溯性。

第三，电子档案需要更为专业的技术支持和维护。将纸质档案扫描后保存为数字化档案，对技术支持和维护的要求相对较低。而对于电子

① 苏君华，刘芳. 被异化的谨慎：对“双套制”管理的问题分析及策略选择[J]. 档案学通讯，2015(4)：100-104.

档案，需要专业的技术人员进行技术支持和维护，包括硬件设备的维护、软件系统的更新、数据备份与恢复等。只有通过专业的技术支持和维护，才能确保电子档案的正常运行和管理。

第四，电子档案管理需要更多的人力和经费投入。将纸质档案扫描后保存为数字化档案，可以节约存储空间，但却难以直接发挥电子档案管理的高效性价值。电子档案管理需要更多的人力和经费投入，包括电子档案管理人员的培训和管理、电子档案管理系统的采购和维护、电子档案管理的标准化和规范化等。

5.4.5.3 对电子文件凭证性认识模糊

冯惠玲提出，法律保障，旨在解决电子文件的证据效力问题，为文件档案无纸化奠定法律基础。① 电子文件凭证性是保障企业业务数据和信息真实性、完整性、可靠性、可审查性和可信度的重要手段。钱毅认为，原件的重要性在于其暗含“不可更改”“不可抵赖”“可还原性”等管理要求与证据性、真实性、原始性、可靠性。② 学者黄世喆认为，保障电子文件凭证价值应从法律法规、技术支持和管理制度三个方面进行保证，从空间上对电子文件信息的凭证价值进行多维保障，形成以“法律标准通用、信息技术全面、管理制度完善”为基本思想的管理模型。③ 企业需要针对不同类型的电子文件，建立适应性的电子文件凭证性管理体系，保障电子文件的法律效力。只有这样，才能够真正发挥电子文件的优势，提高企业的业务运营和管理水平。

第一，对电子文件凭证性的重要性认识不足。电子文件凭证性是指电子信息的真实性、完整性、可靠性、可审查性和可信度等方面的保障。对于企业来说，电子文件的凭证性是非常重要的，因为电子文件是企业业务数据和信息的重要载体。如果电子文件的凭证性无法得到保障，将会对企业的业务运营和管理产生严重影响。

---

① 冯惠玲. 走向单轨制电子文件管理[J]. 档案学研究，2019(1)：88-94.

② 钱毅. 从“数字化”到“数据化”：新技术环境下文件管理若干问题再认识[J]. 档案学通讯，2018(5)：42-45.

③ 钱毅. 反思、转换与建构：《电子文件凭证价值保障问题研究》评析[J]. 山西档案，2021(1)：181-186.

第二，存在“任意的电子文件均可归档”的错误观念。并非所有的电子文件都具有相同的凭证性和价值。一些电子文件可能只是临时的工作文件，不适合归档保存。在归档电子文件时，需要对文件进行分类和鉴别，确定其价值和凭证性，然后再进行归档处理。任意地将所有电子文件都归档可能导致混乱和不必要的存储成本。

第三，对影响电子文件凭证性的因素认识不足。影响电子文件凭证性的因素有很多，例如电子文件的存储环境、安全措施、备份策略、数字签名、时间戳等等。只有在这些方面严格执行标准和规范，才能够保证电子文件的凭证性。如果企业忽视了这些因素，将会对电子文件的凭证性造成严重影响。

目前建设项目电子档案标准制定的规范性不够，标准的制定缺乏科学性和系统性，标准制定过程中缺乏专业人士的参与，标准制定的流程不够规范，标准的质量不高，难以保证标准的有效性。建设项目管理人员、电子档案管理人员、信息技术专业人员等均应参与标准制定的过程，若标准制定的参与人员不够，则会导致标准制定的行业内参与度不高，标准的质量不高，适用性不够充分。钱毅认为，档案机构的专业能力长期以来普遍落后于业务部门的信息化水平，表现在标准滞后、资源接收与整合困难等方面。[①] 标准制定后，实施效果不明显。一方面，标准制定后并没有得到有效推广，很多建设项目仍然采用传统的电子档案管理方式，没有全面应用新的标准；另一方面，标准制定后，很多项目实施过程中还是存在电子档案管理工作的混乱，文件的丢失、遗漏等问题，无法完全实现标准制定的预期效果。标准制定与实际应用不相符。标准的制定过程中，缺乏对行业内实际情况的充分了解，制定出的标准往往与实际应用存在不相符之处，导致标准的应用效果不佳。目前，建设项目电子档案标准缺乏联合制定，各地区、各企业制定的标准不一，标准的适用性不强。建设项目是一个涉及多个行业和领域的复杂系统，制定标准时应该多方参与，才能增强标准的全面性和适用性。

---

① 钱毅. 机构改革背景下档案机构专业能力的建设[J]. 档案学通讯，2019(5)：108-109.

5.5 建设项目电子档案标准建立的方法和路径

5.5.1 前期基础性工作的夯实

在建设项目电子档案标准建立的过程中，首先应依据国家法律法规和行业政策，确立标准制定的框架和指导原则，以法律合规性为基础，确保标准体系的权威性和适用性。接着，通过全面的需求分析，识别和归纳建设项目电子档案管理的核心需求，包括但不限于文件的来源可靠性、程序规范性和要素合规性，以及管理效率、数据安全和信息共享等方面的需求。这一阶段，需求分析的结果将直接影响标准体系的构建方向和内容。在此基础上，设计电子档案标准体系的整体架构，包括标准的层次结构、相互之间的关系及其与现有管理体系的整合方式。架构设计应考虑标准的灵活性和扩展性，以适应未来技术发展和业务变化的需求。此外，还需对标准体系中的各个组成部分进行详细规划，明确其功能定位和实施路径，以及它们如何协同工作以支持电子档案的全生命周期管理。

在这一过程中，还需关注标准的可操作性，确保标准能够被有效实施并在日常管理工作中发挥作用。同时，应考虑到标准的普遍适用性，使其能够覆盖不同类型和规模的建设项目，能满足不同阶段的电子档案管理需求。

5.5.2 关键技术与工具的选择

版式电子文件结合可靠的电子签名形成具备凭证性的电子文件归档是传统工程档案管理转型为工程电子档案管理的关键抓手。

随着信息化和数字化的快速发展，传统的工程档案管理与现代技术已渐行渐远，数字化转型已成为必经之路。苏焕宁提出，应当围绕管理对象本身来思考电子文件应有的正确归档方式。[①] 而对于工程电子档案管理来说，版式电子文件与可靠的电子签名作为两大核心组成部分，是实现数字化全面转型的关键性标准。

(1)版式电子文件

版式电子文件是一种固定布局的文档格式，其内容和格式在不同设备和平台上显示时保持一致。版式电子文件具有一定的“普适性”，可以避免排版错误或信息丢失，同时方便文件的归档与管理，是数字化转型中非常重要的组成部分。

①具有统一性。版式电子文件通过统一格式和命名规则，标准化地整合不同类型的内容，如文本、图片、数据等，从而简化了文件处理流程。

②提高管理效率。能减少纸质文档的使用，优化档案整理、归档和管理流程，并便于文件存储、传输和分享。

③增强安全性。数字签名技术的应用增强了版式文件的安全性，提供加密保障，防止信息泄露和文档篡改，同时实现了作者身份的认证。

(2)可靠的电子签名

可靠的电子签名是指使用数字签名技术对电子档案进行电子签署，以保障文件的真实性、完整性和不可抵赖性。钱毅认为，在电子档案“信任”问题中，如果真实性是从技术角度和安全角度来维系信任的话，那么完整性更多是靠业务本身的关联维系来达成信任。[②] 对于工程电子档案管理来说，可靠的电子签名是非常重要的组成部分，可以在保证工程档案完整性的同时，节省签字盖章的时间和成本。

①保障真实性与完整性。电子签名技术可以提供文档的完整性检验[③]，能够对文件进行校验，以确保其在传输和存储过程中不被假冒或篡改。同时，使用可靠的电子签名还可以提供电子文件制作者的身份证明，

① 苏焕宁. 原则与例外：电子文件归档的单套制与双套制选择[J]. 山西档案，2019(6)：5-12.

② 钱毅. 基于完整性管控的数字档案对象全树结构模型研究[J]. 档案学研究，2020(3)：115-121.

③ 毕建新，余雪，余亚荣，等. 电子档案可信存储与验证体系研究[J]. 档案学研究，2023(3)：119-126.

确保文件来源真实可靠。

②降低抵赖风险。电子签名强化了签署人与文件的关联，确保签署人无法否认签名，从而防止文件被抵赖。

③提高档案可信度。电子签名技术可以提高工程档案的可信度，从而提升客户的满意度。在工程项目的执行过程中，档案中往往会记录包括执行细节和实际情况等内容。如若缺少可靠的电子签名证明，难免会引发客户的怀疑和担忧。

版式文件和可靠的电子签名是建设项目电子档案标准建立过程中实现有效管理和长期保存的基础。规范的版式文件和可靠的电子签名技术可以增强文档的传输、存储、整理和使用的安全性，提高工作效率，避免传统档案管理中面临的种种不便和不安全因素。工程单位在推广和实施电子档案管理时，不断完善工程电子档案管理系统，提高管理效益，确保可持续发展。

5.5.3　业务流程与档案管理的融合

为实现建设项目中电子档案管理标准的全面整合，需将业务流程与电子档案管理系统紧密结合，确保两者之间的高效协同。关键路径为业务系统和电子档案系统体系的无缝集成(图 5-1)。

工程电子档案管理是一项系统工程，涉及建设工程全生命周期全要素管理，要确保实现工程资料内容数据化、信息管理长效化、业务实施闭环化，有效落实工程建设管理的规范化、标准化、高效化，为后期智能扩展提供数据基础，实现真正意义上的“电子档案”管理。

(1)实现建设项目文件资料的数字化与结构化

为提升建设项目文件资料的管理效率和质量，应推动文件资料的全面数字化和结构化。这包括制定统一的数据格式和结构化标准，以确保信息的一致性和可交换性。

建设项目文件材料是指自项目立项审批(核准)至竣工验收全过程产生的，反映项目质量、进度、费用和安全管理基本情况，对建成后的工程管理、维护、改建和扩建具有保存、查考利用价值的各种形式和不同

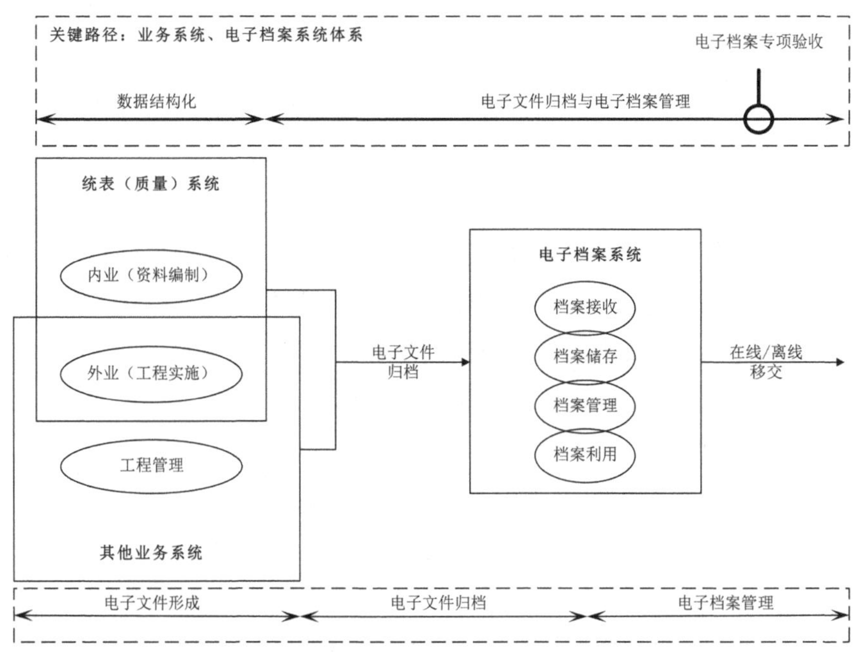

图 5-1　关键路径示意图

载体上的历史记录。

在实际工作中，形成规范化、标准化的公路建设项目文件资料较为困难，资料后补、伪造、缺项等现象十分普遍，资料的真实性、完整性、可靠性均难以保障。另外，使用纸质作为载体的资料，需要耗费大量人力物力来编辑文档、整理文件、查找数据，现实中还经常出现由于资料缺漏影响工程进度的情况。

建设项目文件资料电子化、数据结构化是指运用信息化系统实现高效填报与输出，取消传统纸质载体与线下手工签字盖章；维护资料中内容数据的原始颗粒度，实现数据复用；统一建设项目质量数据平台，为后期查找利用提供数据基础。

(2)建立电子文件归档与电子档案管理的标准化流程

为确保建设项目的电子文件得到有效管理和利用，必须制定明确的电子文件归档规范和流程，以及具体的电子档案管理操作标准。

建设项目的电子文件在形成以后，需要经过系统整理并归档进入档案管理阶段。电子档案管理体系能够实现同步形成、同步整理、同步归档的“三同步”，有效整合现实中繁重低效的工作，显著提升建设项目信息化的基础水平，为后期查找利用提供可靠路径。

另外，电子档案管理体系是长效性、统筹性的信息化建设的关键思路，电子档案管理体系的核心是数据信息的线上化、联通化、汇集化，是应对线下数据固化、线上数据孤岛、数据烟囱的可靠方案。

建设项目电子文件归档与电子档案管理是指主要使用办公自动化系统、业务系统与电子档案管理系统进行全生命周期的电子档案管理，同时需要满足制度建设要求、系统建设要求、资源建设要求、安全管理要求，确保电子档案来源可靠、程序规范、要素合规。

(3)专项验收与质量控制

建设项目电子档案专项验收是指在竣工验收前，依据档案法[①]等法律法规对电子档案进行的专门审查。此过程摒弃了对纸质原件和手工签字盖章的依赖，转而采用符合《中华人民共和国电子签名法》要求的电子签名，以确保电子档案管理工作的完整性和闭环性。

坚持电子档案专项验收对于提高工作效率、降低资源消耗至关重要。如果继续要求提供传统纸质原件和手工签字盖章，将增加业务人员的工作量和资源消耗，可能阻碍电子档案管理的有效实施。

建设项目电子档案专项验收需依托于业务系统和电子档案系统体系，确保电子档案的生成、整理、归档和利用全过程的数字化和自动化。

另外，建立建设项目电子档案专项验收制度能有效提升整个建设项目体系中团队人员的信息化素质，协调建设项目、建设者与科技应用的平衡发展。

5.6 本章小结

本章主要探讨了建设项目电子档案标准的重要性、主要内容、制定

① 国家档案局. 全国档案事业发展“十三五”规划纲要[EB/OL]. (2016-04-01)[2024-05-24]. https://www.saac.gov.cn/daj/xxgk/201604/4596bddd364641129d7c878a80d0f800.shtml.

原则、现有标准以及标准构建的方法和路径。

首先，强调了电子档案标准制定的必要性，它不仅有助于规范管理流程、提高管理效率和安全性，还能保障工程质量，推动企业信息化建设。接着，本章详细阐述了电子档案标准化管理的主要内容，包括电子档案形成阶段、整理归档阶段以及利用和长期保存管理阶段的标准化，突出了各阶段之间的交互性和协调性。此外，本章还讨论了电子档案标准制定应遵循的原则。这些原则确保了标准的权威性、可操作性和有效性，为建设项目电子档案管理提供了坚实的基础。

在现有标准的纵览中，本章梳理了国家和地方在建设项目电子档案管理方面的政策发展历程，展示了从 2010 年以来的发展脉络，以及《电子文件归档与电子档案管理规范》等现行规范的主要内容和特点。同时，本章也指出了标准应用现状中存在的问题，如标准规范失序、责任边界不清等，并提出了相应的解决思路。

本章对建设项目电子档案标准建立的方法和路径进行了探讨，强调了版式电子文件和可靠电子签名在实现电子档案管理数字化转型中的关键作用。通过关键路径的分析，本章明确了业务系统、电子档案系统体系的构建对于实现电子档案管理的重要性。

第 6 章　建设项目电子档案系统构建

制定建设项目电子档案管理标准有助于规范档案管理的流程，提高档案管理的效率和安全性，规范电子档案的形成、整理、归档和使用流程。上一个章从制定的重要性、标准的主要内容、制定的原则等方面进行了阐述。通过何种技术或路径手段来构建起完善的建设项目电子档案系统是至关重要的问题。

6.1 建设项目电子档案系统构建的目标

冯惠玲提出，管理与技术，在操作层保证单轨制电子文件管理落地实施，实现了数字连续性。[①] 故采用这种管理方法和技术手段尤为重要。钱毅认为，档案信息化的工作随着信息技术的快速迭代变化升级，其内涵处于较为旺盛的新陈代谢之中，如何在变化中寻求“不变”就成了档案信息化宏观管理的内核问题。[②] 档案系统体系架构应支持数字档案存证服务，应支持知识服务功能的完整实现，应有效衔接资源与应用场景两端。[③] 建设项目电子档案系统的主要目标是实现工程数据归档，并提供基础数据支撑和业务处理支持，以满足对工程数据查询、共享等多方面需求，为工程建设提供高效、规范、安全、可靠的数据管理和应用平台，以支持建设项目的管理和运营。具体来说，建设项目电子档案系统构建的主要目标包括提高管理效率、保障数据质量与安全、提高信息共享程度等。

6.1.1 提高管理效率

建设项目电子档案系统可以通过数字化、网络化、集成化，管理项目管理过程中的各种文件、表格、合同、报告等信息资料，实现全流程

---

① 冯惠玲. 走向单轨制电子文件管理[J]. 档案学研究，2019(1)：88-94.

② 钱毅. 基于U型曲线重新审视档案信息化工作[J]. 档案与建设，2023(4)：4-8.

③ 钱毅，崔浩男. 基于证用价值导向的通用档案信息系统体系架构研究[J]. 档案学研究，2021(4)：10-16.

的信息化管理。这样能显著提高项目管理效率，减少人力资源浪费和重复工作，提高工作质量和效益。电子档案系统帮助管理者更快地查找和整理信息，同时对工程档案进行可控的存储、保护、维护，提高档案管理效率。它是一系列的信息管理工具，通过收集、整理、归纳、分类和检索建设项目内部、外部的信息，实现信息资源的集中管理和规范化运营。实现流程信息化、协同化管理及数据化分析等目标，进而提升建设项目管理效率和管理水平。

6.1.2 保障数据质量与安全

传统的档案管理方式容易导致档案遗失、损毁、泄露和造假等问题。电子档案系统通过数字化和网络化技术，实现对档案的加密、备份、恢复和防护，提高档案安全和可靠性。采用多重备份机制保证数据完整性，实现数据加密和权限控制，保护档案的机密性和安全性。数字签名技术提供防篡改、防伪造、防抵赖的保障，增强数据真实性。建设高效安全的电子档案系统需要建立信息安全管理体系，防范信息非法获取、泄漏、损坏等风险，实现文件权限划分和访问审核，记录信息轨迹，为问题追溯提供保障。

6.1.3 提高信息共享程度

电子档案系统可以促进工程信息的共享，提高透明度和应用价值。传统的档案管理方式通常是以纸质形式记录信息，有时甚至是手写记录，存储和查询速度缓慢，容易出现个人记录不规范、关键信息遗漏等安全风险。而电子档案系统的建设，可以实现相关数据的全面、高效、安全、便捷管理，提升业务决策质量，增加企业竞争优势。它实现了不同业务部门、地域之间信息实时共享，能促进资源合理分配和调度，提升资源利用率，达到协作共享的目的。

6.2 建设项目电子档案系统构建的路径与结构

利用平台可更加便利地调用可信认证、归档接口等技术，从而更好地实现“无缝”地归档对接，从前端出发促进电子文件归档工作的标准化与规范化。① 建设项目电子档案系统构建应以前端控制、全程管理②为原则，分别建设在线电子认证平台、业务系统、电子档案管理系统，并打通三者之间的数据通道(如图 6-1 所示)。

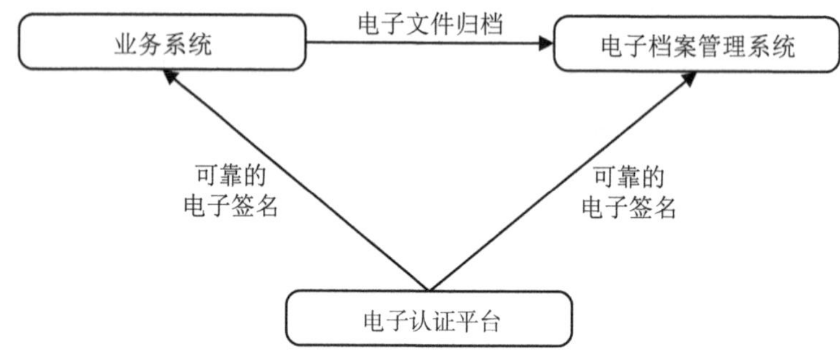

图 6-1 建设项目电子档案系统逻辑模型

在图 6-1 所示的逻辑模型中，建设项目电子档案系统包含三个基本组件：电子认证平台、业务系统、电子档案管理系统。

用于证据采信的法律认证需要整合认证链条的支持，以构成证据法认可的证据链③。电子认证平台是整个系统的关键组成部分，主要为各个系统及用户提供可靠的电子签名服务，保障电子文件的真实性、完整性、可靠性。如果电子文件系统定位在替代原件的层面上，建设难度将显著增大。如果将一个机构的所有文件资源视为一棵树，那么电子文件系统主要包括两个方面的内容，一是描述树干的分类模型，二是描述树叶文

① 苏焕宁. 电子文件归档中国特色研究的框架体系与内容构成[J]. 档案学研究，2022(6)：18-24.

② 王英玮，陈智为，刘越男. 档案管理学[M]. 北京：中国人民大学出版社，2021.

③ 钱毅. 基于 OAIS 的数字档案资源长期保存认证策略研究[J]. 档案学研究，2018(4)：72-77.

件结构模型。[①]（文件）数据态基于规则，验证依赖于业务场景。[②]

业务系统在电子档案系统中扮演着重要的角色，主要负责数据采集、流程审核、数据固化、数据封装等工作。这些工作流程使得原始的纸质文件或电子文件转化为原生电子文件。经过初步整理之后，这些电子文件将通过数据接口传输至电子档案管理系统进行进一步管理。

电子档案管理系统是整个电子档案系统的核心组件，用于接收来自多个业务系统归档而来的电子文件，并对这些文件进行统一管理。这些文件可能涉及监理文件、施工文件等各种类型的信息资料。电子档案管理系统能够对这些文件进行整理、保存、利用、处置、统计等，从而实现对电子档案的有效管理和利用。

通过以上三个基本组件的协同作用，建设项目电子档案系统可以实现对工程资料的集中化管理和规范化运营。同时，这样的系统也为建设项目提供了高效便捷的信息管理手段，不仅提高了项目管理效率，减少了人力资源的浪费和重复工作，还能够保障项目数据的质量与安全。这对于工程项目的顺利实施和成功交付具有重要意义。

6.3 建设项目电子档案系统构建的设计原则

在线电子认证平台、业务系统、电子档案管理系统的开发建设过程中，应考虑以下几个设计原则。

6.3.1 实用性

在建设在线电子认证平台、业务系统和电子档案管理系统时，实用性是首要考虑的设计原则。系统应该充分考虑用户的实际需求和使用习

① 钱毅.《电子文件管理系统通用功能要求》(GB/T 29194)解读[J]. 北京档案，2018(6)：23-28.

② 钱毅. 从“数字化”到“数据化”：新技术环境下文件管理若干问题再认识[J]. 档案学通讯，2018(5)：42-45.

惯，确保易用性和适用性。制定详细的用户需求规格说明书，并通过用户调研和反馈不断改进和完善系统功能和界面，提供个性化的定制化服务，满足用户的个性化需求。整体应用支撑平台应以需求为导向，并考虑工程电子档案管理中电子文件填报、审批、归档以及电子档案管理过程中的安全登录和审批流程中的电子签名应用。

6.3.2 安全性

在系统设计过程中，安全性是关键的设计原则。采用多层次的安全措施，如防火墙、加密技术、身份认证、访问控制等，以保障系统的安全性。使用可靠的CA机构进行数字证书的申请和管理，确保证书的有效性和安全性。对用户信息和数据进行加密处理，以确保数据的保密性和完整性。建立完善的安全审计机制，实时记录系统的操作行为和安全事件，以便及时发现和处理安全问题。

6.3.3 可靠性

系统应该采取成熟可靠的技术和体系结构，并考虑各种可能出现的错误，采用相应的防错机制，以减小系统出错的概率。设计良好的异常处理机制，以便在系统出错时能够快速地检测和处理异常。采用系统监控技术，对系统进行实时监控，及时发现和解决问题。同时，使用数据备份技术对系统的数据进行备份，以便在系统出现故障时能够快速恢复数据。

6.3.4 易操作性

系统应该易于操作，易于使用，且与其他系统容易结合，能提供简单、易用、直观的操作界面，避免复杂的操作流程和烦琐的操作步骤，以方便用户的使用。设计简洁明了的界面，提供良好的用户体验，便于用户进行信息查询、上传和审核等操作。采用智能化技术，提高用户的工作效率，增强用户的体验感。

6.3.5 开放性

平台的设计和建设必须具有开放性，充分考虑网络、应用的扩展，能够跨平台运行，兼容不同操作系统的应用系统，并提供相关的数字证书身份认证接口，方便应用开发商进行相关的数字证书应用开发，具有多应用系统接入的扩展性。

6.4 建设项目电子档案系统构建中的信息系统建设技术

建设项目电子档案系统建设需要一系列相关信息技术支撑。主要包含计算机软硬件、计算机网络、储存和数据库、信息安全等基础信息技术和物联网、云计算、大数据等新一代信息技术。①

建设项目电子档案系统建设中，计算机软硬件、计算机网络、储存和数据库、信息安全等基础信息技术，是实现电子档案信息化的基础条件。这些基础信息技术的应用可以提高档案管理的效率和质量，降低工作成本，满足企业数字化转型和信息化建设的需求。

物联网、云计算、大数据等新一代信息技术，将为建设项目电子档案系统建设提供更多的可能性和更好的发展前景。新一代信息技术的应用可以推动档案管理数字化、信息化、智能化的进程，同时提高管理效率。

在此基础上，针对工程管理与档案管理的需求，建设项目电子档案系统还涉及以电子签名、版式文件为主的关键性技术，它们是一系列方式方法的逻辑性集合，有效保障建设项目电子档案的真实性、完整性、可靠性。

---

① 刘明亮，宋跃武. 信息系统项目管理师教程[M]. 北京：清华大学出版社，2023：38.

6.4.1 基础信息技术

计算机软硬件分别指计算机系统的硬件和软件部分，是计算机系统中最基本的两个部分，包括中央处理器(CPU)、硬盘驱动器(HDD)、操作系统(OS)、编译器和数据管理系统(DBMS)等。

计算机网络是一种系统，通过网络连接不同地点的计算机，实现信息资源共享和协同处理，成为信息化建设的基础之一。网络规模包括局域网、城域网、广域网和全球性的互联网，覆盖了从小地理区域到全球范围的不同规模。计算机网络技术涵盖了物理层、数据链路层、网络层、传输层和应用层，分别负责比特流传输、分组传输、网络拓扑和数据传输、透明数据传输及提供各种服务和应用程序。计算机网络技术被广泛应用，而互联网对人们的生活产生了深远的影响，使在线购物、听音乐和接收新闻成为可能。随着计算机技术和网络设备的进步，计算机网络技术将更好地满足人类发展需求，为社会发展做出更大的贡献。计算机网络技术作为信息建设不可或缺的一部分，其未来发展前景十分广阔。

存储作为基础信息技术的重要组成部分，它涉及用于存储和保护数字数据的各类设备和技术。存储技术主要分为两大类：存储介质和存储技术本身。存储介质包括内部存储设备和外部存储设备。内部存储设备如硬盘和固态硬盘，它们是计算机系统最主要的存储设备。外部存储设备则包括移动硬盘、U 盘等，它们便于数据的便携式存储和传输。存储技术涵盖了多种技术，包括但不限于磁盘技术、光盘技术、磁带技术、网络存储技术、云存储技术等。

数据库是一种有组织的数据集合，数据按照预定义的格式和结构存储在计算机系统中，它是基础信息技术中的重要组成部分。数据库系统是一种能够用计算机来管理大规模数据的软件，通过对数据的结构化和存储，方便用户访问和管理数据。数据库系统通常包括数据库管理系统(DBMS)、数据库管理员(DBA)、应用程序和用户等组成部分。数据库管理系统(DBMS)是指一组专门用于管理数据，并支持对数据库中的数据进行查询、更新、删除、添加等操作的软件集合。常见的 DBMS 包括

Oracle、MySQL、SQLServer、PostgreSQL、MongoDB 等。数据库管理系统对数据的操作和管理提供了良好的用户接口，支持多用户同时访问和管理，保证了数据的一致性和完整性。数据库管理员(DBA)是负责管理数据库系统所有环节的专业人士。应用程序是和数据库系统交互的用户程序，通过对数据库的访问和操作进行数据的增删改查。数据用户是使用数据库系统的人员，包括普通用户和管理员。用户角色的划分可以根据不同的需要进行划分和授权，保证数据库的可靠性和数据的安全。

信息安全技术主要是为了保护信息在产生、传输、处理和存储等阶段不受损失、不被破坏，并确保敏感信息的保密。然而，互联网在设计阶段并未充分考虑信息安全问题，在广泛应用之后，只能不断进行修补工作，这导致信息安全技术贯穿了互联网的各个层次。对于工程数据这样的重要数据，需要确保数据的完整性，以便用于追责、预控和决策支持。同时，为了协助解决行业管理等问题，信息安全技术也需要具备认证性。信息安全强调信息(数据)本身的安全属性，主要包括保密性、完整性、可用性。[①] 保密性指信息不被未授权者知晓；完整性是指信息是正确的、真实的、未被篡改的、完整无缺的；可用性是指信息可以随时正常使用。通常使用信息加密技术采用加密算法提取特征矢量，并与有关信息封装在一起，可供校验。加密技术中的算法和密钥是两个核心要素，它们在保护数据安全和隐私方面发挥关键作用。

算法可分为三种。对称加密算法：使用相同的密钥进行加密和解密，常见的对称加密算法包括 DES、AES、RC4 等。非对称加密算法：使用一对密钥，分别是公钥和私钥，来进行加密和解密，常见的非对称加密算法包括 RSA、DSA、ECC 等。哈希算法：用于生成数据的哈希值，常用于验证数据的完整性，常见的哈希算法包括 MD5、SHA-1、SHA-256 等。

密钥的类别包括三种。对称密钥：在对称加密算法中使用的密钥，用于加密和解密数据。加密密钥和解密密钥：在非对称加密算法中使用的一对密钥。密钥对：用于数字签名和加密通信，包括一对公钥和私钥。这些分类反映了加密技术中算法和密钥的不同特点和应用场景，但要注

① 刘明亮，宋跃武，等. 信息系统项目管理师教程[M]. 清华大学出版社，2023：49-51.

意的是，加密技术领域发展迅速，新的算法和密钥分类也在不断涌现。

6.4.2 新一代信息技术

6.4.2.1 物联网

物联网(internet of things，IoT)是一种将物理设备、传感器、软件、网络和云计算等技术整合起来的网络。它将物品“连接”在一起，使其能够获取和共享数据。随着物联网技术不断发展，越来越多的物品被赋予了智能，这些物品之间能够相互通信、自动化地运作，为生活和工作带来了诸多便利。

物联网技术的核心是传感器技术。传感器是物联网的基础设施，它们可以获取环境中的数据，并将这些数据传输到云服务器上。通过将传感器与互联网相连接，就可以远程访问、控制和管理各种设备。

物联网技术是一种前沿的技术，具有潜力和挑战。它正在改变着人们的生产方式、生活方式和社会结构，为人类创造更美好的未来。在建设项目中，物联网技术主要用于从设备中获取生产数据。例如在现场管理中，从业人员对建筑材料的测试结果可以通过无线技术自动上传到私有云，再通过数据采集模块获取。同时，数据采集模块也会通过周期轮询的方式收集相关工程项目所涉及的自动化设备的生产数据，归类后存储到私有云。

建设项目电子档案管理系统采用的物联网架构如图 6-2 所示。

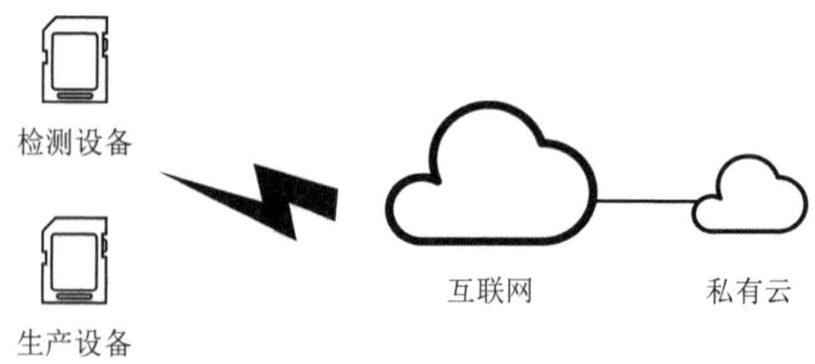

图 6-2 物联网架构示意图

工程现场的检测设备和具有数据功能的生产设备通过无线链路链接到互联网，通过互联网接入私有云。系统主要完成了仪器设备的感知，开发了仪器设备数据采集的接口，完成了仪器设备的生产数据格式化，并进行了分类存储。以原材料检测为例，在私有云端记录了各种不同的原材料的检测记录，完成了对数据的自动分类存储。

6.4.2.2 云计算

云计算(cloud computing)是用互联网等远程通信方式，将数据处理、数据存储网络化并统一管理的技术。通过云计算，用户可以通过互联网连接到云服务，获取各种计算和存储资源，而无须拥有这些资源的实际物理设备。云计算技术在各个领域中得到广泛应用，如软件开发、金融服务、医疗保健等。

云计算技术有三种服务模式：基础设施即服务(infrastructure as a service，IaaS)、平台即服务(platform as a service，PaaS)和软件即服务(software as a service，SaaS)。IaaS 是最基本的服务模式，用户可以通过云服务提供商租用云服务器、存储空间等基础设施资源。在 PaaS 模式下，云服务提供商提供服务器、存储和开发工具，用户只需开发自己的应用程序，而不需要关心底层机器和操作系统的细节。在 SaaS 模式下，云服务提供商提供完整的软件应用程序，用户只需要使用这些应用程序，而不需要关心底层的技术和基础设施。这些云应用程序包括在线邮件、CRM、ERP 和办公软件等。

云计算技术的核心是虚拟化技术。通过虚拟化技术，用户可以将物理服务器分割为多个独立的虚拟服务器，从而更好地利用硬件资源。虚拟化技术可以降低 IT 设备成本，提高数据的可靠性和可用性，并提高资源利用率。云计算技术还具有较强的弹性和可扩展性，可以快速增减计算或存储资源的数量和规模，以适应不同业务需要的变化。

云计算技术在企业中得到广泛应用。它能够降低企业 IT 设备成本，提高资源利用率，同时可以为企业提供更好的数据备份和恢复服务，提高数据的可用性和安全性。云计算还能够提供强大的数据分析和机器学习能力，进一步提高企业竞争力。

建设项目电子档案系统可采用的云计算平台物理架构如图 6-3 所示。

建设项目电子档案系统基于云计算技术，为工程数据搭建了私有云

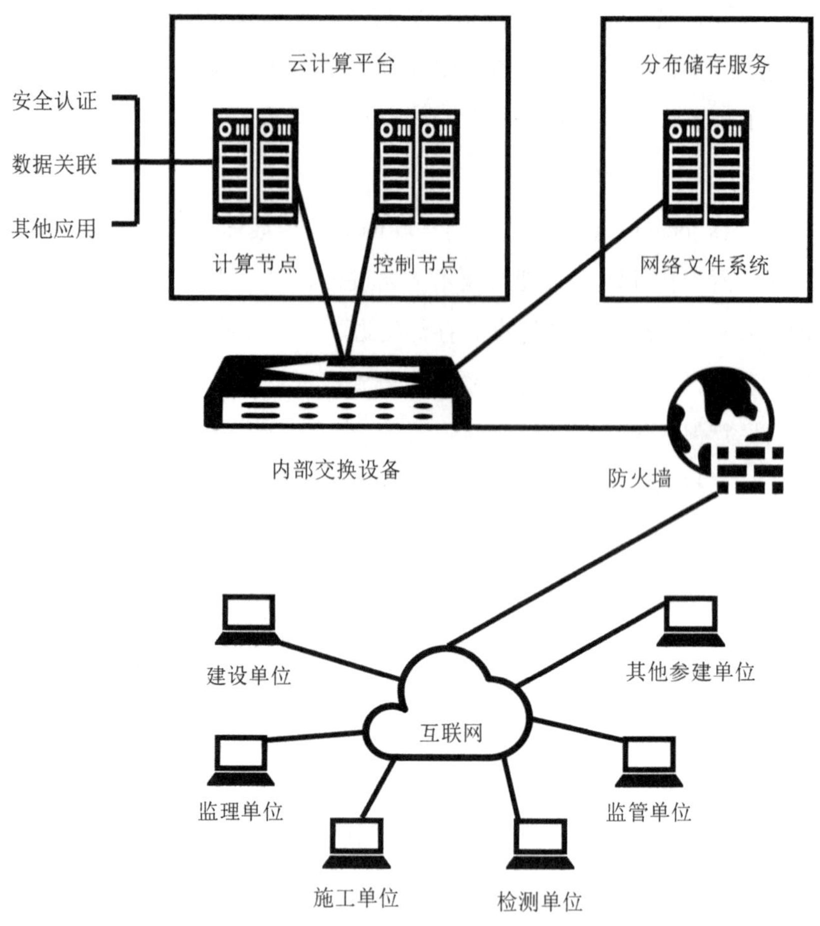

图 6-3　物理架构示意图

平台。其中网络文件系统服务器提供工程数据的分布式存储服务，控制节点和计算节点构成云计算平台，在云计算平台上通过虚拟化技术构建了安全认证服务器、数据关联服务器和用于其他应用目的的服务器。每个服务器的应用都使用了并行编程技术，能够充分地利用计算资源。虚拟化的服务器和网络文件系统服务器通过内部交换设备构成私有网络。该网络的出入口为防火墙，用户的请求必须经过防火墙才能访问各种服务，有效地杜绝了各种网络攻击。各主体均通过互联网访问私有云，执行提交数据、查询数据、完成报表等操作。客户端采用 C/S 架构和 B/S 架构，C/S 架构方便数据填写和管理，B/S 架构方便数据的查阅和在线管理。

6.4.2.3 大数据

大数据(big data)技术是指在海量数据中，通过计算机等技术手段，从中提取出有价值的信息和知识的一种技术。大数据技术可以应用于商业、医疗、政府等各个领域，在业务决策、客户需求分析、安全监控等方面都具有非常重要的作用。

大数据技术的核心是数据采集、存储、处理和分析。大数据的采集可以通过传感器、IoT 设备、社交媒体、网站访问记录等多种方法进行。存储可以在传统的关系型数据库系统中，也可在分布式文件系统如 Hadoop、AWS S3 等中进行。处理这些数据有两个主要挑战，即数据的体量和速度。数据分析则是大数据技术重要的组成部分之一，主要包括数据挖掘、机器学习、自然语言处理等技术。

大数据技术在各个领域中都有广泛应用。在商业领域，大数据技术可以用来研究消费者行为和市场趋势，为企业的战略规划和决策提供支持；在医疗健康领域，大数据可以用来分析各种医疗数据，为医生提供决策支持，同时在医疗设备监控和远程健康监测等方面也有应用；在政府领域，大数据可以在城市管理、公共安全和环境监控等方面为政府决策提供强有力的数据支持。

建设项目电子档案系统可采用的大数据服务架构如图 6-4 所示。

建设项目电子档案系统可采用三层的大数据服务架构。其中数据服务存储层由存储系统和数据模型两个层次构成。存储系统采用了云计算平台中的网络文件系统，具有高的可扩展性。数据模型部分采用关系型数据库，对来源众多的数据进行数据分类，并对生产设备的数据采集生产数据。数据结构的标准化就是在此层完成的。数据服务引擎层是一个核心部件，具有数据服务建模，数据服务动态生成，应用请求分解、请求分发、结果组装等功能，包括视图服务、数据访问服务、规则处理服务等不同的服务组件。用户在创建数据服务时可以定义外部模式的映射规则。另外，自动模型生成功能够将外部模型自动映射到数据源众多的数据对象上。数据服务应用层提供所有用户实体接入大数据服务架构的接口，完成数据检索、数据分析和可视化的应用。

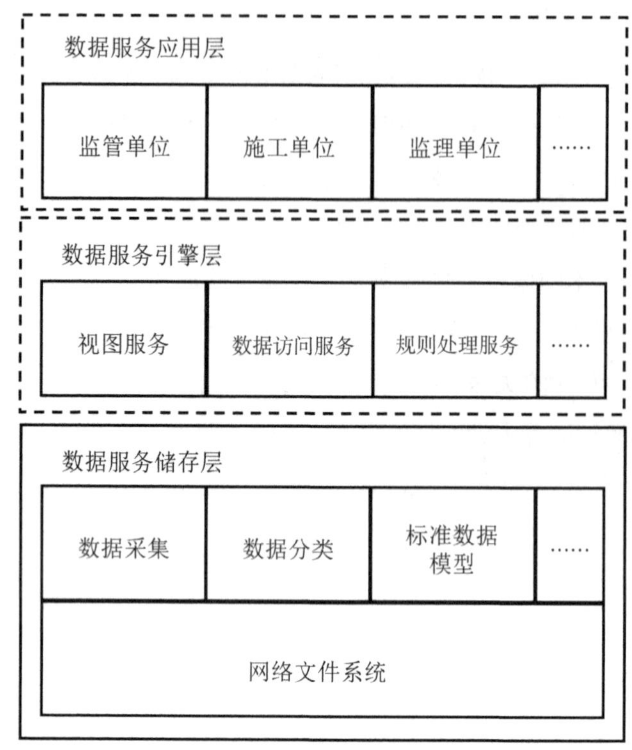

图 6-4　大数据服务架构

6.4.3　关键性技术

影响建设项目电子档案系统的关键技术主要包括两个方面：电子签名和版式文件。电子签名的关键在于替代传统手工签名来确定责任，而版式文件的关键在于确保电子文件的长期有效性。实现电子签名需要应用哈希算法、非对称加密、数字签名等技术，而实现版式文件则需要应用文件结构和语法、签名验证等技术。此外，电子签名与版式文件之间是强关联的，因为在建设项目电子档案中版式文件是电子签名的实际载体。

在建设项目电子档案系统中，尽管从技术实现的角度来看，电子签名并不需要依赖于特定格式文件，但考虑到当前和未来的电子签名技术应用情况，为确保电子签名能代替传统手工签名并保证其可靠性，需要确保电子签名与 PDF 等格式的版式文件相配套。将电子签名应用于

DOCX 等其他流式文件而不是版式文件可能会导致以下问题。

长效保存稳定性问题：将电子签名应用于其他流式文件可能会影响文档的长期保存和稳定性，因为流式文件的格式和结构可能会发生改变，这可能导致电子签名的验证过程中出现问题，从而影响电子文件的长期有效性和稳定性。

实现技术难度问题：流式文件的动态性和多样性会增加实现电子签名的复杂性，可能需要额外的技术和措施来确保签名的一致性和可靠性。

法律效力问题：在一些情况下，将电子签名应用于流式文件可能导致文件的法律效力受到质疑，从而影响文件的法律效力。

电子签名和版式文件虽然非常重要，但在建设项目电子档案系统构建时，需要综合应用多项技术。虽然着重讨论了电子签名和版式文件这两项关键技术，但这是基于建设项目电子档案系统的特殊需求。在实际操作中，人们往往忽视了这两个方面的建设，这导致投入了大量人力物力却无法实现真正的建设项目电子档案管理。人们之所以会忽视电子签名和版式文件的重要性，可能的原因有三：

技术认识不足：对于电子签名和版式文件的重要性和应用领域的认识不足，可能导致在项目建设过程中忽视这两方面的建设。

成本考量：有时候项目规划者可能会夸大其他技术的重要性，因为电子签名和版式文件在实施过程中可能需要额外的成本和资源。

应用难度大：在建设项目中，涉及的主体可能来自不同的领域和专业，他们的素质和技术水平可能也不尽相同。因此，要确保电子签名和版式文件的应用，需要有针对不同素质人员的培训和支持措施，以确保他们能够正确理解和使用这些技术。此外，还需要不同部门之间的协调和沟通，以确保电子签名和版式文件的应用能够在整个项目中得到充分的支持和推广。

6.4.3.1　**电子签名**

1) 电子签名的应用模式

广义的电子签名的根本目的是取代传统手工签名，用于对数据的责任认定。学者邢爱芬和付姝菊认为《中华人民共和国电子签名法》语境下的电子签名不特指某种技术的签名形式，而是具有丰富的内涵。[①] 钱毅认为，人们在认证技术的认识上总体存在重技术轻服务、重表象轻实施的现象，有意无意忽视认证技术本身的复杂性和体系性。[②] 电子签名的实现形式多种多样，基于需要被认定的责任范围和环境情况，也基于不同的信任程度和现实情况，电子签名有不同的表现形式和技术实现方式。

比如 A 借钱给 B。如果 A 与 B 认识多年，在一定的信任基础上，A 同意 B 在欠条中使用“贴图签名”，或者写一张纸质欠条拍照通过互联网发送给 A。在这种情况下，“贴图签名”或“手工签名照片影像”也可以归于广义的电子签名的范畴。但在市场环境中，A 与 B 相互不认识，盲目信任存在风险，可能会造成无法承受的后果。因此，需要设计更可靠的信任机制和电子签名模式，CA 机构的产生便是基于此。CA 机构以“可信第三方”的身份为市场中需要达成约定的 A 与 B 提供“担保”(认证)。A 和 B 可以信任 CA 机构，从而在其“担保”(认证)下顺利达成交易。

CA 机构为了保证中立性和可信度，需要工信部的挂牌许可，并接受工信部、国家密码管理局的管理监督，以形成信任机制的闭环。钱毅提出，国家通过《电子认证服务管理办法》等，要求从事电子认证服务的第三方应当向国务院信息主管部门提出申请，且注册资本不低于 3000 万元人民币。[③] 相比于“贴图签名”“手工签名照片影像”，CA 电子签名更适用于市场。

然而，CA 电子签名并不是完美无缺的，仍然有许多问题需要解决。尽管 CA 机构得到了工信部挂牌许可，受工信部和国家密码管理局监督管理，但由于其作为一个公司存在被操控的风险，人们对其中立性抱有怀疑，担心“担保”(认证)不够可靠。然而，这种风险是属于“广义的电子签名”，任何形式的签名都存在这样的风险。这也体现了人们对于 CA 机构的怀疑，因为任何约定的担保模式都不是绝对可靠的。

为了提高电子档案的真实性、完整性、可靠性，不断有各种技术尝

---

① 邢爱芬，付姝菊. 中国电子签名立法与实践问题研究[J]. 科技与法律(中英文)，2022(3)：14-23.

② 钱毅. 基于 OAIS 的数字档案资源长期保存认证策略研究[J]. 档案学研究，2018(4)：72-77.

③ 钱毅. 基于 OAIS 的数字档案资源长期保存认证策略研究[J]. 档案学研究，2018(4)：72-77.

试被应用，其中区块链技术是一种较为常见的模式。学者李恩乐等提出，将电子文件的哈希校验值存入区块链中，作为其数据真实完整的凭证。[①] 钱毅提出，区块链技术具备去中心化这个核心特点。但“去中心化”与我国既有集中统一管理模式之间的矛盾如何消解？数字签名默认需要依赖 CA 机构。[②]

本书中主要讨论 CA 电子签名，所以在没有特别说明时，电子签名与 CA 电子签名指向等同。但这并不代表排斥其他类型的电子签名，甚至 CA 机构也可以应用区块链技术来实现“担保”（认证）。其他应用模式的电子签名也可以通过其他方式信任机制的闭环，在特定范围内达成信任基础，从而完成责任的约定。

CA 机构可以利用区块链技术实现认证的情况举例如下：

①创建数字身份：CA 机构可以通过区块链创建和分配数字身份，将用户的身份信息、公钥和其他相关信息存储在区块链上，并且由区块链网络共同维护和验证。

②去中心化的信任：区块链的去中心化特性可以帮助建立信任网络，CA 机构可以利用区块链来去中心化地验证身份，从而提高认证的安全性和可靠性。

③不可篡改的交易记录：区块链的数据结构具有不可篡改的特性，CA 机构可以将认证过程中的交易记录和验证信息存储在区块链上，确保认证过程的透明和可信任。

非 CA 机构的其他应用模式的电子签名情况也可以举例来说明。当一个在线平台上发布了一项会员协议并要求用户同意该协议时，用户可以使用电子签名来达成责任的约定。用户在同意协议时，可以在文档末尾输入其电子签名，比如一个特定的数字或者名称的输入，然后保存并提交。在线平台可以将这个电子签名与用户的账号相关联，并将其视为同意了会员协议的证据。这样就可以建立起一种信任基础，用户和平台之间达成了责任的约定。

---

① 李恩乐，张照余．基于区块链技术的电子档案数据保全模式探析［J］．浙江档案，2023(3)：37-39.

② 钱毅．基于 OAIS 的数字档案资源长期保存认证策略研究［J］．档案学研究，2018(4)：72-77.

在应用电子签名时，尽管计算机技术很重要，但仅依靠计算机技术是无法实现电子签名的。广泛可落地性是电子签名技术应用中需要被评估的重要指标，这个指标比技术的先进程度更重要。因此，电子签名技术需要持续改进以提高其可靠性。

如果在尝试了解电子签名技术前便已听闻CA电子签名(或其他任何一种电子签名应用模式)的困难与问题，往往会对电子签名技术产生疑虑，并难以进一步应用电子签名。这会导致一些不良后果。

①错失便利性：电子签名技术可以提高工作效率，加快审批流程，便于跨地域合作。对电子签名的不信任会导致人们在应用中迟疑不前，错失这种便利性和效率的提高。

②增加纸质工作：不愿意应用电子签名技术可能会导致继续沿用纸质文件和传统签名方式，增加了文件传递、管理和存档的成本和麻烦。

③产生安全风险：如果不信任电子签名技术，可能会选择通过传统方式进行签署和认证，这可能存在安全风险，出现文件篡改、身份冒用等问题。

④限制创新：不信任电子签名技术可能会限制企业和个人的创新能力，影响数字化转型和业务发展。

事实上，当人们不愿意接受或者理解新技术时，会导致这项技术无法得到充分利用和发展。这可能会限制企业和个人利用科技实现效率的提升，造成社会科技进步的停滞。另外，缺乏对电子签名等技术的信任也可能影响数字化转型和创新的推进。我们应该明白，理解和信任新技术是推动科技发展和社会进步的重要因素。在此补充说明以下几点内容：

①电子签名技术在实际应用中已经有了相当的成熟度，并且已经在许多领域得到了广泛应用，为业务流程带来了高效性和便利性。

②尽管存在一些风险和漏洞，但电子签名技术的不断发展和改进，以及其安全性和可靠性的提高，使得它在很多场景下已经成为信任和安全的有效保障。

③对于使用电子签名技术的个人和企业，应该依托于安全可信的第三方服务提供商或者认证机构，以确保在进行签署和认证过程中的安全

性和合法性。

④电子签名技术作为一种数字化工具，其安全性和可信度受到相关法规和标准的保障，同时也需要在使用中谨慎对待，确保在合法合规的前提下进行使用。

2）电子签名的实现

《中华人民共和国电子签名法》中对电子签名进行了定义。电子签名是指数据电文中以电子形式所含、所附用于识别签名者身份并表明签名者认可其中内容的数据。数据电文是指以电子、光学、磁或者类似手段生成、发送、接收或者储存的信息。

我们能从《中华人民共和国电子签名法》对电子签名的定义中识别出两个关键点，一是表明签名者身份，二是签名者认可其中的内容。CA 电子签名主要通过数字证书来实现以上两点。

首先，数字证书可以用来确认签名者的身份。数字证书由 CA 机构签发，其中包括签名者的公钥以及一些个人身份的信息。数字证书的颁发需要严格的身份验证程序，因此可以确保数字证书中的身份信息是可信的。

其次，数字证书可以用来确认签名者对内容的认可。在进行电子签名时，签名者会使用自己的私钥对文档进行签名，同时将数字证书一同附加在签名中。接收方可以使用签名者的公钥来解密电子签名，并验证签名的有效性和完整性，从而确认签名者对文件内容的认可。

（1）身份验证程序

身份验证程序主要包括以下内容：

①身份验证：CA 机构会要求申请者提供身份证明，如身份证、护照、驾驶证或者其他有效的身份证件。CA 机构会对这些身份证明进行核实，以确保申请者的身份是真实的。

②地址验证：CA 机构也会验证申请者的联系地址，例如验证申请者的居住地址或营业地址。这可以通过邮寄验证信函或者其他方式来确认。

③背景调查：在特定情况下，CA 机构可能会进行背景调查，以了解申请者的信用记录、职业背景以及其他相关信息。

④联系信息确认：CA 机构需要确认申请者的联系信息，包括电话号码和电子邮箱，以确保可以及时联系到申请者。

这些程序有助于 CA 机构确认申请者身份的真实性，确保数字证书的签发是可信的。这也有助于提高数字证书的安全性和可靠性。

如果 CA 机构声称其身份验证程序是严格可靠的，但实际上并非如此，假如 CA 机构的身份验证程序存在严重缺陷，则可能会对电子签名的安全性和可靠性造成负面影响。在这种情况下，监管机构（如工信部）可能需要介入，对 CA 机构的身份验证程序进行审查和监督。同时，用户和利益相关者可能会对 CA 机构提起诉讼，要求对其进行责任追究。这也可能会引发对 CA 机构信誉的负面影响。因此，对于 CA 机构而言，确保身份验证程序的严格性和可靠性是非常重要的，同时也需要进行持续的监督和审查，以确保数字证书的安全性和可靠性。

那用户和利益相关者只能被动地起诉吗？这涉及公共信任机制问题，如果 CA 机构真的出现问题，那么已经发生的电子签名行为是否都无效？或者有什么措施，可以继续保障已经发生的认证行为效力延续？

在这种情况下，用户和利益相关者不仅可以通过法律手段被动地起诉，还可以通过其他方式积极应对问题。例如，他们可以联合起来，向监管机构举报 CA 机构的身份验证程序存在问题，并要求对 CA 机构进行审查和监督。此外，他们可以与其他受影响的利益相关者共同寻求解决方案，包括寻求法律援助、提出赔偿要求等。公众对于 CA 机构的信任是非常重要的，因此 CA 机构的行为举止一旦受到质疑，将会引发公众的广泛关注和讨论。

关于已经发生的电子签名行为，一般来讲，由于电子签名所依赖的数字证书出现问题，可能会导致相关电子签名的效力受到负面影响。在这种情况下，有关方面可以寻求法律协助以解决已签署文件的效力问题。另外，一些司法体系会允许在特定情况下确认已生效的协议不受数字证书问题的影响，如采取其他方式证明签署人的真实意愿或通过其他额外证据证明等。

为了保障已经发生的认证行为的效力延续，有可能需要依赖于特定法律规定的条件。此外，监管机构也需要参与其中，确保已经签署的文件和协议能够获得应有的保护，以减轻此类事件对社会和法律秩序的影响。

(2)电子签名的实现形式

实际中，当进行电子签名时，签名者使用私钥对文档进行哈希运算，学者张照余等提出，完整性校验算法又称哈希算法、散列运算或数字摘要运算。[①] 然后使用私钥对哈希值进行加密。同时，签名者的数字证书会附加在签名中。这就形成了电子签名，也就是结合了加密后的原始数据和签名者的数字证书。

接收方收到电子签名后，会检查数字证书的有效性，包括验证数字证书的真实性和期限等。然后使用数字证书中的公钥对电子签名进行解密，得到哈希值。接收方会使用相同的哈希算法对接收到的文件进行运算得到一个哈希值，然后用数字证书中的签名者的公钥来解开原始哈希值。如果接收到的哈希值与解开的哈希值一致，那么就验证通过，证明电子签名是有效的并且确实是由签名者创建的。

整个过程保证了接收方能够验证签名者对文件内容的认可。这个过程涉及非对称加密和数字证书的应用，以确保电子签名的安全性和可靠性。

在现实中，电子签名的实现通常涉及以下步骤：①获取数字证书。签名者首先需要获取数字证书，这通常是通过向受信任的 CA 机构进行申请获得的。数字证书包括签名者的公钥以及相关的个人身份信息，由 CA 机构对其进行数字签名以确保证书的完整性和真实性。②创建电子签名。在签署文档时，签名者会使用自己的私钥对文档进行加密，形成电子签名。同时，签名者会将之前获取的数字证书附加在签名中，以便接收方可以使用公钥来验证签名的有效性。③传输文档和签名。签名者将加密后的文档和附加了数字证书的电子签名传输给接收方。④验证签名。接收方收到文档和签名后，会使用签名者的公钥来解密电子签名，并验证

① 张照余，宁文琪. 校验存证技术应用于电子档案凭证效力维护[J]. 档案与建设，2023(1)：59-61.

签名的有效性和完整性。这一过程将确保签名者对文件内容的认可，并且确保文件在传输过程中没有被篡改。

(3)哈希运算

哈希运算，也称为哈希函数或散列函数，是密码学和计算机科学中一种常见的技术。哈希函数将输入的数据转换为固定长度的字符串，该字符串通常称为哈希值或摘要。哈希函数的主要特点是对相同的输入始终产生相同的哈希值，且一般情况下不同的输入会产生不同的哈希值。

哈希函数具有多种应用，其中包括数据完整性验证、密码存储、消息鉴别和数据结构优化等。在这些应用中，哈希函数的安全性、高效性和不可逆性等特点至关重要。

在完整性验证的场景中，通过对数据进行哈希运算并保存哈希值，接收方可以在接收到数据后再次计算哈希值，并将其与接收到的哈希值进行比较，从而验证数据是否在传输过程中遭到修改或损坏。

在密码储存的场景中，当用户注册账户时，系统通常会对用户密码进行哈希运算，然后将哈希值存储在数据库中。用户登录时，输入的密码将通过哈希函数转换成哈希值并与数据库中存储的哈希值进行比较，从而验证密码的正确性，同时也保护了用户密码的隐私和安全。

在消息鉴别、确保数据在传输过程中不被篡改的场景中。发送方可以通过对消息进行哈希运算并附加哈希值到消息中，接收方在收到消息后再次计算哈希值并与附加的哈希值进行比较。如果两个哈希值一致，则消息在传输过程中没有被篡改。

除了上述应用之外，哈希函数还被广泛应用于数据结构中，如散列表等数据结构中，通过哈希值对数据进行快速查找、插入和删除等操作，提高了数据的处理效率。

然而，尽管哈希函数在许多应用中都发挥着重要作用，但也需要注意到哈希函数并非完全安全，因为在某些情况下，可能会发生哈希碰撞，即不同的输入产生相同的哈希值，这可能导致数据完整性和安全性受到威胁。因此，在选择和应用哈希函数时，需要注意选择安全性高、抗碰撞能力强的哈希函数，同时结合合适的哈希长度和算法来保证数据的安全性和完整性。

综上所述，哈希运算作为一种重要的密码学和计算机科学技能在数据完整性验证、密码存储、消息鉴别和数据结构优化等方面发挥关键作用。然而，在实际应用中需注意选择合适的哈希函数，结合其他安全措施以确保数据的安全性。

一个常见的哈希运算的实例是 MD5(message digest algorithm 5)哈希函数。MD5 是一种常见的散列函数，用于对数据进行哈希运算，产生 128 位(16 字节)的哈希值。MD5 广泛应用于数据完整性验证、密码存储和数字签名等领域。

举例来说，假设有一段文本信息“Hello，World!”，可以通过 MD5 哈希函数对这段文本进行运算，运算的结果通常是一个 128 位的十六进制数字，得到的哈希值可能是“65a8e27d8879283831b664bd8b7f0ad4”。

当对“Hello，World!”进行 MD5 哈希运算时，实际上是对这个字符串进行算法处理。以下是对“Hello，World!”进行 MD5 哈希运算的一般过程：①长度填充。首先对输入的字符串进行填充，使其长度满足特定要求。在 MD5 算法中，填充后的长度通常为 512 位的倍数，并且在输入的末尾添加一个比特“1”，后跟一系列零比特，直到满足填充长度要求。②原始数据表示。将填充后的数据划分为 512 位的数据块。③初始化变量。初始化 4 个 32 位的寄存器(A、B、C、D)为固定的初始值。④处理数据块。对每个数据块进行一系列的处理步骤，包括多轮的位运算、移位运算、逻辑运算等，以及对寄存器的更新，这个过程可以简单理解为一系列复杂的数学运算。⑤输出。经过多个数据块的处理之后，哈希算法将产生 128 位的哈希值，即“65a8e27d8879283831b664bd8b7f0ad4”。

以上步骤的具体实现要依赖于 MD5 算法的具体细节和数学操作，而这些操作和数学公式较为复杂，需要一定的计算机科学和密码学背景知识。在实际应用中，通常通过调用现有的加密算法库来获得数据的 MD5 哈希值。

对这个例子，MD5 哈希函数可以确保对于相同的输入，在任何时间任何地点运算产生相同的哈希值。如果有人试图篡改或修改“Hello，

World!”这段文本，重新计算哈希值时结果将不会与原来的哈希值相匹配，从而使得数据的完整性受到保护。

需要注意的是，尽管 MD5 哈希函数在许多应用中广泛使用，但由于现代密码学技术的发展，它已经不再被推荐用于安全敏感的应用，因为 MD5 存在着一些安全性方面的缺陷，包括碰撞攻击等。在实际应用中，更安全的替代或结合方案包括 SHA-2 系列(如 SHA-256、SHA-512)和 SHA-3 等更加安全的哈希函数。

(4)电子签名的实际应用

在实际应用中，签名者和接收方可能不具备进行复杂密钥操作的技能。因此，应该将签名者和接收方理解为“使用特定工具的责任者”，在某些情况下，这个责任者并不一定是特指某个具体的人。特定工具可以具体表现为以下形式：

①用电子签名软件。签名者和接收方可以借助专门的电子签名软件，这些软件可以帮助他们自动完成数字证书的获取、电子签名的创建和验证等操作。这样可以帮助普通用户轻松地进行电子签名操作，而无须深入了解复杂的加密技术。

②第三方机构提供服务。有些第三方机构或服务提供商提供了电子签名和认证的服务，用户可以通过这些平台进行电子签名，而无须自己处理复杂的密钥操作。这些平台提供了用户友好的界面和流程，使得电子签名变得更加便捷和易用。

通过使用特定工具，即使签名者和接收方缺乏复杂的加密技能，也能够轻松地进行电子签名的操作和验证，从而提高了电子签名的实用性和普及度。钱毅认为，需要研究每种类型签名验证过程，核实实施成本关键信息，从而制定认证方案。[①] 在建设项目电子档案系统中，电子认证平台为业务系统和电子档案管理系统提供电子签名服务，使用户在操作系统时能够进行电子签名。这种 CA 电子签名不同于“贴图签名”或“手工签名照片影像”，它具有可靠的信任机制，能够支持广泛的应用。

需要说明的是，本书所描述的电子认证平台并非唯一适用于建设项

① 钱毅. 基于 OAIS 的数字档案资源长期保存认证策略研究[J]. 档案学研究，2018(4)：72-77.

目电子档案系统的电子签名实际应用模式，但它为用户提供了可靠的基础结构和应用经验。

3)电子签名与数字签名

人们常常对电子签名、数字签名和数字证书感到困惑。这种困惑源于人们希望能够清晰地区分它们，但在理解这三者时需要考虑不同的应用范围和维度。

比如说，当为了提高效率和保障安全而使用虚拟方式代替传统手工签名时，通常会使用电子签名来统称所有依赖于电子的认证方式。在这种情况下，电子签名的概念包含或等同于数字签名的概念，而数字证书是“电子签名”或“数字签名”的组件或必要条件。但是，当关注技术的具体实现模式和区别时，数字签名就会被特别提出，它是利用密码学技术基于数字证书和非对称加密算法来实现的，具有更强的安全性和不可否认性。在这种情况下，除了传统手工签名，其他不必须基于数字证书和非对称加密算法的认证形式(如密码、图形、指纹等)被称为电子签名。钱毅认为，数字签名是常规认证技术，但是在长期保存活动涉及的诸多业务环节中，对于到底需要什么类型的数字签名类型就缺乏系统研究。[①]

因此，对于一般用户来说，在日常工作和生活中不应将电子签名等同于数字签名。数字签名可以是电子签名的一种较为成熟可靠的实现模式。例如，CA 电子签名应用了数字证书和非对称加密算法，在技术角度上来看是数字签名，同时，CA 电子签名也在文档上留存了图像(或其他)签名内容。从技术上来讲，CA 电子签名包括电子签名、数字签名和其他相关技术如时间戳等。

为了进一步说明电子签名与数字签名的区别与联系，补充说明以下几点：

①区分电子签名和数字签名对于普通用户可能仍然是一个难题。电子签名是指通过电子手写板、密码、图形、声音等方式来代替传统纸质文档上的手写签名。数字签名是利用密码学技术对文件进行加密和认证，具有更高的安全性和不可抵赖性。尽管它们在某些情况下具有重叠点，

① 钱毅. 基于 OAIS 的数字档案资源长期保存认证策略研究[J]. 档案学研究，2018(4)：72-77.

但从技术角度上来看，它们是有区别的。

②CA 电子签名是一种复合的签名方式，它结合了数字签名和电子签名的特性。CA 机构是一个数字证书的发行机构，负责验证签名的真实性，向用户颁发数字证书。钱毅提出，事实上，具体的认证环节往往需要多种认证模式进行有机结合。[①] 数字证书包括公钥和一些相关的证书信息，用于标识签名者的身份以及验证签名的真实性。因此，CA 机构扮演了确保数字签名和电子签名的安全性和可信度的重要角色。

③数字证书是用于证明数字签名真实性的重要工具，它由 CA 机构签发并包含签名者的公钥以及相关的证书信息，目的是用来验证签名的合法性。因此，数字证书是数字签名和电子签名得以实现的关键之一。CA 机构作为数字证书的签发机构，保证了数字证书的权威性和可信度。

4)电子签名与时间戳

电子签名是一种用于替代传统手写签名的数字化形式。它可以通过密码学技术对文件进行签名和验证，以确保文件的完整性和真实性。电子签名不仅可以提高文件签署的效率，还可以确保文件在传输过程中不会被篡改或伪造。电子签名通常涉及使用哈希算法、数字证书以及非对称加密算法等，以保证签名的安全性和可信度。

在这个背景下，时间戳是另一项重要的数字认证工具，它用于为文件或数据的特定时间点提供可证明的时间参考。时间戳基于公开的时间信息和数字签名技术，能够证明数据在特定时间点之前已经存在，从而防止数据的后期篡改。时间戳通常与数字证书和不可否认性加密技术结合使用，以提供可信的时间参考。

时间戳是数字认证的关键组成部分。在许多情况下，时间戳被整合进一种特定的电子签名应用模式(如 CA 电子签名)中，以提供更全面的数字认证保障。例如，在合同签署过程中，电子签名算法用于标识签署者的身份并确保合同的完整性，而时间戳则为合同签署的具体时间点提供了法律上的证据。这样一来，既能确认签署者身份和签署时间，又能保障合同的完整性和可信度。

---

① 钱毅．基于 OAIS 的数字档案资源长期保存认证策略研究[J]．档案学研究，2018(4)：72-77.

时间戳的作用是独特的。电子签名中的其他部分主要用于确认文件的真实性和签署者的身份，以确保签署过程的安全和合法性。而时间戳主要用于为文件或数据的时间点提供可证明的时间参考，以防止数据的后期篡改。另外，电子签名中的其他部分通常与签署者的私钥和公钥相关联，以确保签名的唯一性和真实性，而时间戳通常与可信的时间服务器相关联，以获得可信的时间戳。

(1)电子签名中时间戳的应用实例

举一个电子签名中时间戳的具体例子：假设某公司需要对一份重要合同进行电子签名，并使用时间戳来保证合同签署的时间点的可信性。

①签署合同：合同签署者使用私钥对合同文件进行数字签名，确保合同的完整性和签署者的身份真实性。

②时间戳服务：签署者将已签署的合同文件发送给时间戳服务机构，该机构负责为文件生成时间戳。时间戳服务会对接收到的文件进行哈希运算，得到文件的哈希值。然后，时间戳服务会将这个哈希值发送给时间服务器，并请求生成包含时间戳、签名和文件哈希值的数字签名。时间服务器会对时间戳和文件哈希值进行签名，并将签名返回给时间戳服务。

③时间戳集成：时间戳服务将时间戳和数字签名集成到原始的合同文件中，形成一个包括签名者身份、签名、时间戳和文件哈希值的完整电子签名文件。

④验证：合同接收者在接收到带有时间戳的电子签名后，可以分别验证数字签名的有效性和时间戳的有效性。对数字签名进行验证可以确认签署者的身份和文件的完整性，而对时间戳进行验证可以确保文件在特定时间点之前已经存在，以及证明签署的确切时间。

通过上述流程，时间戳为合同签署的具体时间点提供了法律上的证据，使各方都能明确合同签署的确切时间，并且可以保障合同的完整性和可信度。

(2)时间戳服务机构的可靠性和可信性

时间戳服务机构是一个负责为文件生成时间戳的专业服务机构。它提供在线服务，用于为数字文档、合同或数据生成确切的时间戳，并通过数字签名的方式确认时间戳的有效性和时间的准确性。通常，时间戳服务机构会使用可信的时间服务器，确保时间戳的准确性和可信度。

时间戳服务机构的主要功能包括对提交的文件进行哈希运算以计算哈希值，将这个哈希值发送给时间服务器以获取数字签名后的时间戳，然后将生成的时间戳和数字签名与原始文件进行整合并返回给用户。时间戳服务机构通过将这个时间戳和数字签名整合到文件中，使用户可以获得一个完整的、包含时间戳的电子签名文件，从而为文件签署的具体时间提供了法律上的证据。

时间戳服务机构通常受到监管和认证，以确保其提供的时间戳服务符合相关的法律法规和标准要求。在实践中，这些机构可以是权威的数字证书服务商、第三方时间戳服务提供商或专门的时间戳授权单位。它们通过使用可信的时间服务器以及符合相关标准的时间戳生成算法，来确保生成的时间戳具有法律效力和可信度。

对于要在软件系统中集成时间戳服务的软件供应商来说，要确保与可靠的时间戳服务机构达成合作，可以采取以下措施：

①调研和评估。对潜在的合作时间戳服务机构进行全面的调研和评估。了解它们的信誉、历史、技术能力、数字安全措施以及对相关法规的遵从情况。

②合规性审核。确保潜在的时间戳服务机构在法律法规和监管要求方面合规。确认它们获得了相关监管机构的授权和认可，并且遵循业内标准和实践要求。

③服务协议。与时间戳服务机构签署清晰的服务协议，确保双方的权利和责任得到充分的规范和保障。协议应明确时间戳服务的标准、安全要求和合作细节。

④技术集成测试。进行技术集成测试，验证时间戳服务机构的系统是否与自身的软件系统相兼容，确认其提供的服务符合预期的需求和规格。

⑤安全标准。确保时间戳服务机构的数据安全标准符合行业标准，

包括数据加密、访问控制、备份和灾难恢复等方面的安全保障。

⑥用户反馈。考虑时间戳服务机构的用户反馈和口碑。了解其他用户对其服务和技术的评价，以确认其在实践中的表现和信誉情况。

大多数用户在日常生活中无法直接接触到时间戳服务机构，并且对于他们如何能相信时间戳的可靠性有合理的顾虑。尤其在没有直接的监督机制和法律支持的情况下，用户可能会面临难以确信时间戳服务机构的问题。对于一般用户来说，保障时间戳的可靠性有以下几种途径：

①使用知名服务。选择知名度高和信誉良好的服务供应商提供的服务。这些供应商可能受到更严格的监管，并且在业内享有良好的声誉。使用这些供应商提供的服务，可以增加用户对时间戳可靠性的信任。

②了解社会认可度。该时间戳服务在社会上的认可度和信誉，其用户群体和采用该服务的广泛程度，可以在一定程度上反映出该服务的可靠性。

③关注用户评价和口碑。借助其他用户的评价和推荐，确认时间戳服务的实际效果。用户的经验和观点可以提供有价值的信息。

④遵守法律规定。如果用户所在地区的法律法规有关于时间戳服务的明确规定和监管机制，那么遵守这些规定是确保时间戳可靠性的重要途径。

虽然在实际应用中确保时间戳的可靠性是一项挑战，但通过选择知名供应商和关注用户评价等方式，用户可以在一定程度上提高对时间戳服务的信任度。同时，监管部门和行业协会也应该继续加强对时间戳服务的监管和标准制定，以保障用户的权益。

5）电子签名与 PKI（public key infrastructure，公钥基础设施）

（1）电子签名与 PKI 的区别与联系。

电子签名与 PKI 对比来看时，需要把范围扩充到信息安全领域，在此背景下，电子签名及其组件，PKI 认证体系及其组件，均在保证数据传输的安全性和完整性方面起着关键作用。

PKI 是一种基于公钥密码学的加密体系，它旨在为网络通信提供安全保证。PKI 包括公钥基础设施、数字证书、CA 机构和加密算法等组成部分。在 PKI 认证体系中，数字证书是核心组成部分，用于在通信双方之间建立信任关系。

在这种背景下，PKI 是一种加密体系，主要用于建立安全的网络通信环境。数字证书作为 PKI 的核心组成部分，用于确认通信方的身份和建立安全的传输通道。但 PKI 的存在形式是虚拟的，用于提供一系列的基础设施和规则来确保数据传输的安全性，而不是具体的实体。它提供了一组基础设施和规则来管理公钥加密的使用，确保了数据传输的安全性和完整性。PKI 不是一个具体的实体，而是一种框架，它包括了管理数字证书、密钥管理、认证和撤销等方面的流程和规范。

另一方面，电子签名是一种用于确保文件完整性和真实性的技术集合。它既可以表示虚拟的逻辑模型，也可以是一个具体的对象。例如，某人在电子文件上的签名就是一个具体的电子签名。这个具体的电子签名是基于 PKI 建立的，因此它的可靠性得到了更进一步保障。

总的来说，PKI 是一种用于确保网络通信安全的加密体系，而数字证书则是 PKI 的核心组成部分，用于建立通信双方的信任关系。在实际应用中，PKI 和电子签名在逻辑概念上主要通过数字证书的产生及使用管理来达成信任机制的理论链接，提供更完善的信息安全保障。

(2)电子邮件加密和签名的过程

为了进一步说明 PKI 和电子签名的联系与区别，以下列举电子邮件加密和签名的详细过程。

①申请数字证书。假设 A 想要使用电子邮件进行安全通信，他首先需要向一个可信的 CA 机构申请数字证书。在申请过程中，系统会对 A 生成一对密钥，包括公钥和私钥，CA 机构会对 A 进行身份验证，并将他的公钥和相关身份信息写入数字证书中，然后用 CA 机构的私钥对数字证书进行签名，并将数字证书发送给 A，且私钥由 A 保存，A 不可将私钥泄露。在这个过程中，CA 机构及其对数字证书的管理办法和行为属于 PKI 的范畴。

②数字证书安装。A 会在自己的电子邮件客户端中安装这个数字证书，这个数字证书中 A 的公钥是公开的。在这个过程中，PKI 通过数字

证书的安装过程来公开用户的公钥，使得其他用户可以利用公钥对邮件进行加密和验证。

③电子邮件加密。当 A 想要发送一封加密的电子邮件给 B 时，他会使用 B 的公钥对邮件进行加密。这样，只有 B 的私钥才能解密这封邮件。在这个过程中，PKI 提供了公钥加密机制，允许用户使用接收方的公钥来加密邮件，保护邮件内容的机密性，只有私钥持有者才能解密邮件。

④电子邮件签名。A 还可以使用自己的私钥对电子邮件进行签名。这个签名是基于他的私钥和数字证书的，用于验证邮件是由 A 发送的，同时也确保邮件内容在传输过程中没有被篡改。在这个过程中，PKI 通过数字证书验证确保了电子邮件签名的真实性和完整性，保证了邮件内容在传输过程中没有被篡改，并确认邮件发送者的身份。

⑤数字证书验证。当 B 收到这封邮件时，他的电子邮件客户端会使用 CA 机构的公钥对 A 的数字证书进行验证。这个过程确保了 B 可以信任证书中的公钥是属于 A 的，并且这个数字证书是由一个受信任的 CA 机构签发的。在这个过程中，PKI 通过使用 CA 机构的公钥对数字证书进行验证，确保了数字证书的可信度和合法性，保证了数字证书中包含的公钥是属于发送者的，并且信任了数字证书的签发机构。

⑥解密和验证签名。一旦数字证书验证通过，B 可以使用他的私钥对邮件进行解密，并用 A 的公钥来验证邮件的签名。这样确保邮件是由 A 发送的，并且在传输过程中没有被篡改。

(3)电子签名及责任认定的过程

在现实生活中，当文档接收方的职责为档案管理时，对文档内容进行加密不利于长期可靠管理。这是因为档案管理者通常需要频繁查看和处理文档，如果文档内容被加密，他们可能需要额外的步骤才能解密和阅读文档。因此，在某种程度上，档案管理者会要求文件内容可以轻松打开阅读。

在这种情况下，保障文档可以通用打开的同时，确保文档签名责任者的可靠性显得尤为重要。通过使用 PKI 和电子签名，可以实现这一目标。在这种情况下，PKI 提供了一个可靠的框架，以确保文档的签名责任者可以被验证，同时文档内容可以轻松地被打开和阅读。这使得档案管理者可以高效地处理文档，并确保文档的真实性和完整性。

假设 A 是一名档案管理者，负责管理公司的文件档案。B 是一名文件的签名责任者，他需要确保公司文件的真实性并对文件进行签名，那么详细过程如下。

①获取数字证书。B 首先向一个受信任的 CA 机构申请数字证书。在申请过程中，系统会针对 B 会生成一对密钥，包括公钥和私钥。CA 机构会对 B 进行身份验证，并将他的公钥和相关身份信息写入数字证书中。数字证书中包含的公钥和相关身份信息是基于 PKI 规则而生成和管理的，这确保了数字证书的可靠性和 B 身份的真实性，并用 CA 机构的私钥对数字证书执行签名，从而形成数字证书的信任链。CA 机构将数字证书发送给 B，并且私钥由 B 保存，B 不可将自己的私钥泄露。

②签署文件。当 B 需要签署一个文件时，他会使用自己的私钥对文件进行数字签名。这个签名是基于他的私钥和数字证书的内容，用于验证文件是否由 B 签署的，以及确保文件内容在传输过程中没有被篡改。

③嵌入数字证书。B 可以将自己的数字证书与签名一同嵌入到文件中。这样在文件交付给 A 时，A 可以查看签名并验证签名者的身份。

④数字证书验证。A 收到文件后，使用 CA 机构的公钥对 B 的数字证书进行验证。在数字证书验证过程中，PKI 通过数字证书的基本结构和标准规范来确保数字证书的真实性和有效性。A 通过 PKI 保证 CA 机构的数字证书是受信任的，并通过 CA 机构的公钥对 B 的数字证书进行验证，以确认数字证书中的公钥是属于 B 的，且确实是由 CA 机构签发的。

⑤验证签名。一旦数字证书验证通过，A 可以使用 B 的公钥来验证文件的签名。这确保了签名的真实性和文件的完整性，同时也可以确定签名是由 B 创建的。

通过这个过程，B 可以确保文件的签名是真实可信的，而 A 可以轻松地验证和处理这些文件，而无须担心解密和处理的复杂性。同时，PKI

确保了数字证书的真实性，以及签名责任者的可靠性。这样在文件的长期管理过程中，可以确保文件的可靠性和真实性。

(4)CA 电子签名对文档内容可读性的影响

CA 电子签名不会直接影响文档内容的可读性。电子签名添加的是元数据和签名信息，而不会修改文档的文本内容。因此，电子签名对文档本身的可读性并没有直接影响。

另外，文件格式和类型的选择会影响文档的可读性和可访问性，但这并非完全由格式决定，为了保证文档内容的可读性，应该选择适当的文件格式。适当的文件格式能够确保文件的可读性和长期可访问性。因此，选择适当的文件格式对于建设项目电子档案系统来说具有重要意义，本书将在“版式文件”部分详细介绍。

(5)签名者密钥可靠性

在电子签名应用中，理论上，用户应自行负责生成密钥对(公钥与私钥)。其中，公钥提交给 CA 机构以制作数字证书，而私钥则仅由签名者持有。若私钥泄露，可能导致加密通信被破解或数字签名被伪造。因此，在生成密钥对时，用户需选用可信的加密软件并妥善保护私钥。

然而，在通常情况下，签名者未必具备生成可靠公钥、私钥的能力。此时，用户往往需要依赖某个特定主体来完成此任务。但如果这个特定主体不可靠，生成的签名者公钥、私钥也将失去可靠性，进而影响签名者形成的电子签名。

确保用户生成的公钥和私钥是配对且唯一的是非常关键的。在实际应用中，通常通过以下方式来确保公钥和私钥的可靠性和一致性。

①合格的加密软件。CA 机构或其他合格的安全实体会提供用户使用的可靠加密软件。这些软件会严格遵循密码学的最佳实践，确保生成的密钥对是唯一的、匹配的，并且可以安全地用于加密和数字签名。

②生成过程的监督。用户可能是在受过指导的情况下，通过由专业人员提供的加密软件或由安全合规的企业管理标准进行证书签发或密钥生成。这样能够确保密钥的生成过程是受到可信任实体的监督的。

③密钥存储。生成的私钥将会储存在用户本地的安全设备中，例如

硬件安全模块（HSM）或者密码管理工具中，确保私钥不会泄露。

④证书签发。一旦生成密钥对，用户会将公钥提交给 CA 机构来获取数字证书。在证书签发过程中，CA 机构会确保用户的身份，并签发唯一与该公钥对应的数字证书。

综上所述，为确保公钥和私钥对的一致性和唯一性，必须采取严格的安全措施、使用合格的加密软件和遵循证书签发流程，并确保用户的私钥得到妥善保管。这些措施将帮助确保生成的密钥对是唯一的，并且可靠地用于加密和数字签名。

（6）签名者的范畴

在进行举例说明时，常常需要针对特定对象 A 或 B 进行简化，但这可能导致读者误认为过程简单，进而对 PKI 和电子签名的复杂性及必要性产生质疑。实际上，签名者不仅代表一个具体的人，还可以代表其在公司中的职位、建设项目中的角色，甚至可能代表一个多人团体及其共同承担的责任。因此，在实际应用中，PKI 和 CA 电子签名的重要性更为凸显。

如果没有 PKI 和 CA 电子签名，将会产生以下后果。

①身份验证困难。缺乏 PKI 和 CA 电子签名将导致难以验证数字签名的真实性和可靠性，使得电子文件的签名和认证流程变得不确定。

②容易被篡改。缺乏具备权威认证的电子签名机制，使得电子文件容易被篡改和伪造，从而影响文件的真实性和完整性。

③法律问题。在没有 PKI 和 CA 电子签名的情况下，难以确定电子签名的有效性和法律效力，可能导致法律上的争议和纠纷，无法提供有效的法律证明和依据。

④信息安全隐患。缺乏 PKI 和 CA 电子签名，将增加不安全数据和未经授权数据访问的风险，对信息安全构成威胁。

6）电子签名与 PKCS（public key cryptography standard，公钥密码标准）

PKCS 是一系列加密和数字签名技术的规范，由美国 RSA 实验室和其他组织共同制定。PKCS 旨在为网络通信提供安全保证，确保数据在传输过程中的保密性、完整性和真实性。

(1)PKCS系列的几个主要标准

①PKCS#1。PKCS#1定义了RSA加密和数字签名算法的工作方式。PKCS#1的目的是建立互通的密钥管理标准，以促进RSA算法在各种平台和应用中的可移植性和互操作性。PKCS#1介绍了RSA算法中使用的关键概念，包括公钥和私钥的生成、密钥长度、加密数据的填充方案、数字签名的生成和验证等。以下是PKCS#1主要部分的概述。

密钥对的生成：PKCS#1指定了RSA密钥对(公钥和私钥)的生成方法，包括生成大质数、计算模数、选择公钥指数等步骤。

填充方案：PKCS#1定义了加密数据的填充方案，例如加密数据的填充方式(如OAEP填充)和数字签名的填充方式(如PKCS#1 v1.5填充)。填充方案用于增加加密强度、防止明文攻击和提高加密数据的安全性。

加密和解密：PKCS#1规定了RSA加密和解密算法的工作方式，包括数据的填充、模指数运算等数学运算步骤。

数字签名：PKCS#1定义了RSA数字签名算法的工作方式，包括消息的填充、签名的生成和验证等过程。数字签名用于确保消息的完整性、真实性和不可否认性。

数据结构：PKCS#1定义了用于表示公钥和私钥的数据结构，并描述了密钥格式的存储和交换方法。

加密强度：PKCS#1提供了有关密钥长度的建议，以确保RSA加密的安全性。

总的来说，PKCS#1为实现RSA加密和数字签名提供了一系列标准和规范，确保了这些过程在不同系统和平台上的互操作性和安全性。

②PKCS#5。PKCS#5定义密码学安全技术的多种功能，提供了密码学安全技术中密码和派生密钥处理的一般性规范。主要内容如下。

密码加密：PKCS#5规定了用于密码加密的算法和操作规范。它描述了如何在密码学系统中使用密码进行加密和解密的流程，包括对称密码算法(如DES、AES等)的使用。

派生密钥：PKCS#5规定了派生密钥(derived key)的生成方法和使用方式，它用于根据一个初始密钥生成其他密钥，同时确保它们之间的相关性。

盐值(salt)的使用：PKCS#5 指定了在密码加密操作中使用盐值的方式。盐值作为一个随机数，使得相同的密码每次加密后都能得到不同的密文，提高了密码的安全性。

迭代次数(iteration count)：PKCS#5 定义了迭代次数的概念，用于增加密码推导函数的计算强度，以提高密码的安全性。

PBKDF2(password-based key derivation function 2)：PKCS#5 定义了 PBKDF2，这是一种密码学函数，用于从一个密码和一个盐值派生出一个密钥。

PKCS#5 中的这些功能主要关注密码学安全处理中的密码和派生密钥的生成、存储和传输等。它的内容对于密码保护和派生密钥的处理至关重要，为密码学系统的安全性提供了基础规范。

③PKCS#7。PKCS#7 是一个基于 PKCS#1 的通用加密框架，用于实现多种加密和数字签名算法。PKCS#7 旨在解决多种加密算法和协议之间的互操作性问题，提供了一个通用的加密和签名数据结构，以实现加密、解密、数字签名和证书管理等功能。主要包括以下部分。

数据结构：PKCS#7 定义了一系列数据结构，用于表示公钥、私钥、证书、证书链、密钥交换协议等。这些数据结构为加密、解密、数字签名和证书管理提供了基础。

加密算法：PKCS#7 支持多种加密算法，包括对称加密算法(如 DES、AES)和非对称加密算法(如 RSA、DSA)。加密算法用于实现数据的保密性。

数字签名算法：PKCS#7 支持多种数字签名算法，包括 RSA 和 DSA 等。数字签名算法用于确保数据的完整性、真实性和不可否认性。

证书管理：PKCS#7 支持证书管理，包括证书的生成、存储、验证和撤销等过程。证书管理确保了公钥的安全性和可靠性。

密钥交换协议：PKCS#7 支持多种密钥交换协议，如 Diffie-Hellman 密钥交换和 RSA 密钥交换等。密钥交换协议用于在通信双方之间安全地交换密钥。

兼容性：PKCS#7 与 PKCS#1、PKCS#5 等标准能兼容，确保加密和签名过程在不同系统和平台上的互操作性。

PKCS#7 的一个重要应用场景是数字证书的生成和管理。数字证书包括公钥、证书有效期、签名算法等信息，用于实现身份验证和数据加密。数字证书的管理对于维护网络安全具有重要意义。

数字信封是 PKCS#7 中的一种重要应用，它使用接收者的公钥对数据进行加密，并将加密后的数据与发送者的数字签名一同封装在数字信封中。接收者可以使用自己的私钥解密数据，并验证发送者的数字签名以确保数据的完整性和真实性。

PKCS#7 是一个通用加密框架，它为多种加密和数字签名算法提供了一个通用的数据结构，实现了加密、解密、数字签名和证书管理等功能。PKCS#7 在网络安全领域具有重要意义，为加密和签名过程提供了基础。

④PKCS#11。PKCS#11 是一种针对加密设备的应用接口标准，具体包括对密码设备的访问和管理，该标准通常用于安全令牌、智能卡和硬件安全模块等设备。PKCS#11 旨在提供一个统一的接口，使应用程序可以与各种加密设备进行通信，包括密钥存储、加密算法、数字签名和其他加密功能。该标准的主要功能包括以下几点。

加密设备接口：PKCS#11 提供了统一的编程接口，使客户端应用程序可以与加密设备进行通信，并调用各种安全功能。

密钥管理：PKCS#11 可实现用于生成、存储、销毁和使用密钥的功能，从而保证密钥的安全性。

加密计算：PKCS#11 接口允许应用程序使用硬件加速的加密算法，如 DES、AES 和 RSA 等。

数字签名：该标准还允许应用程序调用设备以进行数字签名操作，包括签名生成和验证。

安全存储：PKCS#11 提供了安全存储接口，用于在加密设备上存储敏感数据，如证书、私钥、公钥和对称密钥等。

安全因素管理：该标准还具有管理安全令牌、智能卡和其他加密设备的功能，包括身份验证、访问控制和设备配置等。

PKCS#11 的实现通常体现为一个动态链接库(DLL)或共享对象(SO)，应用程序开发者可以通过加载这个库来访问加密设备的功能。此外，PKCS#11 接口的支持可以通过软件或硬件进行，其中硬件支持通常包括智能卡、USB 加密令牌和安全硬件模块等。

PKCS#11 标准提供了一个统一的编程接口，使应用程序能够与各种加密设备进行通信，并进行安全计算、存储和管理操作，从而为安全的数据加密和数字签名提供了基础。

⑤PKCS#18。PKCS#18 公钥证书的结构和格式。PKCS#18 主要用于描述公钥证书中的数据元素、证书吊销列表(CRL)以及其他相关内容。PKCS#18 证书结构包括以下几个部分。

版本信息：包括证书的版本号和序列号等。

证书类型：表示证书的类型，如公钥证书、私钥证书等。

主题信息：包括证书的主题名称、组织机构代码、国家代码等。

公钥信息：包括公钥的类型、算法、模数、指数等。

证书有效期：包括证书的有效期、生效日期和失效日期等。

证书序列号：表示证书在证书链中的位置。

签名信息：包括证书的签名算法、签名值等。

扩展信息：包括证书的扩展项，如扩展密钥用法、扩展密钥协议等。

证书吊销列表：包括证书吊销列表的 URL、吊销原因等。

PKCS#18 证书的生成和验证过程通常遵循 PKCS#11 和 PKCS#7 等标准。这些标准共同为证书的生成、存储、传输和验证提供了基础。

(2)PKCS 的作用

①确保数据安全。PKCS 提供了一系列加密算法和数字签名算法，确保数据在传输过程中的保密性、完整性和真实性。这有助于防止信息泄露、篡改和伪造等安全问题，提高网络安全水平。

②统一标准。PKCS 为加密和数字签名技术制定了一系列统一的标准，包括算法、证书格式、密钥管理等方面。这有助于不同厂商和系统之间的兼容性，降低网络安全风险。

③促进技术发展。PKCS 为网络安全产品和服务提供了一系列标准和规范，如防火墙、入侵检测系统、虚拟专用网络（VPN）等。这有助于推动网络安全技术的发展，提高网络安全水平。

④维护网络信任。PKCS 规定了数字证书的格式和使用规范，有助于维护网络信任体系。数字证书可以用于身份验证、数据加密和数字签名等场景，确保网络通信的安全和可靠。

⑤保障电子商务和数字签名应用。PKCS 为数字签名应用提供了基本保障。数字签名可以确保文档在传输和处理过程中的完整性、真实性和可靠性，有助于防止伪造和篡改等安全问题。

⑥促进网络安全政策制定。PKCS 为网络安全政策的制定提供了参考。许多国家和地区在制定网络安全政策时，都会参考 PKCS 的标准和要求，以确保网络安全得到有效保障。

（3）缺少 PKCS 可能导致的问题

①缺乏统一的标准。如果没有 PKCS，加密和数字签名技术可能缺乏统一的标准，导致不同厂商和系统之间的兼容性问题。这会影响网络安全产品和服务的发展，降低网络安全水平。

②安全风险增加。PKCS 规定了一系列加密算法、数字签名算法和密钥管理规范，这些规范为网络安全提供了基本保障。如果没有 PKCS，这些规范可能不存在或不够完善，从而导致安全风险增加。

③密钥管理混乱。PKCS 包括密钥管理方面的规范，如证书格式、密钥交换协议等。如果没有 PKCS，这些规范可能缺失或存在差异，导致密钥管理混乱，影响网络安全。

④缺乏安全保障。PKCS 确保了数据在传输过程中的保密性、完整性和真实性。如果没有 PKCS，这些安全需求可能无法得到满足，从而导致信息泄露、篡改和伪造等问题。

⑤影响数字证书的使用。PKCS 包括数字证书方面的规范，如 X.509 格式。如果没有 PKCS，数字证书的使用可能会受到影响，导致证书验证和信任问题。

⑥影响网络安全产品和服务的发展。PKCS为网络安全产品和服务提供了一系列标准和规范，如防火墙、入侵检测系统、虚拟专用网络（VPN）等。如果没有PKCS，这些产品和服务的研发和部署可能会受到影响，导致网络安全水平下降。

7）PKCS、PKI、电子签名三者的区别与联系

（1）三者的区别

①从定义方面看。PKCS是指一系列加密和数字签名技术的规范，包括多种加密算法、数字签名算法和密钥管理规范。PKI是指一种基于公钥加密技术的安全体系结构，旨在为网络通信提供安全保证，包括加密、解密、数字签名、证书管理等。电子签名是指基于公钥加密技术的数字签名技术，用于确保文档在传输和处理过程中的完整性、真实性和可靠性。

②从组成方面看。PKCS主要包括加密算法、数字签名算法和密钥管理规范等。PKI主要包括数字证书、证书签发机构、数字签名、加密技术等。电子签名主要包括数字签名算法、私钥、公钥、数字证书等。

③从应用范围看。PKCS关注加密算法和数字签名技术的设计、实现和部署。PKI涉及整个安全体系，包括证书签发、证书管理、密钥管理、安全策略等。电子签名应用于数字文档的签名、验证、防伪、防篡改等场景。

④从目标方面看。PKCS为网络通信提供安全保证，确保数据在传输过程中的保密性、完整性和真实性。PKI建立一个可靠、安全的公钥基础设施，实现网络身份验证、数据加密和数字签名等功能。电子签名确保文档在传输和处理过程中的完整性、真实性和可靠性。

（2）三者的联系

①依赖关系。PKCS是实现PKI的重要组成部分，加密算法、数字签名算法和密钥管理技术都遵循PKCS的规范。PKI负责管理公钥和证书，电子签名则基于公钥加密技术实现签名和验证功能。

②互补性。PKCS、PKI和电子签名三者共同保障网络通信的安全。

③结合使用。PKCS、PKI 和电子签名在实际应用中，三者通常结合使用，用于电子邮件加密、安全传输协议、数字签名等场景。

8）电子认证平台

在建设项目电子档案系统中，电子签名需要解决以下三个主要问题：一是完整性问题，电子签名需要确保文档在工作流程中的各个环节上不被修改，这通过使用哈希算法和加密算法来确保文档的完整性；二是真实性问题，电子签名需要确保文档的原创作者不被篡改，这可以通过使用公钥、密钥机制和数字证书来证明责任者不能否认其签字所确认的内容；三是不可抵赖性问题，电子签名需要确保文档的原创作者不能否认文档是他的，同样，这也可以通过使用公钥、密钥机制和数字证书来实现。

然而，使用这些技术并不能解决电子签名背后的一个潜在问题，即签名者是否真实存在，或者只是虚拟出来的。因此，需要引入电子认证平台，以验证文档签名者的真实身份，确保签名者是一个真实的人、公司、机构或组织。

电子认证平台能够验证和确保电子签名者的真实性和可靠性的原因在于，它提供了一种机制来验证签名者的身份，并确保其身份的真实性。

（1）身份验证

电子认证平台需要验证签名者的身份，确保其是一个真实的人、公司、机构或组织，而不是虚拟的。

（2）签发证书

电子认证平台需要签发数字证书，证明签名者身份的真实性和可信度。数字证书可以确保签名者的身份不被篡改，并证明其对文档的签名是真实有效的。

（3）认证服务

电子认证平台提供认证服务，包括身份验证、证书签发、密钥管理、证书撤销等，以保证签名者的身份和签名证书的真实性。

6.4.3.2 版式文件

版式文件是按照特定规则和布局设计的文件，通常用于印刷书刊和制作电子出版物。这些文件的布局可以包括文字、图像、表格和其他元素的排版和排列。使用版式文件是为了使文档更易于阅读，以便更好地传达信息和理解内容。

版式文件中的“版式”一词更偏重于主观描述，紧密关联着人的视觉感官，属于一种视觉呈现。而“文件”一词更强调信息及其载体。当一份版式文件是电子版本时，它由数据和数据结构组成，是一种电子文件，并且包括了该电子文件的储存环境和显示环境。相反，当一份版式文件是实体形式时，其信息及载体通常是纸张及其上印刷的字符和图像。

相对于版式文件，流式文件是指内容不受固定页面边界的限制，可以根据显示屏幕的大小和方向自由调整内容的格式和排列的文件。这种格式通常用于电子书、网页和移动应用程序中的文本显示。与版式文件相比，流式文件能更灵活地适用于各种显示尺寸和设备的文本内容的呈现，而不受固定版式的限制。

版式文件与流式文件并不是严格的分类标准，其区分主要是为了让读者更好地理解文件的特点，以便根据不同的需求采取不同的方式。举例来说，当A使用办公软件编辑一份DOCX文档时，为了便于编辑，此时文件更倾向于“流式文件”；然而，当文档编辑完成后，A需要将文档发送给B，并希望确保B所看到的文档不是乱码、不易被修改且能够清晰呈现时，A会将该文档转换为PDF格式，此时文件更偏向于“版式文件”的范畴。

从归档管理的角度看，版式文件在归档管理方面具有更高的稳定性、可靠性和一致性，因此在需要长期保存和归档文件时更为适用。版式文件相对于流式文件具有以下优势：①稳定性和一致性。版式文件具有固定的布局和格式，因此在不同的设备和平台上保持一致的呈现。这种一致性使得对文件内容的归档和检索可以更加方便和可靠，而不受设备和屏幕大小的影响。②确保长期可读性。由于版式文件的内容和格式是固定的，因此它们在被存档后可以长期保存，而不会因为技术变迁或设备兼容性问题而导致内容的损失或格式错乱。③支持打印和分发。版式文件通常能够直接进行打印，以获得高质量的纸质文档，而且可以方便地进行分发和共享。④法律规定和合规性。某些行业或法规要求保留原始文件的版式，版式文件对于合规性方面更为适用。

反观流式文件，由于其内容会根据显示屏幕的大小和方向自适应排布，不同的设备和平台上的显示可能会有所不同，这可能增加了归档和检索过程的复杂性。此外，流式文件在长期保存时可能存在格式和版式兼容性的问题。

在归档管理中，强调版式文件并不意味着忽视流式文件的重要性。随着社会的不断进步和数据量的增加，人们对档案资源的需求越来越强烈。流式文件具有更优的数据挖掘潜力，在需要进行数据处理的情况下，其价值比版式文件更高。因此，虽然版式文件在长期稳定性方面很重要，但并不与流式文件的优势相冲突。档案管理者在重视版式文件的同时，也应增强对流式文件的管理能力，充分认识其潜力。

常见的版式(电子)文件格式主要有 PDF、CAJ、OFD 等。

PDF：PDF 是由 Adobe 公司开发的一种用于呈现文档的文件格式。它能够保持文档的原始格式，包括文本、图形、图像等，并且可以跨平台、跨设备展示。这种格式非常适合于打印和在线阅读，因此被广泛用于电子书籍、表格、报告、合同等的存档和共享。

CAJ：CAJ 是由中国知网(CNKI)开发的一种专门用于中文学术期刊和论文的电子文件格式。它采用了特定的压缩算法，可以大大减小文件大小，有助于加快下载和阅读速度。CAJ 格式文件通常包含文本、图表、公式等内容，成为中国学术信息交流的重要载体。

OFD：OFD 是中国国家标准化管理委员会发布的一种开放式电子文件格式，目前在电子发票领域广泛应用。OFD 是一种使用 XML 格式指定的开放文件格式，主要用于创建和存储文档。OFD 是一种较新的标准化文件格式，可以支持文本、图形、动画、音频和视频等多媒体元素，同时具有签名、权限管理和数字版权保护等高级功能。OFD 是以一种开放、互操作的标准格式为基础设计的，目的是提高文档在不同平台间的可移植性和交换性，并且可以与其他应用程序无缝连接。由于 OFD 比较新，并不像 PDF 等格式那样广为人知和广泛应用，但是随着 OFD 格式在中国市场的不断发展和使用，它已经成为值得关注的一种版式文件格式。

在建设项目电子档案管理系统中，PDF 为主的版式文件格式得到了广泛应用。PDF 文件使用的是一种被称为“电子页面描述语言”(EPDL)的语言，它可以准确地描述文件的排版、字体、图形和其他元素，以便在不同设备和操作系统上以相同的方式显示。

本书以 PDF 为例，详细阐述其技术特点。值得注意的是，PDF 与电子签名具有紧密的关联。只有将电子签名以标准方式应用于符合标准的 PDF，才能确保其可靠性。因此，在将 PDF 替换为其他文件格式时(尽管并不建议这么做)，形成的电子文件或电子档案的可靠性需重新评估。

PDF 文件作为版式文件的代表之一，具有稳定的格式，其兼容性强、安全可靠，因此在各种领域中得到了广泛的应用。

①跨平台兼容性。PDF 文件可以在几乎所有操作系统和设备上进行查看和打印。无论是 Windows、Mac 还是 Linux 系统，使用 Adobe Acrobat 或其他 PDF 阅读器即可打开和查看。②固定格式。PDF 文件在不同设备和分辨率上都能保持相同的格式和排版，无论是打印出来还是在屏幕上查看，都能保持一致的视觉效果。③安全性。PDF 文件可以进行密码保护、数字签名等操作，以确保文件的安全性和完整性。

需要说明的是，在建设项目电子档案系统中，需要多个参与方协同合作，并且这些参与方可能在不同的地理位置上。钱毅提出，生态观本质上是更大范围的平衡，可从行业、政策、社会、市场等视角来观察，应树立协同导向的积极的生态观，综合应对档案资源多态并存管理的现状。[①] 目前市面上没有免费通用的软件能够稳定支持对大量 PDF 文件进行大量 CA 电子签名，长期来看也很难，甚至也不太可能有更好的替代方案，主要有以下几个原因：

①技术限制。大量 PDF 文件的大量 CA 电子签名涉及复杂的技术挑战，如数据处理速度、签名验证、安全性等。要实现稳定可靠的运行，需要投

① 钱毅．基于 U 型曲线重新审视档案信息化工作[J]．档案与建设，2023(4)：4-8.

入大量的研发资源和专业人才。免费通用软件往往难以承担这些成本。

②CA 认证机构的要求。CA 电子签名涉及权威认证机构的参与，以确保签名的真实性和可信度。这些认证机构对软件的开发、部署和维护有一定的要求，免费通用软件可能难以满足这些要求。

③法规和合规性。电子签名涉及法规和合规性的问题。在我国，电子签名需要遵循相关法规和标准，以确保数据的安全性和合法性。免费通用软件可能无法保证符合这些法规和标准。

④数据安全和隐私保护。大量 PDF 文件的大量 CA 电子签名涉及的数据安全和隐私保护问题更为突出。免费通用软件可能在数据加密、访问控制、审计跟踪等方面无法提供足够的保障。

⑤协同工作的需求。在建设项目电子档案系统中，多个参与方异地协同合作，需要考虑到不同地域、网络环境、设备条件等因素。免费通用软件可能难以满足这些多样化的需求。

⑥持续更新和维护。电子签名技术在不断发展，为了保持稳定性和适应新需求，软件需要持续更新和维护。免费通用软件可能在投入和能力上难以满足这些要求。

长期来看，市面上确实很难出现免费通用的软件稳定支持大量 PDF 文件进行大量 CA 电子签名。替代方案也可能有限，因为它们需要在安全性、可靠性、合规性、协同性等方面达到相同的标准。在这种情况下，寻求专业的、定制化的解决方案可能是更为实际和可靠的选择。

基于上述比较分析，探索 PDF 以外的其他格式(如 OFD)来与 CA 电子签名结合的方案是可以尝试的，但在建设前期应做好投入更多资源的准备，主要有以下几点原因：

①技术成本方面。OFD(open document format)等其他格式的技术支持和应用需要进行研发和技术转换的投入。这意味着需要重新开发或者转换现有的系统或软件，以适应新的文件格式，这将导致额外的技术成本和开发周期。

②兼容性问题方面。一些 OFD 格式可能在不同的软件平台和操作系统上的兼容性较差，这意味着需要对现有的系统和软件进行升级或者替

换，以适应新的文件格式。这将带来额外的成本和风险。

③培训和改变管理方面。引入新的文件格式需要对相关人员进行培训和教育，以确保他们能够顺利使用新的标准和工具。另外，需要进行变更管理以确保新的文件格式的顺利过渡，这会耗费额外的资源。

④生态系统成本方面。PDF 格式已经成为业界标准并且被广泛使用，换成其他格式将涉及整个生态系统的适应和变更。这可能需要花费更多的成本来适应新的标准。

其他格式(如 OFD)来替代 PDF 格式可能会造成较高的成本，因此，对于已经使用广泛且成熟的 PDF 格式的系统来说，更换文件格式可能不是一个经济实惠的解决方案。

在建设项目电子档案系统中，对大量 PDF 文件进行大量 CA 电子签名可以考虑以下几种解决方案：

①定制开发。如果市面上的现有软件无法满足需求，可以考虑进行定制开发，开发一个符合项目需求的电子签名系统。这样可以根据具体要求构建稳定且满足特定需求的系统。

②与厂家合作。如果有具体需求，可以与软件厂家合作，提出需求定制开发，或者探讨定制化的解决方案。

③经验复刻。参考其他类似项目的成功经验，来设计和实施建设项目电子档案系统中的大量 PDF 文件进行大量 CA 电子签名的解决方案。经验复刻并不是一种简单的复制粘贴，而是需要根据具体情况进行适当的调整和优化，以适应项目的具体需求和环境。在实施过程中，还需要充分考虑项目的特点和风险，制定合理的计划和措施，确保项目的成功实施。无论采取何种措施，都需要深入了解项目的需求，并充分评估可行的解决方案。

在建设项目电子档案系统中，CA 电子签名的原理与技术流程主要为：用户使用数字证书在客户端发起签名，然后提交给应用系统，应用系统再向电子认证系统要求验证用户证书及数字签名的合法性。

电子签名的原理如图 6-5 所示(如：A 发消息给 B，B 需要验证该消息是否确实是 A 发出的)。

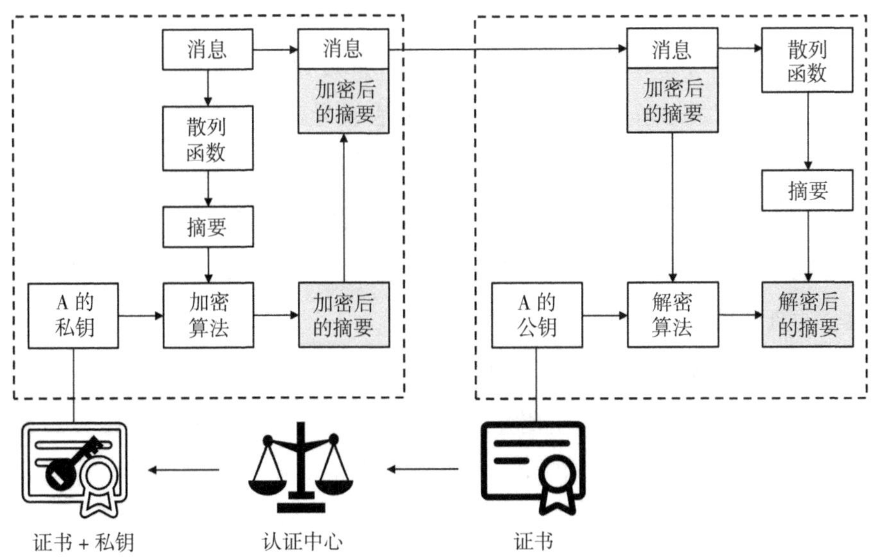

图 6–5　电子签名原理图

第一步，A 把消息原文用散列函数(哈希算法)算出原文的摘要值。

第二步，A 利用自己持有的私钥对摘要值通过加密算法(RSA、SHA-1 等)进行加密计算，得到加密后的摘要，即签名信息。

第三步，A 将加密后的摘要(即签名信息)和消息原文拼装在一起，发给 B。

第四步，B 收到 A 发过来的消息后，对消息原文用同一个散列函数计算出摘要值 a，再对收到的加密后的摘要(即签名信息)利用 A 的公钥通过对应的解密算法，解密出摘要值 b，将两个摘要值进行比对。如果两者相同则签名验证通过，证明消息是 A 发出来的，中途并未改动；不同的话则签名验证失败，证明消息已被修改，并非 A 发出的消息原文。

业务系统和电子档案管理系统生成的 PDF 文件，如何通过电子签名保障其真实性和不可抵赖性呢？

首先，当用户对 PDF 文件进行签名时，系统会计算文件的摘要值，然后使用私钥和加密算法对摘要值进行加密，产生签名值。在验证 PDF 文件是否被篡改时，系统会重新计算文件的摘要值，并使用签名值中的公钥对签名值进行解密，得到加密前的摘要值，然后进行比对。如果两者不一致，说明文件已被篡改；反之，则表明文件真实可靠，未被篡改。

其次，值得注意的是，在PDF文件验证过程中，签名所使用的私钥由签名者专有并安全地保管，且私钥无法被导出、复制或伪造。因此，在使用电子签名的情形下，签名者无法抵赖签署文件的行为。

需要安全验证和认证的软件都会依赖受信任的数字证书和证书链。这些软件需要使用这些证书来验证电子签名、HTTPS链接、电子邮件等内容的真实性和完整性。

以Adobe Acrobat为例，Adobe Acrobat在验证电子签名时需要安装或内置信任证书或证书链，主要是因为电子签名的验证需要依赖相应的数字证书来确认签名者的身份和信任性。数字证书通常由受信任的证书签发机构签发，用于证明数字签名的有效性和真实性。

具体来说，验证电子签名需要以下步骤：

①身份验证。通过数字证书确认签名者的身份和真实性。

②证书验证。使用证书链验证数字证书的有效性，包括验证证书的签发者和有效期等信息。

③签名验证。使用签名算法和公钥来验证签名的完整性和真实性。

因此，要进行电子签名的有效验证，需要依赖受信任的数字证书和证书链。Adobe Acrobat通过安装或内置信任证书或证书链，确保验证电子签名时能够准确、可靠地进行身份验证和签名验证。这样能够提高电子签名的可信度和安全性，确保文档的完整性和真实性。

数字证书和证书链通常由受信任的证书颁发机构(CA机构)签发。这些CA机构被广泛认可并在各个国家或地区运营，它们负责管理和签发数字证书，用于证明数字签名的有效性和真实性。通常情况下，用户可以从以下几个渠道获取数字证书和证书链：

①自有CA机构签发的数字证书。许多组织和企业会选择建立自己的CA系统，用于签发内部人员或设备的数字证书。用户可以向所在的组织或企业的IT部门咨询，并获取他们所使用的数字证书和证书链。

②授权的公共CA机构。用户可以选择从公共CA机构购买或获取数字证书和证书链。这些机构通常提供各种类型的数字证书，以满足不同

的安全需求。

③内置数字证书。有些操作系统和应用程序可能会预先内置一些受信任的根证书或证书链，以便验证数字签名。这些数字证书可能会随着操作系统或软件的更新而更新，因此用户可以通过系统或软件更新程序来获取这些内置的数字证书和证书链。

无论选择哪种方式获取数字证书和证书链，都需要确保它们来自受信任的、可靠的 CA 机构，并且在验证数字签名时能够得到有效的支持。

当使用 Adobe Acrobat 进行电子签名验证时，需要确保信任的证书存储区中包含正确的根证书。Adobe Acrobat 有一个根存储区，但默认情况下，它仅包括 Adobe 的根证书。从 Adobe Acrobat 9 版本开始，其他证书可以由 Adobe 自动从 Adobe 网站上下载，但前提条件是这些根证书要经过 Adobe 公司的批准。这样，所有根证书存储区中证书签名的 PDF 文件在 Adobe Acrobat 都会验证通过，同样也可以修改其安全性设置。通过 PDF 设置信任 Windows 证书存储区，这样如果 CA 机构的根证书加入到 Windows 证书存储区，Adobe Acrobat 也可以读取，但首先得保证此项设置处于启用状态(如图 6-6 所示)。

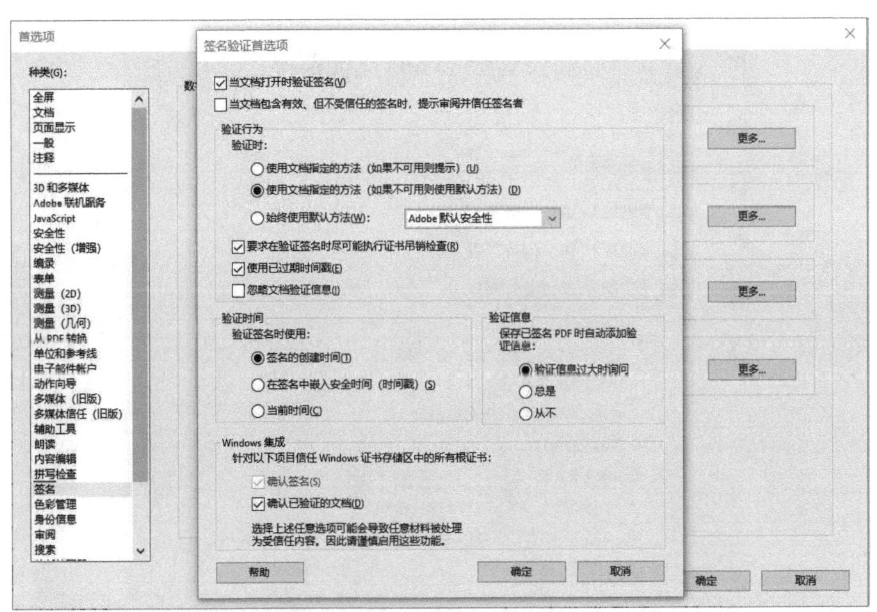

图 6-6　Adobe Acrobat Windows 证书存储区设置

当用户无法联系或不知道哪个证书在证书存储区中，且无法连接到服务器时，就得采用另一种解决方法：AATL(Adobe approved trust list)。即使用户离线时，PDF 中签名的 CA 根证书只要在 AATL 列表中，即可自动显示验证通过。前提条件是 CA 机构需要提交根证书和软件材料到 Adobe 申请加入 AATL，用户才能自动更新 AATL 的根证书列表，这样 PDF 电子签名即可在 Adobe Acrobat 中自动显示验证通过。

通过使用业务系统、电子档案系统等定制的软件系统，可以对多个 PDF 文件中的电子签名进行验证，并对这些签名进行数据分析处理。但是，当脱离了定制软件系统之后，PDF 文件仍应该保持其原有的特性，即具备支持离线验证的能力，并且验证操作不应该过于专业化，而是应该普遍适用于一般计算机用户。

以 Adobe Acrobat 为例，在离线验证时，使用 Adobe Acrobat 打开 PDF 文件，在界面中找到电子签名验证按钮，便可以实现验证操作。步骤如下。

①打开一份建设项目文件，并点击验证按钮，系统显示如图 6-7 所示。

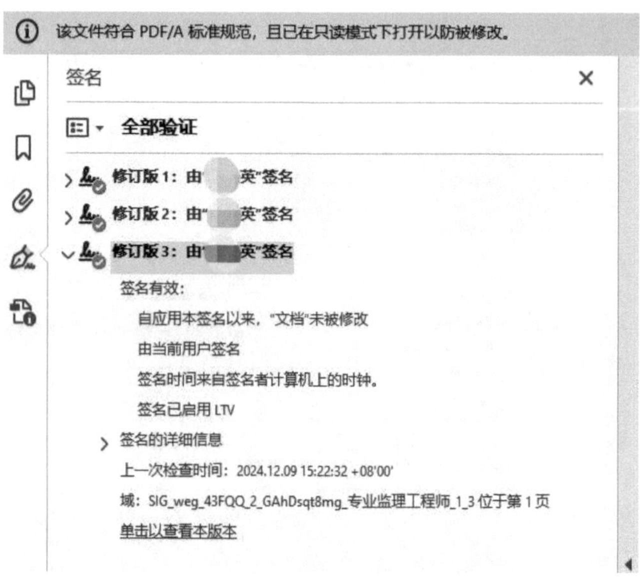

图 6-7　Adobe Acrobat 验证签名界面

②查看签名属性(如图 6-8、6-9 所示)。

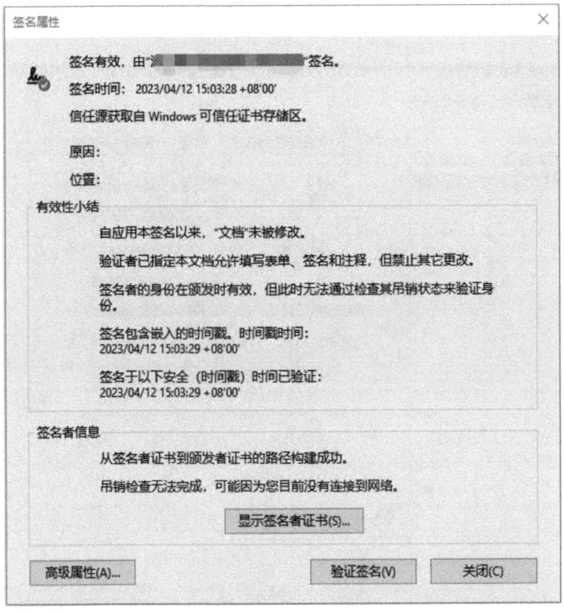

图 6-8　Adobe Acrobat 签名属性界面

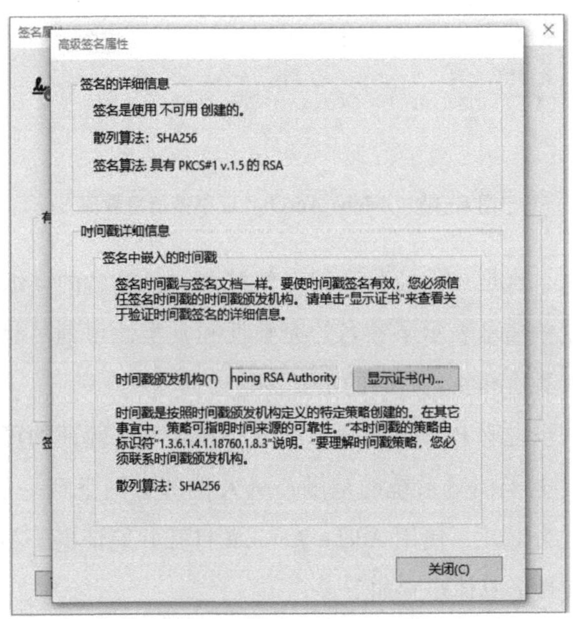

图 6-9　Adobe Acrobat 高级签名属性界面

③查看证书链(如图 6-10 所示)。

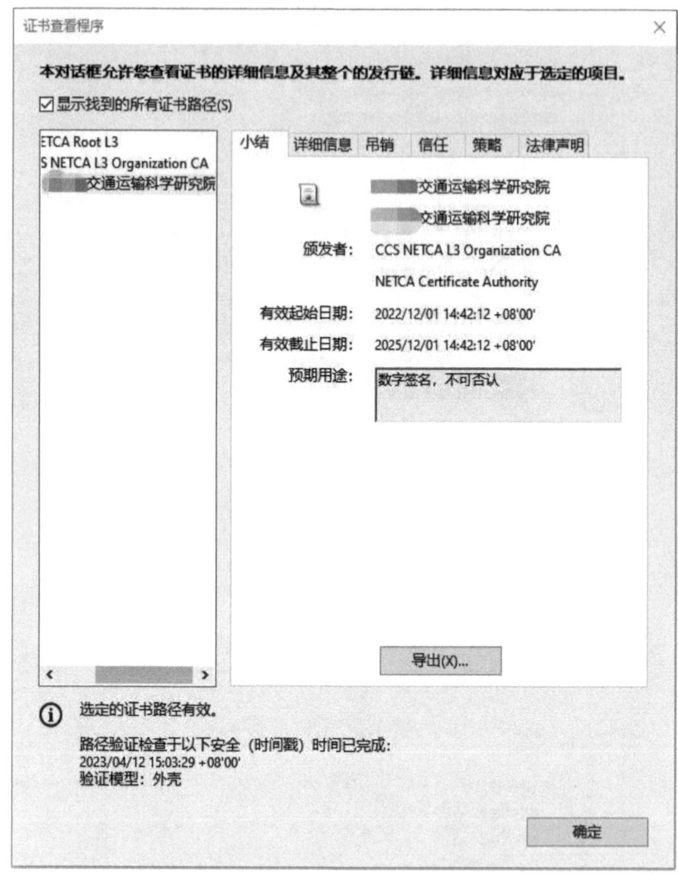

图 6-10　Adobe Acrobat 证书链信息界面

总的来说，这是一份经验证的有效签名，且签名的详细信息也被列举了出来。这些信息表示了签名的完整性和真实性得到了验证，同时也突显了签名者身份和签名时间的重要性。

为了进一步说明 PDF 文件中 CA 电子签名离线验证的可行性，暂且脱离建设项目电子档案系统的范围，从人社部官网下载一份电子证书，下载文件格式为 PDF，使用 Adobe Acrobat 打开并验证电子签名，验证这份证书的真实性。具体步骤如下。

①文件打开时，界面显示由“人力资源和社会保障部人事考试中心”签名，如图 6-11 所示。

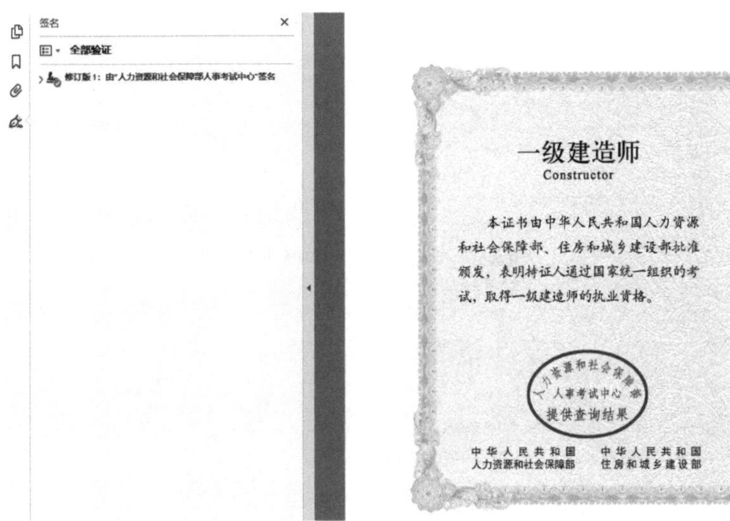

图 6-11　Adobe Acrobat 签名待验证界面

②点击验证，界面显示如图 6-12 所示。

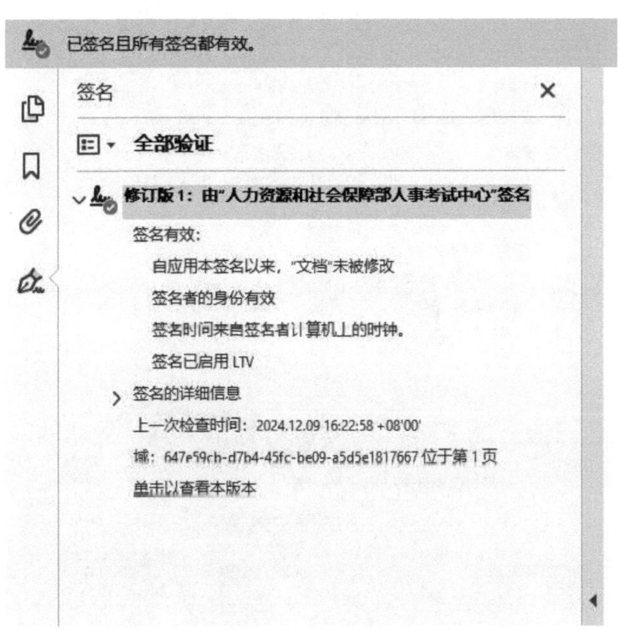

图 6-12　Adobe Acrobat 验证签名界面

③查看签名属性，进一步评判该文件的真实性、可靠性（如图 6-13、6-14 所示）。

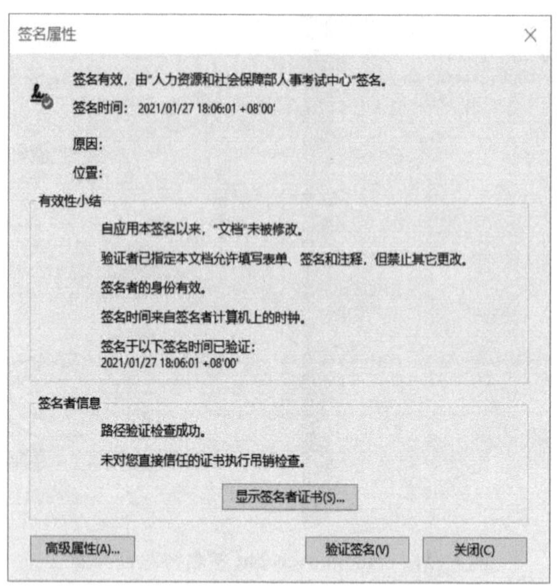

图 6-13　Adobe Acrobat 签名属性界面

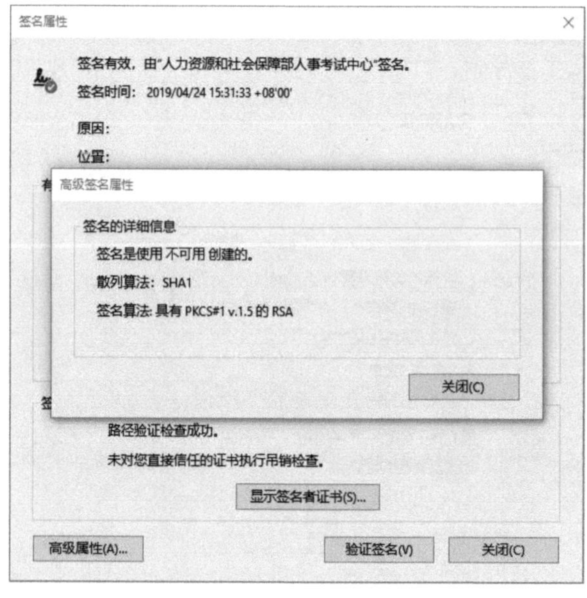

图 6-14　Adobe Acrobat 高级签名属性界面

④查看证书链，进一步评判该文件的真实性、可靠性（如图 6-15 所示）。

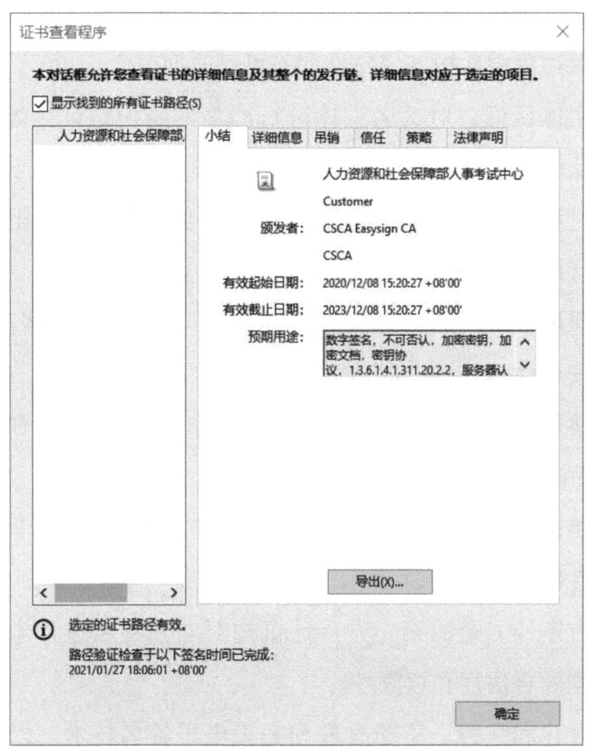

图 6-15　Adobe Acrobat 证书链信息界面

需要强调的是，文件及其所承载信息的真实性、完整性和可靠性并不是绝对的。为解决传统纸质文件手工签名所面临的效率和安全问题，提出了应用 PDF 结合 CA 电子签名的方式。相较于传统纸质文件手工签名、无签名的电子文件、非 CA 等可靠电子签名的电子文件以及 CA 电子签名的非版式文件等模式，这种方式具有显著优越性。然而，这并不意味着文件可以百分之百地被验证为真实，实际上也无法做到那样。例如，上述从人社部官网下载的电子证书，当持有者在面临苛刻质疑时，他无法单方面消除质疑者的疑虑。但如果相关业务审核人员因此直接否定持有者及该份证书，这显然是不合理的。因为即便电子签名并非百分之百可靠，但它依然是一种被广泛接受和使用的认证方式。对于一个合法有效的电子签名，在没有充分证据表明其存在问题的情况下，任何直接否定的行为都是缺乏根据的。

可以从以下几个方面保障电子签名的合法有效性：

①电子签名技术。采用可靠的电子签名技术，如数字签名、时间戳等，确保签名过程中数据的完整性和不可篡改性。

②签名主体认证。对签名主体进行严格的身份认证，如采用 CA 证书、银行卡认证、手机短信验证等，以确保签名者的身份真实可靠。

③签名过程透明。确保签名过程的透明度，让用户和相关方了解签名过程中的详细信息，以提高信任度。

④技术保障。采用加密算法等先进技术，确保电子签名在传输和存储过程中的安全性。

⑤法律法规支持。根据相关法律法规，如《中华人民共和国电子签名法》等，确保电子签名的合法地位和效力。

⑥权威机构认证。获得权威机构（如 CA 机构）的认证，证明电子签名技术的可靠性和合法性。

⑦第三方审计。邀请第三方审计机构对电子签名过程进行审计，以确保签名过程的合法性和可靠性。

⑧持续优化和完善。不断改进和完善电子签名技术，以适应不断变化的安全环境和需求。

在审核和验证电子签名证书时，应综合考虑各种因素，合理评估其可靠性。同时，应不断优化和完善电子签名技术，以提高其在实际应用中的可靠性。这样一来，既能解决传统纸质文件手工签名所存在的效率和安全问题，又能降低电子签名在实际应用中的风险。

6.5　建设项目电子档案系统构建中的电子认证平台构建

建设项目电子档案系统包含三个基本组件：电子认证平台、业务系统、电子档案管理系统。电子认证平台是整个系统的关键组成部分，主要为各个系统及用户提供可靠的电子签名服务，保障电子文件的真实性、完整性、可靠性。平台可以对建设项目进行在线认证，提高建设项目的安全性和可信度，同时也方便了项目管理方、监管方和参与方的工作。

6.5.1 平台概述

CA 认证是一种数字证书认证方式，建设项目电子档案系统及用户基于 CA 认证与电子认证平台，进行可靠的电子签名，确保电子文件及相关信息的真实性、完整性和安全性。

CA 机构，即证书签发机构(certificate authority)，又称为数字证书认证中心，作为电子商务及电子政务中受信任和具有权威性的第三方，承担公钥体系中公钥的合法性检验的责任。CA 认证中心为每个使用公开密钥的客户发放数字证书，数字证书的作用是证明客户合法拥有证书中列出的公开密钥。CA 认证中心的数字签名使得第三者不能伪造和篡改证书。它负责产生、分配并管理所有参与网上信息交换的各方所需的数字证书，因此是安全电子信息交换的核心。CA 认证中心所签发的数字证书包括个人数字证书、企业数字证书、服务器身份证书、安全 Web 站点证书、代码签名证书、安全电子邮件证书等。它们被广泛地应用于电子商务、电子政务、网上银行等众多领域。同样 CA 认证中心允许管理员撤销发放的数字证书，在 CRL(certificate revocation lists，证书吊销列表)中添加新项并周期性地发布这一数字签名的 CRL。一个完整的 CA 认证中心还应该包括 RA(registration authority，注册机构)，它是 CA 认证中心的证书发放、管理的延伸。它负责证书申请者的信息录入、审核以及证书发放等工作，同时对发放的证书实现相应的管理功能。发放的数字证书可以存放于 IC 卡、硬盘、USB-key 或软盘等介质中。

电子认证平台的安全系统架构包括以下几个方面。

(1)身份认证

电子认证平台利用基于数字证书的身份认证服务，对每个访问系统的用户进行强身份验证。电子认证平台根据数字证书中的身份信息，对用户的有效身份进行识别。(如图 6-16 所示)

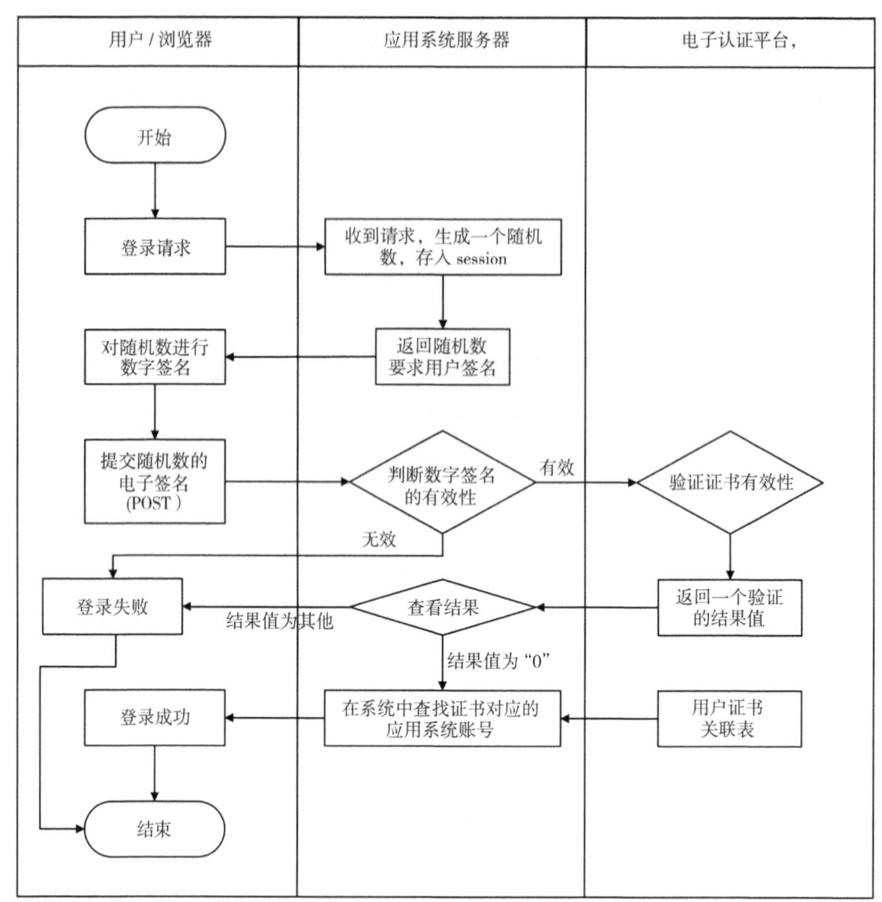

图 6-16　用户登录认证原理图

(2)签名和验证

电子认证平台支持电子签名操作及对电子签名进行验证，保障数据的真实性、完整性、不可否认性和合法性。(如图 6-17 所示)

(3)签名及印章图像

从技术角度看，数字签名是没有传统签名(印章)图像印记的，但这并不符合人们的行为习惯。传统的纸质文件通常有传统印章所留下的图像印记，这在签名盖章责任认定中具有重要意义，因此在电子签名过程中整合了电子印章技术，以满足人们的行为习惯和传统需求。

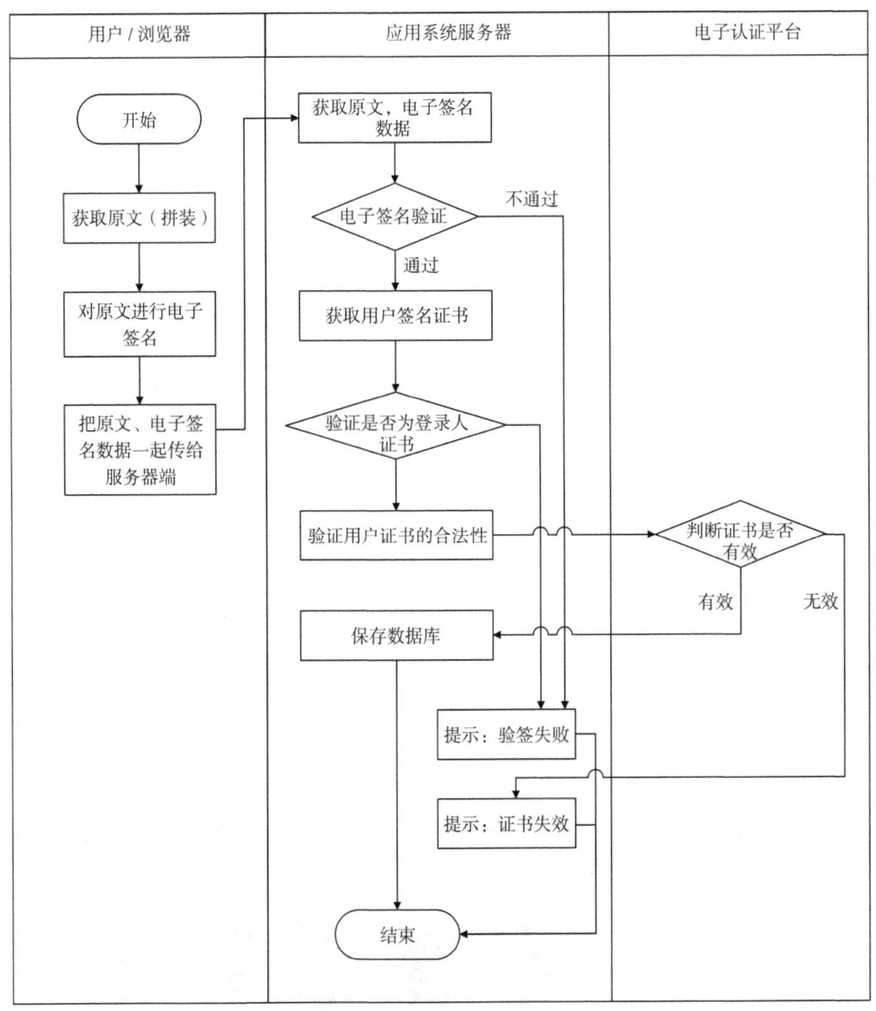

图 6-17　电子签名流程图

电子印章技术通过先进的数字模拟技术，模拟传统实物印章的外观和使用方式，使得其管理和使用方式符合人们对实物印章的习惯和体验。通过电子印章加盖的电子文件，能够获得与实物印章加盖的纸张文件相似的外观、有效性和使用方式。

电子印章是电子签名技术的一项应用，将数字签名变成了人们习以为常的签名盖章方式，符合人们传统的信用习惯与诚信体系。这样一来，原本神秘的数字签名和电子证据变得更加易于理解和使用，消除了数字签名的应用障碍，对数字签名的推广应用具有非常大的价值。

6.5.2 平台部署

为了保障电子认证平台的安全性和稳定性，确保内外用户可以通过不同方式访问相关应用，并且在访问各应用系统时必须通过电子平台服务器的身份验证方可登录。采用双机的方式来设计电子认证平台服务器(含数据库系统)及证书密码服务器，同时对外提供服务。电子认证平台部署时需考虑安全性要求，逻辑连接的建立，局域网的访问等因素。电子认证平台部署主要包括以下内容(如图 6-18 所示)：

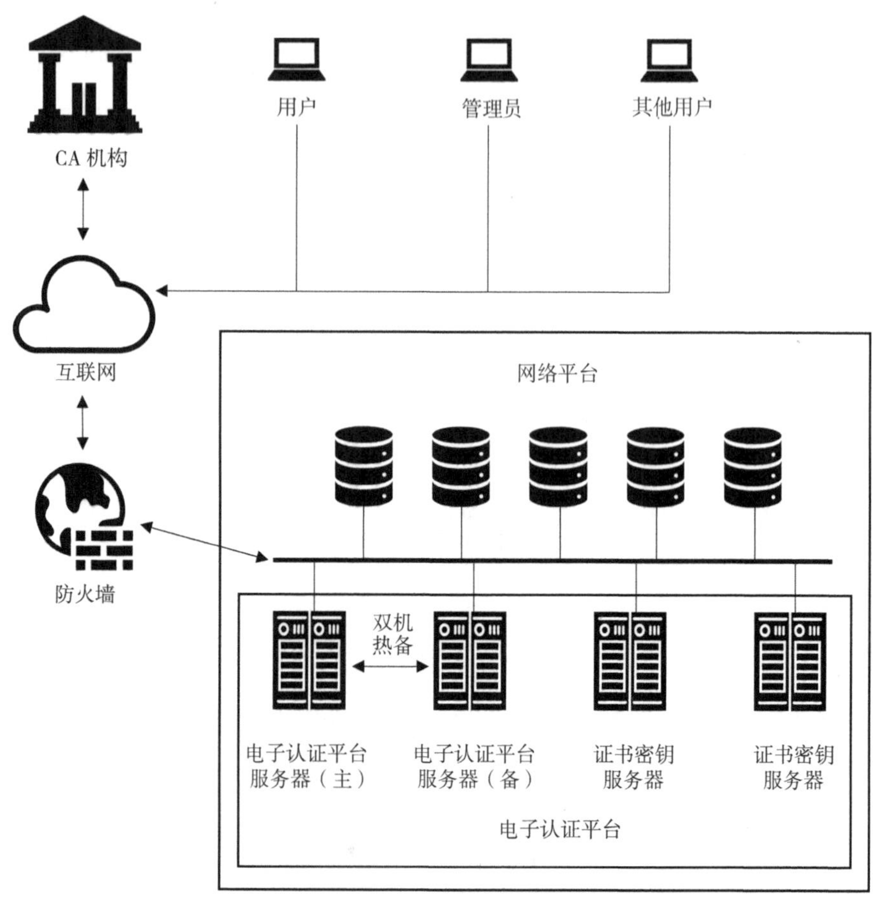

图 6-18　电子认证平台部署示意图

采用双机设计的电子认证平台服务器(含数据库系统)及证书密钥服务器，以确保平台的可靠性和可用性，同时对外提供服务。部署两台应用服务器，分别安装应用服务器中间件、统一认证系统软件、CA 业务管理系统软件和数据库系统；部署两台证书密钥服务器，用于提供底层的密码服务和存储电子平台服务器的服务器证书。

为了符合安全性要求，对电子平台服务器和各个应用系统的服务器分别配置服务器证书，以确保安全连接。建立安全的逻辑连接，各应用系统通过防火墙等安全设备与电子平台服务器的网络进行连接，或通过互联网连接。局域网网络可访问 CA，用于获取 CRL 等信息，如果不能连接 CA，则需要通过手工方式到 CA 下载 CRL。

CRL 是 CA 发布的一个包含已经被吊销的证书序列号的列表。客户端在验证证书的有效性时会去检查 CRL，以确保证书没有被吊销。如果证书在 CRL 中被发现，则客户端不会信任该证书。因此，CRL 对于证书的有效管理和安全是非常重要的。

吊销(revocation)是指在证书的有效期内，由于证书持有者的私钥泄露或者证书持有者身份的改变等原因，CA 会提前废除该证书的有效性。吊销的证书将被列入 CRL，客户端在验证证书时会参考 CRL 来确认证书的有效性。

过期(expiration)是指证书在它所规定的有效期限之后自然失效。过期的证书将不再被信任，因为它的有效期已经结束。客户端在验证证书的有效性时，会检查证书的有效期是否在当前时间之前，如果证书已过期，则客户端将不信任该证书。

实际上，在证书过期后，人们可能会对签名者在该证书有效期间签署的电子签名的效力产生质疑。但此处需要再次强调，就算证书过期(这是必然的)，签名者在证书有效期间进行的电子签名仍应具有长久效力。就像当一个身份证过期后，虽然它已经不再被用作合法的身份证明，但是在有效期间使用它所办理的事务仍然是有效的。这是因为，身份证或证书的过期并不会改变其有效期间所进行的事务或签名的本质。因此，只要签名在证书有效期内完成，它就应该是有效的，可以作为法律凭证。

另外，根据电子签名的一般原理和相关法律规定，只要特定签名是在其证书的有效期内完成的，即使证书后来过期也不会导致该签名的合法性和有效性丧失。钱毅认为，《电子认证服务管理办法》的相关规定使需要使用认证服务的企业可以按需选择CA认证服务单位提供的认证服务，而无须担忧被特定CA认证服务商绑定的问题。①

另外，在证书过期后，人们对电子签名的验证确实存在疑虑。验证系统在验证电子签名时，发现证书过期，即便可能会说明清楚电子签名是在有效期内签署的，但仍会作为不稳定因素给予提示，这是合理的。维护电子签名的长期有效性的责任应该由证书签发机构和相关标准制定组织共同承担。它们应该提供更加灵活和用户友好的解决方案，以确保电子签名的长期有效性。此外，相关的技术标准和法规也应制定出相应的规定，以确保电子签名的可靠性和长期有效性。在电子签名和证书签发方面，确实有不少挑战需要面对，其中包括长期有效性、合规性等问题。这些问题需要综合各方的力量共同解决，以维护电子签名和证书系统的可信赖性和持久性。

内部用户使用证书可以通过内部局域网访问电子平台服务器，也可以通过互联网进行访问。外部用户可通过互联网等方式访问相关应用。访问各应用系统时，用户必须首先通过电子平台服务器的身份验证才能登录各应用系统。通过这样的部署，电子认证平台系统能够保障用户数据的安全，并确保用户可以安全地访问电子认证平台及其相关应用。

6.5.3　平台框架

电子认证平台框架如图6-19所示：

---

① 钱毅. 基于OAIS的数字档案资源长期保存认证策略研究[J]. 档案学研究，2018(4)：72-77.

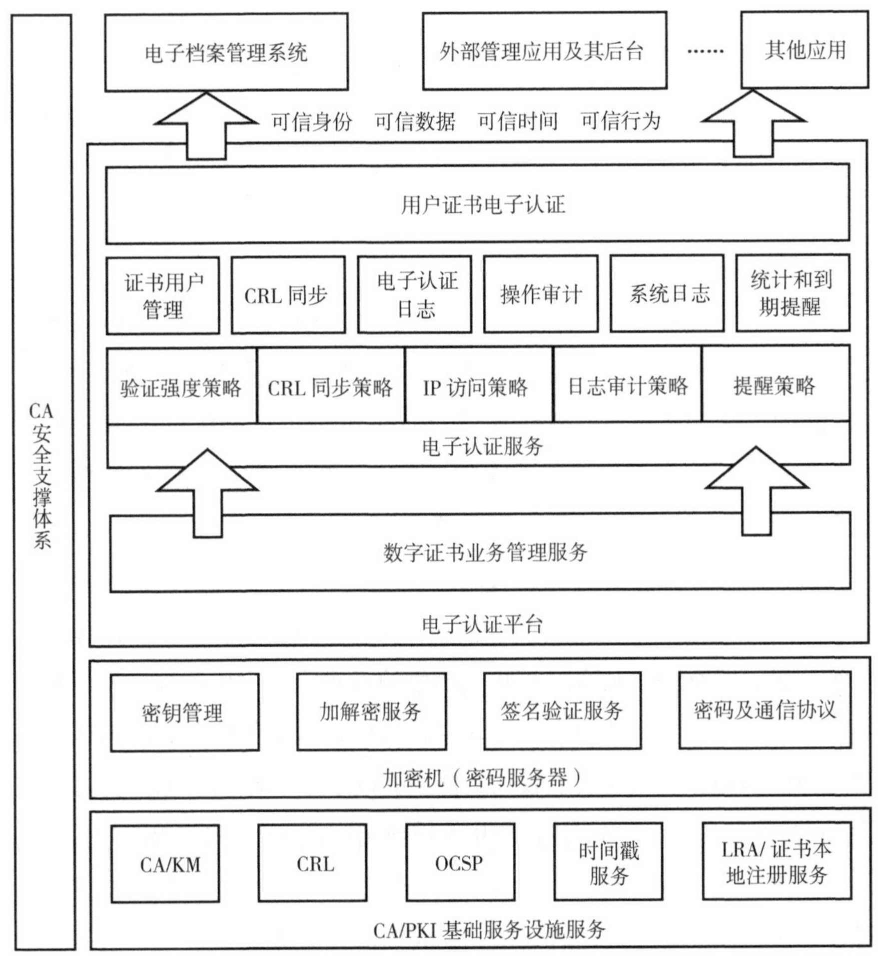

图 6-19　电子认证平台框架示意图

6.5.4　平台主要功能

电子认证平台的主要功能包括以下几个方面。

(1)提供证书在线验证服务

电子认证平台提供证书的实时在线验证功能，可在线验证数字证书的合法性、真实性和有效性，确保各应用系统用户身份的有效性，保障各应用系统用户身份的真实性，杜绝非法证书登录应用系统。同时在线验证服务可以满足用户内部业务的连续性需求，支持直接登录原应用的方式，也支持通过平台进行统一登录。

(2)提供单点登录统一认证的功能

电子认证平台采用单点登录和证书的统一认证方式，为多个应用系统提供统一的安全访问门户，支持B/S、C/S等多种类型的应用系统无缝接入，支持对证书用户的访问权限的管理，实现灵活的证书用户管理模式。

(3)提供可信的时间戳服务

可信时间戳是由时间戳服务中心签发的一个能证明数据电文(各种电子文件和电子数据)在一个时间点是已经存在的、完整的、可验证的，具备法律效力的电子凭证；是解决《中华人民共和国电子签名法》中对数据电文原件形式要求的必要技术保障。信息系统中产生的各种关键数据，在签名之前可以通过时间戳系统获取当前的标准时间，并附加在签名之中，不可更改，提供准确的时间证据。为各业务应用提供可信赖且不可抵赖的时间戳服务。时间戳服务给电子文档加盖时间戳，时间戳保留了时间证据，具有法律效力。时间戳产生的过程为：应用系统或用户首先将需要加时间戳的文件形成信息摘要，然后将该摘要发送到时间戳服务器，时间戳服务器在加入了收到文件摘要的日期和时间信息后再对该文件加密(数字签名)，然后送回应用系统或用户，如图6-20所示。

其中，带有GPS或北斗卫星信号接收系统的时间服务器(支持NTP)，用于保证时间戳服务器的时间源，同时该时间服务器亦可作为网内其他服务器的时间同步源。时间戳服务器安装有时间戳服务证书及其密码模块，处理时间戳服务的请求，并返回时间戳给请求者。

时间戳服务器为用户提供时间戳访问接口模块，用于部署在应用系统中，实现在签名信息中获取数字时间戳。

(4)提供高强度的数据加密

电子认证平台采用服务器证书加客户端证书的方式，支持建立单向或双向的SSL信息传输通道，支持128位或以上的通道加密，同时也支持HTTP协议的明文传输。

(5)提供方便的管理控制台

电子认证平台采用B/S模式的管理控制台访问模式，通过管理控制

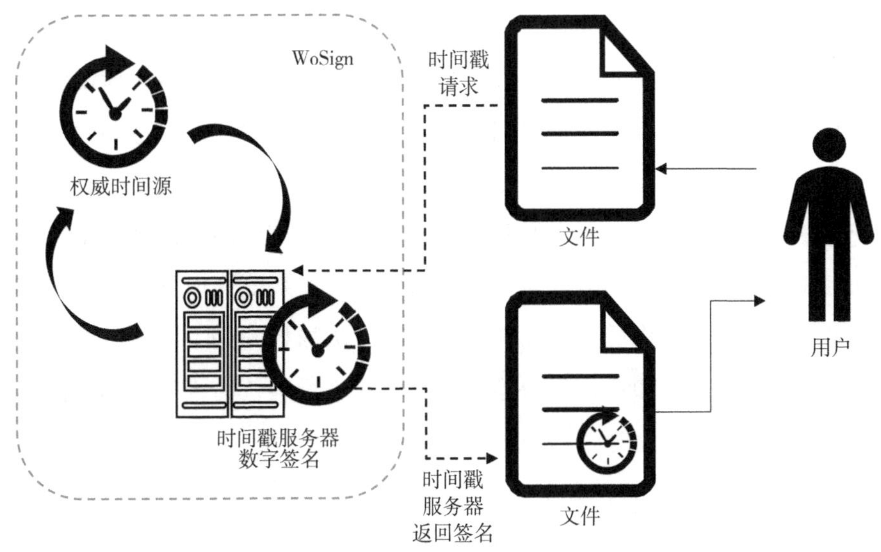

图 6-20　时间戳产生过程示意图

台可以简单快捷地对证书用户进行管理。管理控制台验证服务器控制台的用户为系统管理员。该后台的系统管理员可便捷地添加其他的管理员，同时也可以对接入平台的各个应用的用户进行访问权限分配等管理。登录控制台必须使用证书才能登录，保障控制台的安全性。访问模式采用 B/S 方式，便于管理员操作，并降低使用和培训的难度。

(6)提供按需定制的管理策略

平台需要整合接入到本体系的 CA 的关键资源，CA 相关的管理策略包括证书吊销列表(CRL)及其发布周期、在线证书状态查询(OCSP)服务策略等，通过平台可进行策略设置。对于不同的应用，由于安全性的要求不同其验证强度要求也不同。但安全性和系统性能效率之间是矛盾的，安全性越高对系统效率的影响就越大，因此管理者要考虑的是如何选择合适的策略获得安全性和效率之间的平衡。

(7)提供便捷的后台用户管理

于平台的管理者来说，需要管理的对象和内容包括了用户、应用、访问控制权限的分配、管理策略等，各项管理内容需要在平台中高效实现集成和统一，平台提供了多方位的管理统一性。平台以统一用户管理与认证技术为基础，建立一个通用的统一电子认证系统，使平台中各应用系统实现集中式用户管理、安全认证、用户应用访问控制、系统审计等管理功能。平台提供集中化、全面的策略管理，如：为用户提供集中化的认证、应用访问授权和审计服务，使他们安全地访问不同的应用；为管理人员提供集中化的和全面的策略管理服务，使他们方便、有效地管理应用的访问许可、用户权限，并定义整个安全策略；提供双重控制和责任分离，防止超级用户的特权过度使用等。系统管理员可以增加其他系统管理员和操作员。系统管理员和操作员的权限是不同的，操作员只能进行查看日志和审计记录等操作，不能进行系统的维护工作，做到权限分别管理。

(8)支持实用多样的证书用户管理方式，快速管理证书用户

子认证服务器内置有多种用户和资源管理方式，可以根据用户、用户组、账号等多种方式对用户进行管理。功能包括：①用户组管理。为用户分组，以便于用户的分类管理。②用户帐号管理。冻结或解冻用户，包括用户注册、用户资料修改、用户注销、冻结与解冻等操作。可以将因为各种原因而暂时不希望其访问各应用系统且不是注销的用户进行冻结操作，一旦冻结的原因解除，管理员可随时将用户解冻。例如，当用户丢失证书而又未来得及在CA注销证书时，可以马上在统一认证系统中冻结用户。③支持批量添加用户。④支持各种条件的用户查询、用户备份和用户信息统计功能。

(9)支持多种应用接入

电子认证平台可接入多个应用系统，支持多种应用类型的接入。①B/S类型的应用：HTTP GET、HTTP POST、B/S统一账户等。②C/S类型的应用：C/S简易账户、C/S统一账户。

(10)提供全面的安全审计与不可抵赖的日志

对于平台管理用户(包括系统管理员、操作员和业务人员)的各类操作，以及平台应用用户的应用登录访问都会自动记录下来，用以查询分析，并可形成审计报告，实现了操作的不可否认性，满足管理者审计和管理监控的要求。对管理员行为进行记录、跟踪，对业务人员行为进行记录、跟踪。提供所有应用访问的审计和平台管理员操作审计的统一服

务，可追溯管理人员的管理操作，并可防止非授权用户的入侵。根据管理者的管理需求，可预先设置审计策略，以记录不同详细程度的审计日志，并可根据要求形成日志审计报告。通过审计报告与定期评估结果、定期策略分析结果进行综合分析，便于管理者找到当前的系统中存在的隐患并能满足应用统计方面的需求。通过审计分析，可以很方便地了解应用访问的频繁程度，或用户访问的频繁程度，有助于管理者了解应用的实际状况，查询本地审计信息，下载、备份本地审计信息。通过记录策略，可以控制文件的个数、大小控制占用磁盘空间。支持连接审计服务器，审计服务器提供更完善的服务，记录系统中系统管理员操作日志、网关同步应用接口日志、用户登录用户前台日志。

6.5.5 平台接入

业务系统、电子档案管理系统应接入电子认证平台。根据应用系统业务情况及安全需求，采用 PKI 公共安全中间件和统一认证系统提供的标准应用接入接口，对业务系统进行电子认证安全应用改造，开发接口屏蔽了复杂的逻辑处理流程，简化了应用接入的操作，便于应用理解及调用。通过接口调用，可实现以下电子认证安全应用。

身份安全认证：用户以数字证书登录统一认证系统，避免传统“账号+密码”方式登录的安全隐患，实现用户身份安全认证。

数据签名：用户用代表其身份的数字证书对在统一认证系统上提交的电子档案数据等进行电子签名，实现网上操作和信息内容的防止篡改、不可抵赖。

证书用户统一认证：应用系统统一管理——单点登录，加上数字证书电子认证，实现证书用户的统一认证功能。同时必须实现对接入平台的各个业务系统的统一管理，实现平台管理员对平台用户访问权限作统一管理，实现用户凭数字证书经平台认证后方可根据自己权限访问各个具体的业务系统的功能。

6.5.5.1 用户安全登录的实现

为了强化业务系统、电子档案管理系统的登录安全，方案采用数字证书强身份认证的方式，对每个登录业务系统、电子档案管理系统的用户都进行严格的身份审查。具体的做法如下：为电子档案管理系统的每个用户签发一张证书，用于代表个人在应用系统上的身份证明。业务系统、电子档案管理系统绑定所有系统用户的证书标识。电子认证平台配置业务系统、电子档案系统工作人员的数字证书，对用户的数字证书进行统一的管理。业务系统、电子档案管理系统开发商结合 CA 机构安全中间件及产品进行应用登录安全集成。集成后，系统用户每次登录业务系统、电子档案管理系统都继续经过电子认证平台的认证，确认身份无误才可登录，从而实现登录的强身份认证。

强身份认证主要是要求在用户应用系统登录时，应用系统不再判断用户身份是否法，而改由电子认证平台来判断。在电子认证平台中承担标识用户身份的设备是 USBkey(数字证书)，承担用户身份鉴定功能的设备是电子认证设备。(如图 6-21 所示)

此外，还可采用数字证书+统一认证系统的安全登录方式，实现用户单点登录和身份认证，解决方案如下：

①用户以数字证书登录门户系统并访问应用系统，避免传统“账号+密码”方式登录的安全隐患，实现用户身份安全认证。

②采用数字证书方式登录，有以下突出优点：首先是双因子身份认证，即用户既要拥有存有证书的电子密钥，又要有电子密钥的保护密码才能使用；其次，用户使用证书作为唯一身份认证标识，具有不可仿冒的安全保障；最后，整个登录过程采用网络身份管理系统的身份认证，保障登录信息安全性。同时，CA 认证提供网上证书吊销列表下载和实时的证书状态查询服务，满足应用系统随时查验证书状态有效性需求。

6.5.5.2　时间戳服务的实现

时间戳提供者(TSA)也可以理解为一个在线的时间戳服务(如一个 URL 地址，有些还需要账号和密码)。调用者在电子签名时把签名数据发送给时间戳服务器，时间戳服务器使用它的私有密钥对数据进行签名，把哈希值和验证信息返回给调用者。

建设项目中，对各种工程资料及档案的签名都有严格的时间要求，

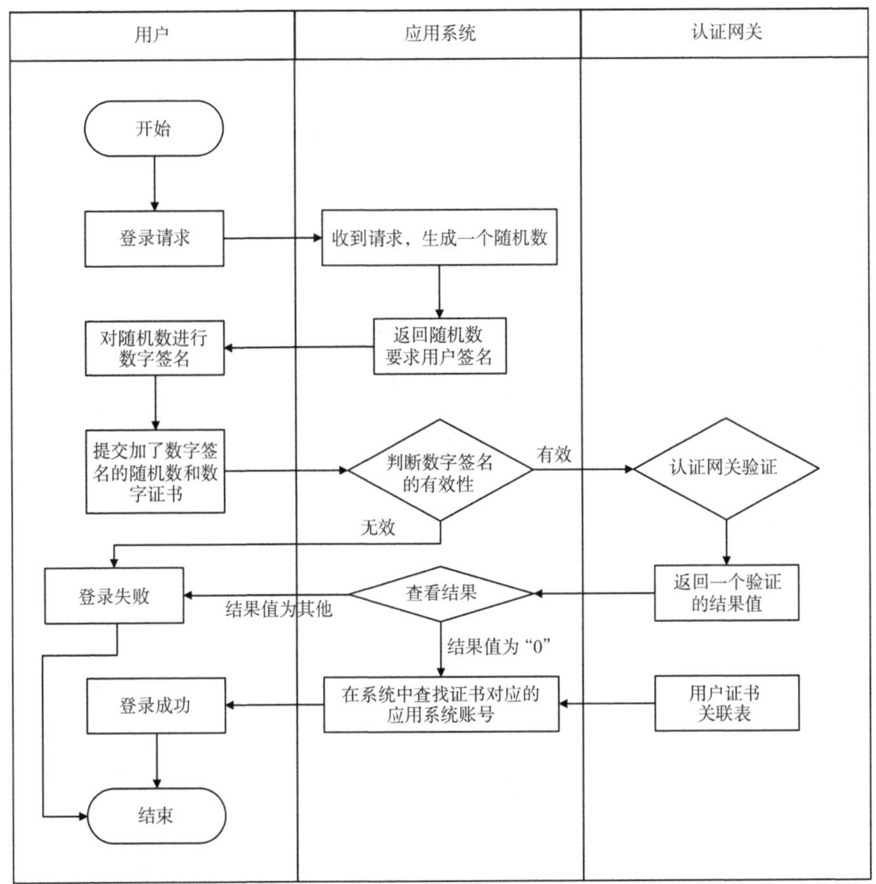

图 6-21　数字证书强身份认证过程图

电子档案系统通过调用时间戳接口，可在 PDF 文档的每个签名的基础上，再对文档加盖时间戳。时间戳服务为用户提供时间戳访问接口模块，用于部署在应用系统中，实现在签名信息中获取数字时间戳。时间戳服务在电子档案系统中有两种调用模式：一是通过 PDF 文档的时间戳接口，直接连接时间戳服务中心，获取可信时间戳并写入 PDF 文档中。二是通过安全中间件调用时间戳接口，在电子签名的同时加盖时间戳，连接时间戳服务器，通过时间戳服务器获取 GPS 原子钟的可信标准时间，并以时间戳服务器的证书对该标准时间进行电子签名，返回时间戳结果。这种调用方式适用于电子档案系统内部各种流程。

6.5.5.3　电子签名的实现

电子认证平台为业务系统、电子档案管理系统提供合法的电子签名，保障电子档案的真实性、不可抵赖性、可追溯性和防篡改性。

系统电子签名具体实现过程如下：用户登录业务系统、电子档案系统后，进行需签文件的编制。编制完成后，利用电子认证平台提供的电子签名技术，对文件进行电子签名。编制者将编制完成的文件提交到业务系统、电子档案管理系统，若需要领导者、管理者进行进一步批复或审阅的，则将文件提交业务流程的审批环节。审批者在审批后，对文件进行电子签名，保障了文件批复的真实性、不可抵赖性。然后文件再进入下一环节。该过程保障了电子文件在各个流转环节的可追溯性。（如图6-22 所示）

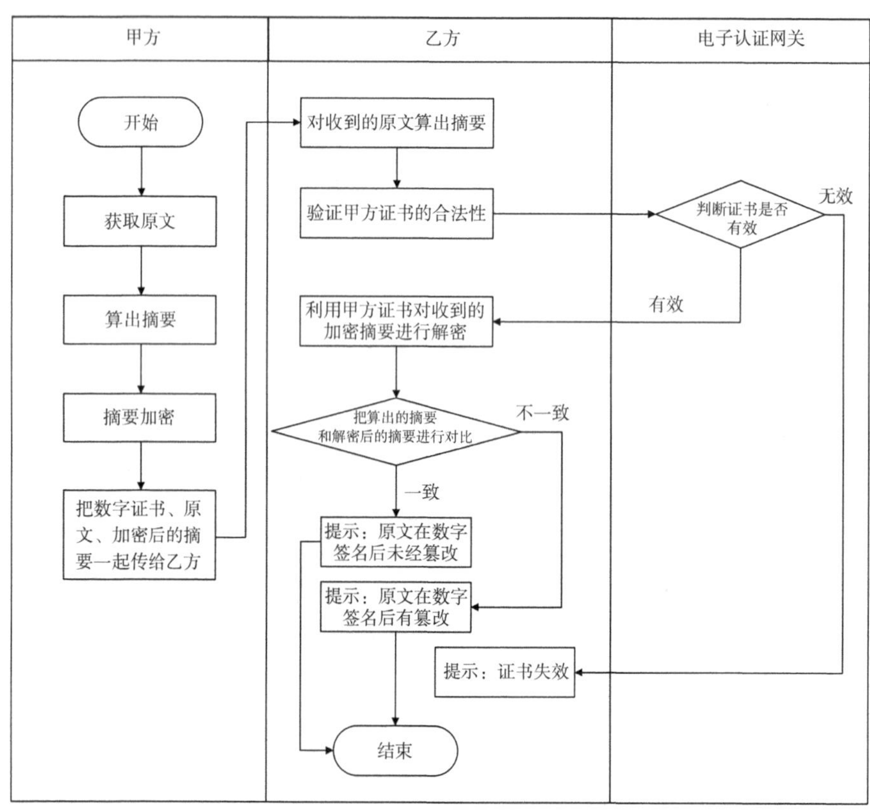

图 6-22　签名与验证流程

在电子文件、电子档案的流转环节，各经手人都进行电子签名，同时也对上一流转环节的电子签名进行验证，确保电子签名的安全连续性。此过程中需要业务系统、电子档案管理系统的开发商进行电子签名和验证的集成开发。

用户用代表其身份的数字证书对在应用系统上提交的资料、文件和数据等进行电子签名，实现网上操作和信息内容的防止篡改、不可抵赖，增强电子政务信息服务的信息安全。

用户可查阅验证经签名的电子文件等信息数据是否真实有效，并用代表其身份的数字证书对系统上提交、流转的资料、文件和数据等相关信息进行审批处理，进行电子签名，从而使信息内容具有法律效力；有合法授权的管理人员可对加密数据进行解密阅读，实现安全有效的电子档案流转交换。

6.6 建设项目电子档案系统构建中的业务系统构建

6.6.1 业务系统建设现状及特点

建设项目电子档案系统构建中的业务系统是指在建设项目生命周期中基于工程管理的需求而建设并同步形成电子文件的系统，工程管理过程中使用很多不同功能特点的业务系统，鉴于篇幅问题本书不展开具体介绍，仅以“电子文件形成规范化、标准化及其对工程管理本身带来的益处”作为主线介绍业务系统构建方式。

在建设项目电子档案系统中，需要关注一个重要问题：如何将工程管理应用软件系统分为业务系统与电子档案管理系统，并确保在关注电子文件与电子档案的同时，不忽略或轻视建设项目中各业务系统的复杂性和重要性？

档案管理者和工程管理者都应该相互认识到各自系统的重要性。如果档案管理者忽视了工程管理系统的复杂性和重要性，那么工程管理者也可能会对档案管理的复杂性和重要性产生轻视。钱毅认为，电子文件的专业性不强是造成该环节单轨制难以真正推行的原因之一。[①] 这种情况显然不符合信息时代多方协同发展的需求。因此，在电子档案管理过程中，需要高度重视各业务系统的复杂性和重要性。

本书始终强调建设项目电子档案系统中业务系统的作用。从档案管理的角度来看，业务系统的核心功能是形成标准化的电子文件以便进行归档管理。然而，业务系统的功能并不仅限于此。在实际操作中，应关注业务系统在项目中的其他重要作用，如协同管理、流程控制、数据挖掘等。这些功能与电子档案管理密切相关，共同推动项目顺利进行。

需要注意的是，不能将形成电子文件的功能与业务系统本身的功能分割开来。在实际操作中，有些决策者可能会选择重新创建一个与业务系统和电子档案管理系统相互独立的"电子文件系统"。然而，这种做法在逻辑上并不合理，因为它将业务管理和档案管理割裂开来，导致信息孤岛的出现。相反，应该探索一种更为合理的实现方式，即在业务管理与档案管理之间建立一个过渡带。钱毅等认为，根据数据体专业化、关联化的趋势，针对性加强细分场景研究和关联管理，积累自主学习与智能重现的理论与技术，未来数据体档案的再现，绝不是单纯打印或简单调取就能实现的。需要建立与档案对象管理空间匹配的思考方式，构建对应的管理环境，创建适当的技术工具。[②] 这个"电子文件系统"可以作为业务系统和电子档案管理系统之间的桥梁，实现数据的顺畅流通和信息的共享。这样一来，企业不仅能更好地管理电子文件和电子档案，还能充分利用业务系统中的各项功能，提高项目管理效率。

总之，在电子档案管理过程中，需要关注项目各业务系统的复杂性和重要性，确保业务系统与电子档案管理系统之间的顺畅对接。同时，要避免将形成电子文件的功能与业务系统本身的功能分割开来，而要寻求业务管理与档案管理之间的一种过渡方式。这样，才能更好地满足信息时代多方协同发展的需求，推动项目的顺利进行。

---

① 钱毅. 电子文件"单套制"管理相关概念的辨析与思考[J]. 档案学通讯，2017(4)：8-13.

② 钱毅，崔浩男. 基于证用价值导向的通用档案信息系统体系架构研究[J]. 档案学研究，2021(4)：10-16.

在建设项目中，有超过七成的项目档案是质量管理相关的文件。这些文件包括施工记录、试验检测、验收评定和监理表格等，由施工单位和监理单位根据合同、设计文件、技术规范和质量标准等进行质量管理而形成。这些文件因其数量大、形成来源广、涉及责任者众多而控制难度大等特点，成为建设项目文件归档管理和工程验收检查过程中的主要控制环节和薄弱点。以此为例，将尝试说明建设项目质量管理中电子文件管理的复杂性及其对于项目档案管理的重要性。

6.6.1.1　**建设项目质量管理的现状**

目前建设项目质量管理文件在归档与验收检查中有以下几个比较突出的问题。

(1)数据准确性差，不容易检查发现

由于表格量多任务重，传统的手工计算受人主观因素、其他人代审或审核者敷衍审核等各种不确定因素影响，加上抽查时按比例检查，无法全面发现问题，因此传统做法已经不能够跟上项目管理的信息化要求。

(2)数据重复填写，活数据成死资料

由于工程的施工是按照工序或流程进行的，这就使得各个部门之间的表格数据存在重复利用，如果不能够方便地把表格中重复的数据关联起来，那么这些重复的数据就变成填表人的一种负担。

(3)归档不同步，为了存档而归档

工程实践中，施工文件编制多严重滞后于工程实际进度，没有做到同步编制归档，文件的真实性难以保证。后期收集归档很容易会发现资料遗漏，资料后补的情况时常发生。

(4)管理效果打折，文件利用价值低

由于质量管理文件收集整理的工作量较大，各参建单位的人力投入相对不足，造成质量文件和施工进度不同步的现象，致使“施工自检—工程报验—监理复检—质量认可”的质量管理流程失去意义。资料整理的滞后势必又导致工程质量评定工作的进一步滞后，质量评定的二次填表与计算也增加了评定工作中的错误，质量评定的滞后反过来又影响了建设单位对施工质量进行及时的监控。

6.6.1.2 建设项目质量管理系统的要求与特点

根据建设项目的实际，结合国家对工程文件的形成和归档控制要求，业务系统应该满足如下几方面的功能要求：①完整的试验检测管理；②有效的施工记录管理；③全面的质量检验管理；④严格的质量评定管理；⑤快速的质量追溯分析；⑥强大的台账管理；⑦规范的档案资料管理。

在建设项目质量管理的背景下，业务系统有以下几个方面的特点：①质量表格以工序或流程的相关关系，对表格数据进行相互关联，从而实现表格间数据的重复利用；②提供基于质量管理链的材料追溯体系，实现质量事故的可追溯，消除质量隐患；③对质量数据进行结构化的分解、组合、重组，形成精细化的汇总信息，提供决策支持和知识发现；④基于工作分解结构(WBS)的项目信息管理，对各种构造物实现组件化管理；⑤基于工作流方式的审核签名机制，网络化和自动化是其最大特点；⑥基于数据加密传输方式和用户操作的详细日志以及严格的用户权限控制等一起构建起系统的安全机制；⑦自动根据相关规范规程进行计算和画图以及汇总评定；⑧实现过程质量控制与竣工资料编制工作同步，为今后养护管理提供真实、准确、详尽的一手资料。

在建设项目中，质量管理所需的软件系统与建设项目的电子档案系统密切相关。因此，在开发建设业务系统时，需要重视电子文件路径相关的功能闭环，同时也应该注重满足工程管理实际业务需求，并将两者有机地融合起来。

6.6.2 业务系统的主要功能

建设项目应用多个业务系统，各个业务系统针对专业的工程管理场景，在此基础上，为了满足建设项目电子文件归档与电子档案管理的需求，形成电子文件以供归档及后续管理，这些业务系统具备以下功能：

(1)结构化表格模板库

建设项目业务系统内配置数千张表格模板，每一张表格模板内的数据项被结构化拆分，数据项与关系型数据库联动，并配置各类计算规则。每一张表格模板相当于适用于不同场景的数据柜，不同的数据项被设定在相应的位置，以供数据定向采集与流动。

(2)分步分类表格填报

建设项目业务系统内根据建设流程配置表格填报的程序，以质量表格为例(如图6-23、图6-24所示)，以分项工程为基本单位填报，不同的填报人根据各自的工作内容，在系统中选择对应的分项工程下对应的表格填报相应的数据。物联网设备数据采集同理，多端共同形成与维护结构化数据。

(3)表格数据互联互通

建设项目业务系统内表格数据互联互通，以质量表格为例，上一个工序已填报的数据可以被下一个工序引用，并依次进一步被引用于分项工程、分部工程、单项工程、单位工程评定表中。

(4)分步分类材料审核

建设项目业务系统内文件材料按规定流程配置审核程序，以质量表格为例，测量、施工、质检、监理等相关责任人按法定要求依次确认材料内容。

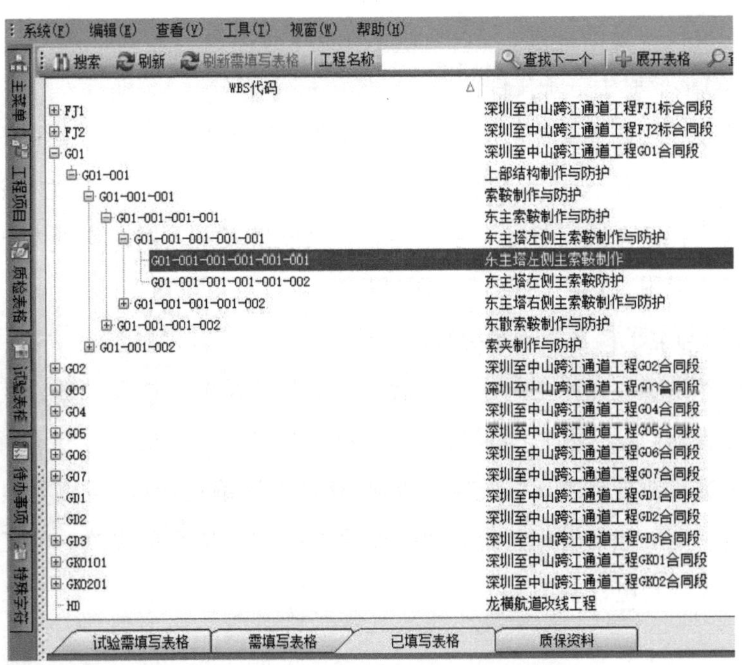

图6-23 质量表格模板分类及数量示意图

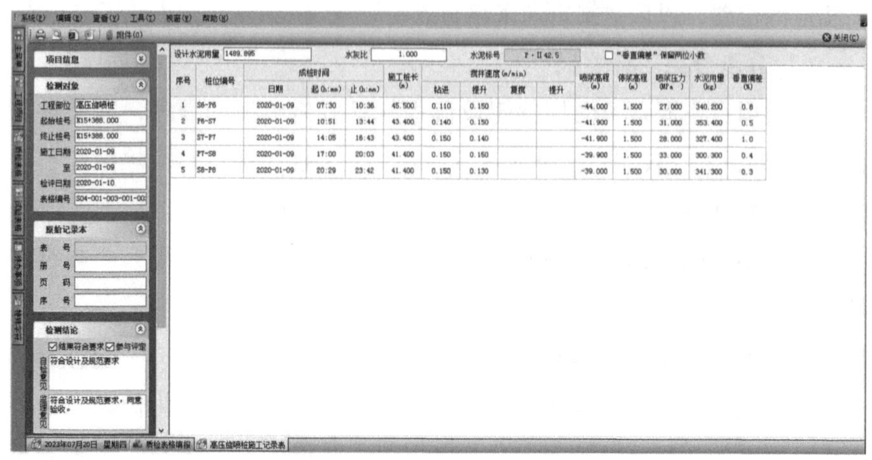

设计水泥用量 1489.895　水灰比 1.000　水泥标号 P·II 42.5　"垂直偏差"保留两位小数

序号	桩位编号	成桩时间			施工桩长(m)	搅拌速度(m/min)				喷浆高程(m)	停浆高程(m)	喷浆压力(MPa)	水泥用量(kg)	垂直偏差(%)
		日期	起(h:mm)	止(h:mm)		钻进	提升	复搅	提升					
1	S6-P6	2020-01-09	07:30	10:36	45.500	0.110	0.150			-44.000	1.500	27.000	340.200	0.8
2	P6-S7	2020-01-09	10:51	13:44	43.400	0.140	0.150			-41.900	1.500	31.000	353.400	0.5
3	S7-P7	2020-01-09	14:05	16:43	43.400	0.150	0.140			-41.900	1.500	28.000	327.400	1.0
4	P7-S8	2020-01-09	17:00	20:03	41.400	0.150	0.150			-39.900	1.500	33.000	300.300	0.4
5	S8-P8	2020-01-09	20:29	23:42	41.400	0.150	0.130			-39.000	1.500	30.000	341.300	0.3

图 6-24　质量表格填报示意图

(5)流程节点电子签名

建设项目业务系统内审核程序配套 CA 电子签名，以质量表格为例，测量、施工、质检、监理等相关责任人按法定要求依次确认材料内容的同时签署存证，只有上一个步骤签署后才会流转到下一个步骤，进行进一步的审核和签署，满足建设项目流程审核的要求。

(6)形成原生电子文件

建设项目业务系统形成原生电子文件，这里的原生电子文件是指文件配套相应责任人员电子签名，具备凭证性，是具有法律效力的原件，无须为了存证再进行打印及手工签名。以质量表格为例，其原生电子文件格式为应用 CA 电子签名的 PDF 格式。

(7)与电子档案管理系统数据对接

业务系统形成原生电子文件后，为了归档及电子档案管理，进行排序命名规则预设、元数据采集封装、数据接口搭设，从而与电子档案管理系统进行数据对接。系统通过提供 API(应用编程接口)可以与电子认证平台、电子档案管理系统有机地结合在一起，从而形成统一的工程管理与建设项目电子档案系统。

6.7 建设项目电子档案系统构建中的电子档案管理系统构建

6.7.1 电子档案管理系统的构建原则

电子档案管理系统设计应以“及时、开放式接收各信息系统电子档案资料，避免信息沉淀，降低运营风险；实现电子档案信息资源的收、管、用的建设思路，实现电子档案信息的闭环管理及一站式服务；提升单位电子档案管理水平和促进单位信息化进程”为依据，突出前端控制、全程管理和知识管理原则。

(1)前端控制原则

把电子档案的管理要求融入业务系统功能设计之中。

(2)全程管理原则

对电子档案形成、流转、利用、保管等每一环节实施过程进行监控，以便及时发现、纠正失误和不断调整管理策略。

(3)知识管理原则

通过对信息的整理、存储、利用和评价，形成闭环知识链管理模型，使得显性知识和隐性知识之间的转化和共享成为可能。

6.7.2 电子档案管理系统的主要功能

根据《电子档案管理系统通用功能要求》(GB/T 39784—2021)的要求，结合建设项目实际需求，电子档案管理系统应主要具备以下功能。

(1)电子档案接收

系统具备电子档案接收功能，支持在线和离线的批量接收与处理，并保存过程信息；对拟接收电子档案的数量、质量和规范性等进行检查，对不合格的进行标注；对检查合格的电子档案进行登记，支持电子档案数量的清点、内容和元数据有效性的验证，赋予电子档案唯一标识。

（2）电子档案整理

系统具备电子档案的聚合、分类与排序等功能，支持分类与排序的调整；形成电子档案目录，并与电子档案相关联；将电子档案转换为符合国家长期保存和利用要求的格式；维护电子档案各组成部分及相关数据之间、电子档案与电子档案之间的关联；保存入库处理过程记录。

（3）电子档案保存

系统具备对电子档案及其目录数据进行备份与恢复功能，设置备份与恢复策略，制作备份数据，对备份数据和介质进行登记、检测与管理，使用备份数据进行恢复处理，记录备份恢复过程信息；对电子档案存储状况的监控和警告功能，对存储介质不稳定、存储空间不足、电子档案非授权访问和系统响应超时等情况发出警告，跟踪和记录警告事项处理过程；对一定时间期限内的电子档案的接收、整理、保存、鉴定、利用等关键业务过程工作情况进行统计；在电子档案长期保存过程中对电子档案的真实性、完整性、可用性和安全性等进行库内质量巡检；保障电子档案不被非授权访问、修改或删除，完整准确记录长期保存过程中相关变动信息。

（4）电子档案利用

系统具备对电子档案进行多条件的模糊检索、精确检索、全文检索和递进检索等功能，支持跨全宗、跨门类检索，检索结果能够进行局部浏览和选择性输出；支持在线申请、在线审批、在线阅览、授权下载与打印等功能，并记录用户使用电子档案的意见和效果等信息；辅助档案编研；能利用登记功能，保存利用者信息，并采取技术手段确保利用过程中电子档案不被非法篡改。

（5）电子档案处置

系统具备按照电子档案的处置规则，建立和配置鉴定与处置条件、策略和流程，支持价值鉴定、开放鉴定等自动提醒功能；具备电子档案销毁管理功能，留存已销毁的电子档案的目录信息和销毁处理记录。

（6）电子档案统计

系统具备对电子档案数量与存储容量的统计功能，可按照档案的全宗、门类、文件格式、开放程度和年度等进行统计；内置常用电子档案工作统计报表模板，并能够按照输入条件生成统计结果。

(7)其他功能

根据电子档案接收、管理、保存和利用等业务活动要求及其所依赖的不同网络环境，分别建立电子档案库；能够管理符合国家、行业标准规定的多种门类、多种格式的电子档案；支持对传统载体档案进行辅助和集成管理，对档案数字复制件与电子档案的融合管理；提供电子档案数据库及其存储结构、功能模块、工作流程等的定义与配置功能；具备电子档案分类方案的定义与维护功能，支持电子档案类目结构的建立与修改、锁定与解锁、导入与导出等处理；具备电子档案元数据和目录数据的定义与维护功能，内置多种类电子档案的元数据方案；具备对系统管理员、网络管理员、安全管理员、档案管理员和档案利用者等用户进行管理的功能。

6.8 本章小结

本章深入探讨了在信息技术快速发展的背景下，如何构建一个高效、规范、安全的建设项目电子档案系统，围绕电子档案系统的构建目标、路径与结构、设计原则、关键技术、电子认证平台构建以及业务系统和电子档案管理系统构建等方面进行了全面阐述；明确了电子档案系统的主要目标，包括提高管理效率、保障数据质量与安全、提高信息共享程度。通过实现全流程信息化管理，电子档案系统显著提升了项目管理的质量和效益，同时确保了档案的安全和完整性；介绍了电子档案系统的构建路径与结构，强调了前端控制、全程管理、知识管理的重要性，并详细描述了电子认证平台、业务系统、电子档案管理系统三者之间的协同作用及其在逻辑模型中的相互关系；提出了实用性、安全性、可靠性、易操作性和开放性五个关键点，为电子档案系统的开发建设提供了指导性原则。

综上所述，通过明确目标、合理规划路径结构、遵循设计原则、掌握关键技术，以及构建安全可靠的电子认证平台和业务系统，可以有效提升档案管理的效率和质量，保障数据的安全和完整性，促进信息的共享和利用。

第 7 章 建设项目电子档案标准及系统运行机制

随着数字化进程的不断加速和信息化技术的不断完善，电子档案作为一种新兴的信息载体，在各行各业中得到了越来越广泛的应用。然而，电子档案的运行机制涉及多个方面，“长久保存”和“移交接收的信任机制”无疑是电子档案运行机制中最关键的两个方面。本章将以“CA 电子签名”等关键技术应用作为抓手，对如何保障电子档案长久保存和移交接收的信任机制展开分析论证，以期为电子档案的长期运行提供参考。

长久保存是电子档案运行机制中的核心问题，它不仅关系到电子档案的安全性，也是电子档案能否正常打开和阅读的前提。数字签名技术为电子档案长期保存提供了强有力的技术保障。

数字签名技术是利用公开密钥密码学技术来解决身份认证、文件完整性和不可否认性等问题的一种技术手段。电子档案保存在互联网上，被人窃取、篡改或者被修改都可能导致它们无效。而数字签名技术则可防止这种情况发生，因为它能够在数字证书中记录签名者的身份信息，保证文件的完整性，并且可以完成数字签名的验证，防止非法修改和无效文件的篡改。

数字签名技术在电子档案长期保存中的应用主要体现在以下几个方面：①身份认证。数字签名技术可以对签名者身份进行认证，保证签名的真实性和有效性。电子档案被数字签名后，即可通过验证签名者身份的方式来判断档案的合法性和可信度。②数据完整性。数字签名技术可保证电子档案的完整性，防止在传输过程中数据被篡改或丢失。任何对电子档案内容的篡改都会对数字签名产生影响，从而失去签名的效力。③不可否认性。数字签名技术可保证电子档案的不可否认性，防止对已经签名的文件进行否认。数字签名技术具有防止否认性，签名的文件具有法律效力。

电子档案在不同的部门、组织和个人之间需要进行交互和共享，因此，移交接收机制就显得尤为重要。信任机制可有效避免信息泄露和篡改现象的发生，在电子档案的移交接收过程中发挥了重要的作用。信任机制是指在信息交换和共享过程中建立信任的桥梁，确保各个部门之间的信息交换和共享的安全性和实用性，以提高电子档案信息移交的效率和质量。信任机制一方面解决数据共享和交换中的认证问题，另一方面还能解决数据访问控制和数据安全问题。

信任机制在电子档案移交接收过程中的应用主要体现在以下几个方面：①身份认证和授权。信任机制可以在数据交互和共享过程中完成身份的认证和授权工作，防止未经授权的人员访问和使用电子档案数据资源，确保数据的安全和保密性。②数据准确性和完整性的验证。信任机制可以通过摘要信息或哈希值来验证数据的准确性和完整性，即在数据访问的时候验证数据的正确性和完整性，防止移交接收过程中数据被篡改或者其他原因导致数据的不准确和不完整。③委托管理机制。通过向被授权单位转移一定的管理职责和部分责任，以彻底实现电子档案在所有阶段的管理工作，提高电子档案管理的质量和效率。

综上，数字签名技术是电子档案长久保存的技术保障，它可以保证电子档案的身份认证、数据完整性和不可否认性。信任机制是电子档案移交接收过程中的核心问题，通过建立信任桥梁，保证数据的安全和保密性，提高数据共享的效率和质量。在实践中应当根据具体情况进行组合运用，才能更好地处理电子档案的长久保存和移交接收问题。

7.1 数字签名技术在电子档案长久保存中的应用

钱毅等认为，长期保存中的长期是指虑及技术变化和用户群体变化对典藏信息影响的足够长的时间段，这个时间段延伸到无限未来。[①] 保管研究普遍经历了从技术攻关到管理策略的反馈路径。[②] 在实际应用过程中，该如何保障档案在长久保存的过程中的可靠性，有两个关键问题需要进一步研究论证：一是如何使用电子签名技术（或其他封装技术）保障电子档案法律凭证性？学者黄世喆认为，电子文件凭证性及凭证价值保

① 钱毅，李雪彤.《版式电子文件长期保存格式需求》（DA/T 47-2009）解读[J]. 北京档案，2021（5）：19-22.

② 钱毅.《电子文件管理系统通用功能要求》（GB/T 29194）解读[J]. 北京档案，2018（6）：23-28.

障的关键在于保障电子文件的真实性、完整性和可靠性，其中真实性又取决于完整性和可靠性。[1] 二是主要使用什么电子文件格式(或其他固化技术)保障文件的长期稳定性？本节基于“电子档案长久保存中数字签名技术应用的研究”(2016 年国家档案局科技项目，编号 2016-X-46)，呈现以数字签名技术为主的综合技术应用如何在电子档案长久保存过程中发挥重要作用。研究分析了影响电子档案长效保存的相关因素，提出电子档案长效保存技术架构。引入数字签名技术解决制约电子档案长效保存的若干问题。从技术、制度、法理三层面进行研究分析，论证档案电子签名 ES-A(带归档验证数据的电子签名)可应用于保障电子档案长久保存的可行性，研究电子文件中数字签名的管理方法，以及论证电子档案长久保存应用了数字签名技术后，与第三方电子认证服务机构的非关联性。

7.1.1 基于电子签名技术的电子档案法律凭证性

传统纸质档案，其字体、字迹、图像、印章等清晰可见，内容真伪易于判别，其证据作用和法律效力普遍被认可。但是电子档案在证据作用和法律认可方面存在多种障碍。学者黄世喆认为，应坚持理论联系实际的观点，不仅强调从理论上构建电子文件信息演进流程视角下的电子文件凭证价值保障管理模型，而且要注重选择典型的应用场景以便于使现有模型具象化和范例化。[2] 为解决电子档案签名的合法性问题，必须首先建立电子档案签名合法性的法律基础，并明确其依据。为建设项目电子档案系统的在线电子认证平台提供法理基础。

7.1.1.1 电子档案法律认可的主要障碍

电子档案难以获得法律认可的障碍主要在于其存在原始性、真实性、完整性、安全性等方面的问题。

电子档案的原始性不易于判断和确认。传统纸质档案的原始性不仅

① 钱毅. 反思、转换与建构：《电子文件凭证价值保障问题研究》评析[J]. 山西档案，2021(1)：181-186.

② 钱毅. 反思、转换与建构：《电子文件凭证价值保障问题研究》评析[J]. 山西档案，2021(1)：181-186.

可以通过其内容还可以通过其载体、形式表现出来，人们可以通过字体、印迹甚至字迹、纸张制成材料对其原始性加以分析判断，而电子形式生成的虚拟态档案，已完全没有了这种“原始状态”，其生成时的状态与传输、接收中的状态完全一致，可以说既是原始的又是复制的。

电子档案极易失真。如在纸质档案转化为电子档案的操作过程稍有失误就可能导致档案信息失实。电子档案的真实性问题伴随其生命的始终，维护其真实性是一个不间断的过程，信息内容“出错”的概率远高于传统档案；电子档案可以被原样复制，也可以不留痕迹地被篡改。

电子档案内容的完整性很难保障。电子档案处于流动状态，如不及时捕获，可能会导致信息丢失；电子档案结构复杂，储存方式多样，容易造成信息缺损；电子档案的背景信息伴随其处理过程而不断累加，而且形式多样、存储分散，极易丢失。

电子档案数据的易更改性为非法操作提供了便利，“黑客”攻击以及用户根据利益需求而任意取舍甚至篡改信息，都会直接损害电子档案的安全。

7.1.1.2　适于解决电子档案法律效力问题的法律依据

基于上述原因，电子档案的可靠性及法律地位一直为人们所怀疑。解决上述问题并排除电子档案管理及其法律认可方面的障碍是关键。多年来，我国档案界在电子档案的法律认可问题上不懈努力，提出了一系列对策措施，如通过建立健全严格的制度，形成严格的程序化管理机制；采取多样化的专门技术措施，从技术上保障电子文件的真实性、完整性和安全性；通过鉴定手段对电子文件实施检测、甄别；重视对元数据管理的研究，并不断揭示了元数据管理在实现电子文件、电子档案证据作用方面的重要意义等。这些努力对提升电子档案的可靠性和证据效力起到了很好的推动作用，但只是提供了一种技术原理和操作的可能性。由于电子档案的法律效力源于法律依据，在过去较长时间里，我国的法律法规对电子档案的效力问题无明确规定。而《中华人民共和国电子签名法》为解决电子档案的法律效力问题提供了有效的法律依据，该法适于解决电子档案的法律认可问题，具体理由如下：

“功能等同”原理和条件赋予了电子档案以原始性、真实性。档案文件的原始、真实是其法律地位的基础。传统的纸质文本，其真实性及效力来源于原件的特定形态和法律规定。由于生成方式、表现形式等的巨大差异，电子文本不会具有传统意义上的原件和原始性特点。联合国国际贸易法委员会在制定电子商务、电子签名的示范法时，创设了“功能等同”的方法，简单而实用地解决了电子文件的一系列复杂问题。“功能等同”法立足分析传统书面文本的目的和作用，抽象出功能标准，研究并确定通过电子技术手段达到这些目的、作用的方法以及达到同样功能所应具备的相应条件，并对与此符合的数据电文予以法律认可。如关于“书面形式”和“原件”问题，传统书面文本原件的意义在于初次附着于纸质媒介上并在以后未经改变的信息，其功能就在于可以长久地保存并供日后调取查用。《中华人民共和国电子签名法》则按照“功能等同”的方法规定，电子档案如果“可以调取以备日后查用”，即具有法定的书面形式的效力。这些电子档案如果能够可靠地保证所载信息自首次以最终形式生成时起，始终保持了完整、未作改变，即具有法定的原件效力。由此可见，按照《中华人民共和国电子签名法》通用的“功能等同”原理，电子档案只要符合规定的条件，就具备了原始性、真实性及其相应的法律效力。

我国电子签名法对电子文档对应传统文本功能作用所应达到的条件作了明确规定，只要符合下列条件，即被予以法律认可：能够有效地表现所载内容，并可以随时调取查用的电子文档，视为法定的书面形式；能够有效地表现所载内容、可以随时调取查用，并且能够可靠地保证自最终形成时起，内容保持完整、未被更改的电子文档，视为法定的原件形式。除了具备上述条件外，同时符合以下因素的电子文档即被认为具有法定证据的真实性：生成、储存或者传递电子文档的方法可靠；保持内容完整性的方法可靠；用以鉴别发件人的方法可靠。

电子签名的要求和技术保障了电子档案的完整性和安全性。传统的签名是为了证明签名者的身份，表明其对所签名的书面文本内容的认可。比照传统签名的功能，依据我国电子签名法的规定，电子签名必须是在电子文档中所附的“用于识别签名者身份和表明签名者认可该数据电文内容”的电子数据，并且签名生成的数据只为签名者专有和控制，签名后对签名数据及签名认可的特定数据电文的内容和形式的任何变动都能被发现。

“可靠、合法”的电子签名以排除电子文件非安全因素为前提，提供了一种“安全锁定”的机制，即一经电子签名认可，数据电文的内容和形式就不可改动，若有更改则会被发现。如果达不到这一要求，就不是可靠的电子签名。显然，电子签名完全可以成为防止电子档案被非法攻击、篡改的安全机制。数据电文一经签名即被锁定，无论在存储或传输中发生任何伪造、更改或破坏都会被有效发现，从而确保了数据电文的真实、完整和安全。

《中华人民共和国电子签名法》为电子档案的应用提供了直接的法律依据。《中华人民共和国电子签名法》具有很广的适用范围，基本能适用电子档案法律认可的需要。首先，《中华人民共和国电子签名法》除了对涉及特定人身关系、不动产权益转让、公共事业停止服务文书以及法律法规明确不适用电子文件的其他情形等很小范围作了限制性规定外，对各种社会组织团体日常活动中生成的各类电子签名的电子文档的法律地位进行了全面认可，规定“当事人约定使用电子签名、数据电文的文书，不得仅因为其采用电子签名、数据电文的形式而否认其法律效力”。事实上档案内容所反映的活动主体大多属于民事主体，因而从法理看，《中华人民共和国电子签名法》的适用范围对档案管理具有很大的覆盖性。其次，《中华人民共和国电子签名法》所称的数据电文，“是指以电子、光学、磁或者类似手段生成、发送、接收或者储存的信息”。电子文件、电子档案的生成方式、介质特点和信息属性与“数据电文”无差别，应为法定的“数据电文”所包含，完全属于《中华人民共和国电子签名法》的适用范围。最后，《中华人民共和国电子签名法》授权“国务院或者国务院规定的部门可以依据本法制定政务活动和其他社会活动中使用电子签名、数据电文的具体办法”，这为该法适用范围的拓展预留了空间。《中华人民共和国电子签名法》已经适用政务及其他社会活动，只是需要进一步制定具体实施办法。因此，《中华人民共和国电子签名法》同样适于政府机关的档案事务，为解决政府机关档案信息化和电子政务中电子档案的法律效力提供法律凭证。

《中华人民共和国电子签名法》作为一种法律规范，为解决基于电子签名技术的电子档案的法律问题并提出了相应的法律要件和需求，而满足这些条件则属于技术问题。因此，《中华人民共和国电子签名法》的实施以大量有效的技术支持为前提，这一系列配套技术与方法正是研究攻关的关键。其中采用跨媒体开放文件格式保证电子档案长期存取是突破创新。

7.1.2　版式文件格式在电子档案长期保存中的应用

电子文件的长期保存格式一直是数字档案馆在进行数字资源保护时需要面对的极其重要的问题。钱毅等认为，长期保存是指用一种可靠的、科学合理的方式长期维护电子文件真实、完整、有效的行为。可读是版式文件长期保存的基本要求，可解析乃至可理解就需要在格式规范中对文本的内容组织提供必要的手段。[①]

本书主要讨论 PDF 格式的版式文件。在 2005 年，Adobe 将 PDF/A 标准化为国际标准（ISO 19005—1：2005），使其成为首个适用于长期保存的电子文件格式。虽然 PDF 在此之前已经被广泛使用，并非仅限于 Adobe。PDF/A-1 是基于 PDF1.4 版本，但并未包括 PDF1.4 的全部功能，而是对部分功能进行了限制和禁止，以确保文件的可靠性和可保存性。

2008 年 1 月，Adobe 进一步将 PDF 格式的原始规范提交给国际标准化组织 ISO，并成立了独立于 Adobe 的技术委员会，负责 PDF 标准的维护和更新。这使得 PDF 完全成为一个公开的标准（ISO 32000-1 Document management—Portable document format—Part 1：PDF1.7）。

2011 年 7 月，国际标准化组织公布了最新的 PDF/A-2 标准（ISO 19005—2：2011）。PDF/A-2 相对于 PDF/A-1 做了一些改进和增强，比如允许嵌入其他文件格式（如 XML 和音频文件）等。

---

① 钱毅，李雪彤.《版式电子文件长期保存格式需求》(DA/T 47—2009)解读[J]. 北京档案，2021(5)：19-22.

从2011年至今，国际标准化组织已经发布了很多PDF/A标准，包括PDF/A-2(ISO 19005—2：2011)、PDF/A-3(ISO 19005—3：2012)和PDF/A-4(ISO 19005—4：2020)。这些标准不断进行改进和扩展，以满足日益增长的数字文档管理需求。

7.1.2.1 标准化电子文件格式是电子文件长期保存的重要途径

电子形式的文件除了具有一般纸质文件的属性外，还具有计算机文件的属性。在计算机中，电子文件是计算机系统永久保存信息的一种基本形式。各类由计算机程序处理产生的信息，必须以一定的文件格式保存起来，才能便于以后的利用和修改。而由于计算机程序众多，不同的计算机公司开发了不同的文件格式用于保存其程序处理所产生的信息，而不同的文件格式往往以扩展名(.EXTname)来进行区分。从某种意义上看，保存电子文件实际上就是保存计算机文件，保证其在形成之后的长期利用中是可靠的、可读的。

不同计算机程序或系统，造成了文件格式的多样性。钱毅等认为，站在档案行业管理的高度，秉持可持续管理的理念，对数字档案资源长期保存的基本需求进行抽象、归纳和总结是可贵的。[①] 程序不断更新，新的文件格式不断产生，旧的文件格式逐渐被淘汰，但阅读旧格式文件仍然需要旧程序的支持，因此，在对电子文件进行长期保存时会面临众多问题。对于这些问题，档案界采取了仿真、数据迁移等方法，但这些方法都存在一定的缺陷，且成本高、技术和管理复杂。因此，电子文件格式的标准化、统一化就成为电子文件长期保存的一个重要途径。

7.1.2.2 标准化电子文件格式更符合电子文件归档管理

电子文件格式的标准化，主要通过两种方式来实现，一是在文件生成时采用开放的、标准的格式，而非专有格式，例如ODF、OOXML、UOF等格式；二是在电子文件归档时，将文件格式转换为标准格式，如PDF/A，即是为了解决各类版式电子文档长期保存问题而形成的标准文档格式。由于第一种方式需要改变人们在日常工作中的操作习惯(如大多

① 钱毅，李雪彤.《版式电子文件长期保存格式需求》(DA/T 47—2009)解读[J]. 北京档案，2021(5)：19-22.

数工作人员已经习惯使用 DOC 格式或 WPS 格式），让其放弃一种已经熟悉的软件和文件格式，转而使用另外一种陌生的文件格式，阻力较大。而第二种方式则不同，因为不论在工作时使用何种文件格式，在电子文档需要长期保存时，都可转换为一种或几种统一的适用的文件格式，电子文件的管理部门只需要对这些用于长期保存的格式进行维护就可以了。相对于第一种方式，第二种方式更加符合人们的工作需要以及档案管理的要求。

7.1.2.3 电子档案长期保存的归档格式要求

由于需要长期保存，转换后的电子文件归档格式必须是标准化的、符合长期保存要求的格式。那么哪种电子文件归档格式符合长期保存要求？2009 年 12 月 16 日，国家档案局发布的档案行业标准《版式电子文件长期保存格式需求》(DA/T 47—2009)为电子档案长期保存格式提供了范式要求。该标准规定版式电子文件长期保存格式应满足的需求为：①格式开放；②不绑定软硬件；③文件自包含；④格式自描述；⑤显示一致性；⑥持续可解释；⑦稳健；⑧可转换；⑨利于存储；⑩支持技术认证机制；⑪利于利用。在该标准公布之前，Adobe 公司已经认识到了文件格式的重要性，于 2005 年便推出了 PDF/A 格式，这一文件格式基本能满足以上这些需求。

PDF 由 Adobe 公司开发问世，PDF 文件基于 PostScript 页面描述语言，它可以跨平台、跨语言使用，无论在哪种打印机上都可实现精准打印，清晰地再现原稿的每一个字符、颜色及图像。Adobe 公司从一开始就为用户提供了免费的基于各种操作系统和不同语言版本的阅读器 Adobe Acrobat Reader。而其最主要的核心软件是 Acrobat，它用于创建 PDF 文档。PDF 跨语言、跨平台以及清晰再现原文档内容的特点，使得其在产生后，被迅速推广普及，最终成为网络上打印文件的标准格式。

Adobe 公司多次修正 PDF 规范并开发新的文档规格，以适应不断更新的 Acrobat 版本。目前 Adobe 公司已经研发出 9 个 PDF 版本(见下表)。

表 7-1　PDF 版本年代对照表

版本时间	PDF 版本	Acrobat 版本
1993 年	PDF1. 0	Acrobat 1. 0
1994 年	PDF1. 1	Acrobat 2. 0
1996 年	PDF1. 2	Acrobat 3. 0
2000 年	PDF1. 3	Acrobat 4. 0
2001 年	PDF1. 4	Acrobat 5. 0
2003 年	PDF1. 5	Acrobat 6. 0
2005 年	PDF1. 6	Acrobat 7. 0
2006 年	PDF1. 7	Acrobat 8. 0
2006 年	PDF1. 7	Acrobat 8. 2
2008 年	PDF1. 7	Adobe X3/Acrobat 9. 0
2009 年	PDF1. 7	Adobe X3/Acrobat 9. 1
2011 年	PDF2. 0	Adobe X3/Acrobat 10. 1

(1)PDF/A-1 格式

为扩大 PDF 的影响力，Adobe 公司从 2000 年开始积极参与国际标准化组织(ISO)的活动，迄今已经产生了多个基于 PDF 的国际文档管理标准。其中和电子档案管理最为相关的标准是 2005 年公布的 PDF/A，其对应的标准号为“ISO 19005—1：2005”，它是建立在 PDF1. 4 基础上的，也被称为 PDF/A-1。该标准是 Adobe 公司在研究电子文档长期保存需求的基础上，对 PDF 进行优化而形成的一种适合电子文件长期保存的文档格式。相对于传统的 PDF，PDF/A-1 具有以下特点：

①嵌入字体。PDF/A-1 要求所有的字体应嵌入到文档中，以保证文档在任何一台机器中都可以正确显示。但由于字体嵌入会增大文档所占用的磁盘空间，所以 PDF/A-1 不要求整个字体嵌入，而是允许使用字体子集的方式嵌入。

②设备独立性。PDF/A-1 规定必须使用设备独立颜色 sRGB(standard Red Green Blue)，它可获得多种设备和打印机支持，使 PDF 内容描述的颜色和文档输出时的颜色都具有明确的颜色描述，从而保证了文档的可

重现性。

③XMP 元数据。PDF/A-1 要求文档包含元数据信息，包括标题、作者、主题、关键字、创建工具、生产商、创建日期、修改日期等。XMP 即 Adobe 定义的扩展性元数据平台，其内部可包含标准元数据，如 IPTC、EXIF 等。

④禁用 LZW 压缩。LZW 有损压缩算法，且涉及版权问题，PDF/A-1 中禁止使用 LZW 压缩，转而用 ZIP 压缩替代。

⑤禁止外部内容关联。PDF/A-1 中严格禁止使用外部内容关联(如超级链接)，因为这些被引用的外部文件在经过一段时期之后存在失效的可能性，不利于电子文件的长期保存。

⑥禁止使用透明。由于在编制 PDF/A-1 时，Adobe 尚未实现清晰公式化透明算法，因此，PDF/A-1 禁止透明。

⑦禁止使用加密、图层、替代图像、嵌入 JavaScript 行为等。PDF/A-1 无法对文档进行加密保护；不支持图层功能；不能使用替代图像(指用分辨率较低的图像来替代原图像的显示，以缩短图像显示时间)；不支持嵌入的 JavaScript 和一些行为(Actions)(如打开一个电影文件或声音文件、发送一个表单等)。

(2)PDF/A-2 格式

2011 年 7 月，ISO 通过了新的标准，即 ISO 32000-2 Document management—Portable document format—Part2：PDF2.0(《文件管理可携式文件格式 第 2 部分：PDF2.0》)；同年 7 月，ISO 19005-2 公布，由此形成了 PDF/A-2。PDF/A-2 和 PDF/A-1 相比，主要有以下变化：

①PDF/A-1 是基于 PDF1.4 版本的，而 PDF/A-2 则不再基于一个特定的 PDF 版本，而是基于 ISO 32000。

②支持 JPEG 2000 压缩算法。JPEG 2000 压缩算法有利于彩色文档，如护照、地图、书籍、表单等的扫描。

③创建集合文件。PDF/A-2 允许用户创建集合(有时也被称为“组合”)文件，即将多个 PDF/A 文档合并成一个“容器 PDF 格式”文件(例如电子邮件的附件在归档时可转化为邮件正文的附件“集合”)。PDF/A-2

集合中的单个文件可以独立使用电子签名，单个文件被删除后，不会影响集合中其他文件电子签名的有效性。

④支持透明。PDF/A-2 支持透明，透明在表格的阴影显示、图像的淡入淡出、标记的高亮显示等方面有许多应用。

⑤可选内容(层)的支持。PDF/A-2 中支持可选层，如制图应用程序中形成的图形可根据需求显示或隐藏某个图层，用户手册可以把不同的语言放置到不同的图层，并根据用户的需求显示不同的语言。

⑥添加新的一致性级别 PDF/A-2u(“u”为 Unicode 的缩写)。PDF/A-2 统一使用 PDF/A-2u，方便了 Unicode 文本的搜索和复制。

⑦增加对象级 XMP 元数据规范。PDF/A-2 规定了自定义 XMP 元数据的要求。

⑧新增注释类型和注释的变化。一些新的评论类型添加到注释类型列表，同时，一些新的注释类型(如文本编辑评论)被 PDF/A-2 标准接受。

⑨数字签名规则的完善。虽然 PDF/A-1 已经允许数字签名，但 PDF/A-2 进一步完善了数字签名的规则，保证了数字签名的可操作性。

⑩支持嵌入 Open Type 字体。PDF/A-2 是对 PDF/A-1 的进一步完善，但 PDF/A-2 的发布并不是要取代 PDF/A-1，因为由 PDF/A-1 创建的文档已经是符合长期保存要求的 PDF/A 文档，如果一个机构认为 PDF/A-2 的某些特性对本机构有用，它可以将文档转存为 PDF/A-2 格式，倘若不需要，文档将被保存为 PDF/A-1 格式。

7.1.2.4 常见电子文件格式

《建设工程文件归档规范》(GB/T 50328—2019)由住建部在 2019 年发布，适用于建设工程文件的整理、归档，以及建设工程档案的验收与移交。规范对文件的范围和质量、立卷、归档、验收和移交提出了要求。工程电子文件归档格式如表 7-2 所示，文本(表格)文件格式特性对比如表 7-3 所示。

表 7-2　工程电子文件归档格式表

文件类别	格式
文本(表格)文件	OFD、DOC、XLS、XLSX、PDF/A、XML、TXT、RTF
图像文件	JPRG、TIFF
图形文件	DWG、PDF/A、SVG
视频文件	AVS、AVI、MPEG2、MPEG4
音频文件	AVS、WAV、AIF、MID、MP3
数据库文件	SQL、DDL、DBF、MDB、ORA
虚拟现实/3D 图像文件	WRL、3DS、VRML、X3D、IFC、RVT、DGN
地理信息数据文件	DXF、SHF、SDB

表 7-3　文本(表格)文件格式特性对比表

项目	可扩展性	跨平台性	数据管理	兼容性	稳定性	包含视频、3D模型等元素	支持数字签名	便于编辑	安全可靠性	通用性	易用性	多种文本样式	逻辑运算性
OFD	✓	✓	✓	×	✓	✓	✓	×	✓	×	×	✓	
PDF/A	✓	✓	×	✓	✓		✓	×	✓	✓	✓	✓	
DOC		×	×	✓	×	×		✓	×	✓	✓	✓	
RTF				✓	✓	×					✓	✓	
XLS		×	×	✓	×	×		✓	×	✓	✓		✓
XLSX			×	✓	✓	×		✓	×	✓	✓		✓
XML	✓	✓	✓	✓	✓	×				✓		×	
TXT	×	✓	✓	✓	✓	×		✓	×	✓	✓	×	

7.1.3　电子档案长效保存技术架构

目前我国档案管理工作采取纸质与电子双套、双轨的基本模式。电子文件归档管理与纸质档案紧密相关，甚至在一定程度上受到纸质档案管理工作的牵制。这种管理模式的出现源于当时信息技术发展尚处于起步阶段，对于电子文件的真实性、完整性认定方式未有专门的技术指标和操作规程，缺少确保电子文件真实性、完整性的技术手段，给电子档案管理工作带来了不确定性，只能局限于传统纸质档案的管理方式。随着电子档案普遍使用，双套、双轨冗余管理模式与高效电子档案应用的矛盾日益显著，尤其表现在电子档案的长久保存问题上。

过于烦琐的管理流程大大增加电子档案的管理成本，对于需要长久保存的档案，成本还会随保存时间不断上升。

电子档案的真实性验证鉴定流程复杂，需要查验大量的操作日志与纸质表单记录，导致电子档案失去了独立性，不利于长久保存工作的开展。

巨量的数据通过人手进行校对，大大增大疏漏的概率，为长久保存档案内容的校对鉴定埋下隐患。

虽然有相关管理方法为指导，但未能形成标准的真实性认定流程技术规范，为未来长久保存电子档案真实性认定工作带来不确定性。

为此，档案专家早已发现双套、双轨制的电子档案管理模式带来的问题，并针对性地提出研究课题。提出了需构建电子文件真实性、完整性验证系统，保证电子档案真实性、完整性。随着信息技术飞速发展，今天各种电子文件安全保障技术不断更新迭代，认证电子文件真实性、完整性的技术方法已有多种可选方案。为了完善电子档案长久保存管理机制，保障档案管理工作有序开展，需要立足当下，对“真实性、完整性验证系统”进行优化，在此基础上设计“电子档案长效保存技术架构”，开拓确保电子文件真实性、完整性的新思路。

7.1.3.1　电子档案长效保存技术架构的提出

电子档案的长期有效性问题，实质上是电子文件长久保存中，如何保障其真实性、完整性的问题。以往是通过建立“电子文件完整性保障体系、真实性保障体系和安全性保障体系”以实现“电子档案长效保存”的技术架构，本文以此为理论基础，针对性地对电子文件原始性认定方法进行调整，目的在于提高电子文件真实性保证措施的长久有效性与可操作性。图 7-1 为电子档案长效保存技术新的架构示意图。

电子文件原始性保障体系	电子文件真实性保障体系	电子文件安全性保障体系
• 可靠原始性认定技术 • 原始性认定的法律支撑 • 长效可靠的认定机制 • 可靠的时点认定机制 • 可追溯的时间凭证链条	• 文件法定程序和手续真实性保证 • 可靠原始性认定技术 • 开发应用责任者竭力管理技术 • 建立电子文件为记录单元的日志信息	• 可靠硬件 • 可靠系统

图 7-1　电子档案长效保存技术新的架构示意图

电子档案长效保存技术新的架构由三大保障体系构成，分别为“电子文件原始性保障体系”“电子文件真实性保障体系”“电子文件安全性保障体系”。其继承了“电子文件和电子档案真实性、完整性保证及法律地位的认定”课题中，真实性、完整性验证系统的技术架构，对原架构进行了优化。新的架构中以电子文件原始性保障体系替换掉原有的电子文件完整性保障体系，维持文件真实性保障体系的原有模式，沿用了电子文件安全保障体系。

7.1.3.2　电子档案长效保存技术架构的内涵

(1)电子文件原始性保障体系

从法律层面看，电子文件的真实性是对原始性认定后的结论。对于电子档案的长久保存，确保电子文件原始性是长久保存工作的重要前提。在电子档案长效保存技术架构中，应用原始性保障体系来保证，保证电子文件在长久保存的过程中仍可验证其原始性。原始性的保障体系核心为电子文件原始性认定技术。体系要求电子档案长久保存过程中，能利用原始性认定技术验证电子文件的原始性。

①对于原始性认定技术的应用，必须以合法为前提，原始性认定技术必须是具有法律依据，该技术也必须经过多方论证确保其长久应用的可行性和可靠性。

②原始性认定技术需要提供可靠的时点认定机制，通过可靠时点印证电子档案长久保存历程。可靠的时点认证最终可重新构建成可追溯、可验证的可靠时间凭证链条，印证电子档案长久保存的可靠性。

(2)电子文件真实性保障体系

电子文件真实性保障体系包括以下四个方面：

①电子文件的法定程序和手续真实性保证：审定、批办、归档等办理过程控制和相关手续的流程管理。

②采用原始性认定技术确保电子文件的完整性。

③开发运用责任者(操作者)接力管理技术，保证对电子文件的处理过程不出现失控或中断。

④建立以电子文件为记录单元的日志信息，作为电子文件的档案，且隐秘保存(有权限的人方可打开)、不可删除，留待真实性鉴定时调用，或有其他需要时查考。

(3)电子文件安全性保障体系

通过可靠系统、可靠硬件建立电子文件安全性保障体系。包括以下四个方面：

①用经过安全认证的操作系统和数据库管理系统，确保系统层面的安全性。选择符合安全标准的硬件设备，如加密硬盘和安全芯片，以增强数据存储的物理和逻辑安全。

②实施数据加密措施，使用行业标准的加密算法，保护数据在存储和传输过程中的安全。执行细粒度的访问控制策略，包括多因素认证，确保只有授权用户才能访问电子档案。

③部署实时监控系统，监控电子档案的访问和操作，以便及时发现和响应安全事件。制定数据备份和灾难恢复计划，确保在发生数据丢失或损坏时能够迅速恢复电子档案。

④定期进行系统和硬件的安全更新和维护，修补安全漏洞，提高对新安全威胁的防御能力。定期进行安全审计，确保电子文件安全性保障体系符合法律、法规和行业标准，保持合规性。

7.1.3.3　以电子签名技术为档案原始性认定技术

数字签名技术的应用，目前在我国已经发展到比较成熟的阶段，围绕此展开的政策法规、管理办法和技术标准制定已比较完善。《中华人民共和国电子签名法》确立了电子签名的合法地位，而数字签名是电子签名的一种技术实现方式。可靠的数字签名可确保数据电文的真实性、完整性和不可否认性，因此常被用于虚拟身份确认、在线交易安全保障、电子合同签署等，具有较高安全要求的应用场景。基于此，数字签名技术亦可应用于确保电子档案真实、完整。但当数字签名应用于电子档案长久保存时需对其进行扩展，而档案电子签名(ES-A)是为扩展后的，具有长期认证能力的电子签名格式，适合用于保障电子文件长久有效。这种电子签名，除一般数字签名所具有的特性外，还具有可独立验证性以及长久有效性等特性。档案电子签名，在其产生时已嵌入了签名值验证与签名证书验证所依赖的验证数据，可脱机完成签名值与签名证书的有效性验证；其采用多重分时段加盖时间戳的时间认证模式，可以以此构造电子档案的可靠认证时间链条。然而实际情况中，电子档案真实性认定是一个复杂的过程，单凭档案电子签名难以全面地反映电子文件的真实性。因此，档案电子签名适用于电子文件原始性保障体系，作为其中的“可靠原始性认定技术”，解决电子档案的原始性、完整性保证问题。

以下将对档案电子签名的技术实现展开研究，由介绍数字签名原理开始，分析普通数字签名应用于档案长久保存中所存在的技术问题，介绍档案电子签名是如何解决上述问题的，论证 ES-A 应用于档案长久保存的可行性。

7.1.4 电子签名技术在电子档案长效保存中的应用

7.1.4.1 应用数字签名保障电子文件的完整性

数字签名是一种类似写在纸上的手写签名的数字化签名方式，通过 PKI 技术和 CA 认证实现，可用于鉴别数字信息。进行数字签名时，签名者使用其私钥对签名的原文摘要信息进行加密，产生一段无法伪造的机密数据，签名验证者通过签名者提供的公钥对签名值和原文进行验证，以检验原文的完整性。

(1)数字签名的签名和验证流程

数字签名的签名和验证流程如图 7-2 所示。

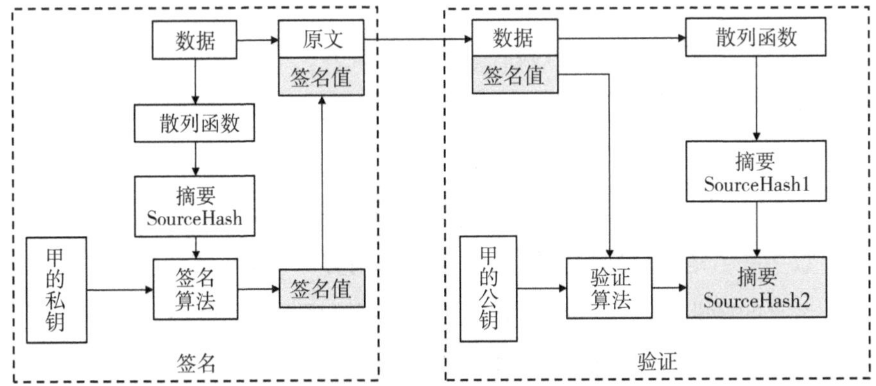

图 7-2　数字签名流程示意图

数字签名的签名流程：

①签名者使用由 CA 电子认证服务机构签发的数字证书进行签名。

②对签名原文数据进行散列运算，取得原文摘要值 SourceHash。

③使用签名者的私钥对 SourceHash 使用签名算法进行处理取得签名值。

④按照格式填充 SignedData 签名值，签名完成。

数字签名的验证流程：

①取得签名值和原文数据。

②使用相同的摘要算法，计算原文的摘要值 SourceHash1。

③使用签名者的公钥以验证算法对 SourceHash1 和签名值进行验证。

④验证通过则证明自签名时起原文数据未被修改。

⑤最后需要验证签名者的数字证书。若证书有效，则数字签名有效，签名者对此签名负有不可抵赖责任。

（2）数字签名中摘要值的作用

数字签名的签名过程，实质是应用私钥对原文数据摘要值（SourceHash）的加密处理过程。摘要值的产生不需要密钥，经过摘要算法加密的数据无法被还原，只有输入相同的原文数据经过相同摘要算法加密才能得到相同密文。摘要算法的使用可以减少运算资源消耗，以及规范数字签名流程。一方面，对于原文数据较大的情况，摘要值计算所消耗资源远远少于对原文直接进行非对称加密的资源；另一方面，采用统一的签名原文处理方式，可使签名流程标准化，免去多种不同原文运算方法混合使用带来的验证风险。基于这些特性，数字签名无须对冗长的原文数据进行加密，只需对原文摘要值进行加密即可完成签名，同理也可完成签名值与原文的完整性验证。

(3)数字签名的非对称加密算法的原理和特性

数字签名是非对称加密算法的一种应用方式。非对称加密算法利用互补运算的密钥对，产生加解密分别使用不同密钥，且具有加密强度高、抗攻击能力强和抗破解能力强的加密数据串。

非对称加密算法需要两个密钥：公钥和私钥。公钥与私钥配对使用，如果用公钥对数据进行加密，那么只有使用对应的私钥才能解密；如果用私钥对数据进行加密，那么只有使用对应的公钥才能解密。在数字签名过程中，签名者使用私钥进行签名，验证人使用签名者提供的公钥进行验证，签名者只要保证私钥的私密性和复杂性，就可以实现不可伪造的签名。

(4)数字签名的验证

电子签名值主要指 SignedData 格式的签名值。SignedData 是现今主流的电子签名格式，其数据结构具有较好的扩展性，允许签名者把签名时所用的相关数据、算法标识和签名证书填充到数据结构中；其验证过程也比较规范，其格式标准中附有标准验证流程说明。

SignedData 可包含多个 SignerInfo，一个 SignerInfo 代表一个私钥签名值，每个 SignerInfo 对应的签名原文应当一致。一个有效的 SignedData 包含的 SignerInfo 都必须是通过验证的。SignedData 的验证，从 SignerInfo 中获取签名证书的标识，以此作为检索条件从 SignedData 的 Certificates 项检索签名证书，以签名证书完成验证。因此，SignedData 的验证，只需验证者取得 SignedData 签名值和签名原文，即可以完成原文完整性验证。

对于数字签名的验证，除了验证原文的完整性外，还需验证签名证书的有效性。数字证书的有效性验证需要验证其用途、签发者、完整性、有效期以及是否被吊销等信息。一般的个人或单位用户签名证书的验证步骤包括：①检查证书用途；②检查证书的算法；③检查证书链；④检查证书完整性；⑤检查证书是否处于有效期中；⑥检查证书的注销状态。

证书用途的验证：数字证书必须明确标识证书的用途，证书用途的验证即检查证书实际使用是否符合用途标识。若使用不带数字签名用途标识的证书进行数字签名，其产生的数字签名值是无效的。

证书算法的验证：数字证书中必须标明其签发者、签发证书时所用的算法信息，如果证书中的算法标识与实际算法不符，那么证书无法通过验证。

证书链的验证：证书链是由一系列 CA 证书组成的证书序列，该序列由根 CA 证书开始并以此作为信任锚点，向下签发数字证书，由上级签发给下级，直到用户证书为终点。验证证书链，主要为验证证书序列中的证书签发关系。验证过程以根 CA 证书作为信任锚点，由上级证书验证下级证书，过程如图 7-3 所示。只有完成证书链验证，且根证书为信任 CA 的证书，才可以确定证书是否由信任的 CA 签发。

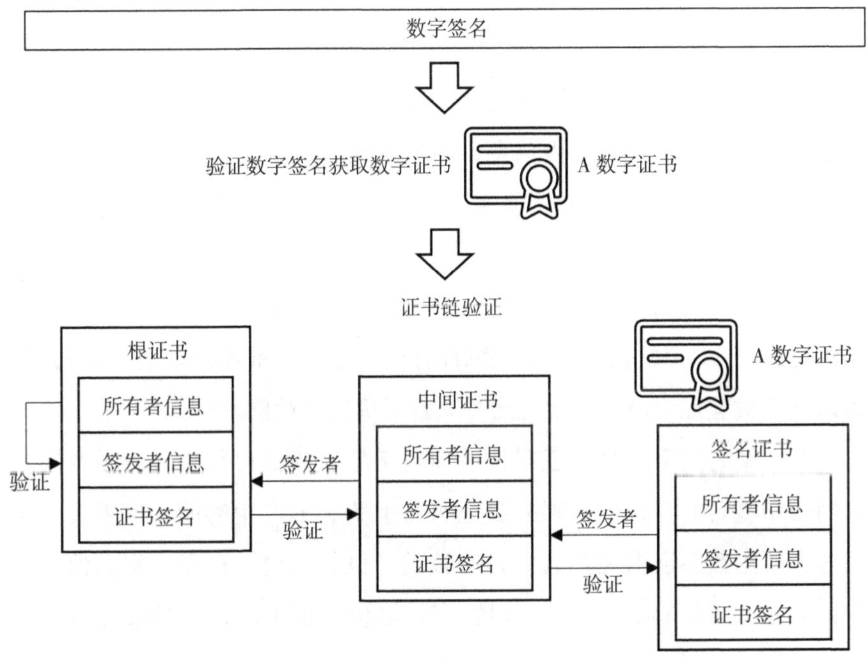

图 7-3　数字证书的证书链验证过程示意图

证书完整性的验证：可通过证书自验完成，证书中附有由签发者对所签发证书内容签署的签名值，验证此签名值即可以检查证书的完整性。

证书有效期的验证：证书签发者签发证书时会为证书设定有效期，并把有效期写入证书中，证书必须在有效期内使用。

证书的吊销状态验证：其作用是判断证书是否有效。当证书持有者发生密钥泄漏或者密钥丢失，必须向 CA 申请证书吊销，以保障其证书和私钥不被其他人非法利用，此时证书为无效证书。CA 也需要为证书状态提供相应的验证服务，以告知验证者证书的当前状态。CA 为检查证书状态提供两种技术手段：①提供 CRL 证书废置列表，验证者通过检查废置列表中的记录，检查证书是否被废置以确定证书的状态；②提供 OCSP 证书状态在线查询协议，检查证书状态。

总的来说，可靠数字签名拥有完备的技术体系，确保签名值与签名原文的可靠验证。

(5)数字签名的时间认证

数字签名的有效验证受时间影响，获取签名产生时的准确时间，是有效验证数字签名的重要前提。为数字签名提供可靠的时间证明，通常的做法是加盖可信时间戳。可信时间戳是使用数字签名技术产生的数据，其签名的对象包括原始文件信息、签名参数、签名时间等信息。TSA(时间戳机构)对此对象进行数字签名产生时间戳，以证明原始文件在签名时间之前已经存在。

对数字签名加盖可信时间戳，以时间戳为凭证可以证明数字签名产生的可靠时点。其过程中，通过对时间戳的验证和其拓印消息的验证，可以确认被验证对象是否就是此时间戳所签署的对象。

在总结时间戳的时间证明特性和数字签名验证过程中，若需要长期证明数字签名的有效性，则需要证明数字签名的产生时间，也需要证明签名者所用数字证书在签名时是有效的。也就是说，在保证签名值和数字证书是有效的前提下，通过对数字签名值和证书验证数据加盖可信时间戳，可以达到以时间戳证明此签名值为当时的签名值，此验证数据为当时的验证数据的目的。换言之，对数字签名值与证书验证数据加盖可信时间戳后，不论数字签名和证书验证数据以何种手段保存，只要时间戳有效，那么，签名验证时，可视为使用当时的数字签名验证原文；证书验证时，可视为使用当时的验证数据验证证书有效性，电子文件与时间戳的保护关系如图 7-4 所示。

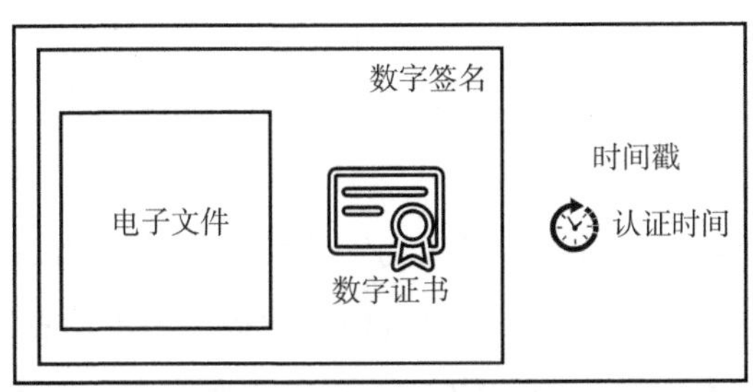

图 7-4　电子文件与时间戳的保护关系示意图

7.1.4.2　应用可靠数字签名保障电子档案有效性

《中华人民共和国电子签名法》规定："可靠的电子签名与手写签名或者盖章具有同等的法律效力。"由此确定，对电子档案的电子文件加盖可靠数字签名，等同于进行手写签名，都是具有法律效力的。

(1)可靠数字签名需要 CA 认证

CA 认证是实现可靠数字签名的有效保障手段，根据《中华人民共和国电子签名法》的相关规定，可靠电子签名的四个条件为：①电子签名制作数据用于电子签名时，属于电子签名者专有；②签署时电子签名制作数据仅由电子签名者控制；③签署后，电子签名的任何改动能够被发现；④签署后，对数据电文内容和形式的任何改动能够被发现。

可靠电子签名的四个条件具有"四性"：①电子签名制作数据的专有性/唯一性；②电子签名制作数据的保密性；③电子签名的防篡改性；④数据电文的防篡性。

根据上述四个条件，使用 CA 签发的数字证书可产生可靠数字签名的理由有以下几点：①CA 电子认证服务机构为签名者签发数字证书的过程严格按照相关规定，通过各种手段保证签名者、数字证书及签名密钥的一对一关系，确保了签名者对签名制作数据的专有性；②其签发的数字证书以有资质的加密介质为密钥载体，保证了签名制作数据的保密性，也保证了签名制作数据的唯一性；③其签发的签名证书均使用符合国家安全要求的加密算法，确保数字签名的加密强度，达到可防篡改的要求；④应用其提供的签名控件所签署的数字签名，具有规范性和标准性，确保其产生的数字签名值是符合标准、可解析、可验证的。

进一步从虚拟身份认证方面来说，在现实社会中，人们持有自己的居民身份证，这是现实社会中确认居民身份的法定证件。但对于密钥数据，是无法通过居民身份证来确认持有者的身份的，必须通过第三方认证机构以技术手段，为持有者身份与密钥的关系绑定提供证明依据。CA的主要作用即在于此，以真实身份审核为前提，为申请者签发数字证书，以数字证书绑定真实身份与密钥对的关系。通过其认证完成真实身份于虚拟数字世界的投影。用于数字签名时，其产生的签名值可通过这种绑定关系反映证书持有者的签名意愿，达到数字签名不可否认的目的。

（2）CA 认证保障数字签名的法律有效性

《中华人民共和国电子签名法》第十六条明确规定："电子签名需要第三方认证的，由依法设立的电子认证服务提供者提供认证服务。"数字签名，需要通过数字证书绑定签名者与签名密钥的关系，所以需要由合法的 CA 电子认证服务机构为签名者进行真实身份认证，确保签名者身份与数字证书的一致性。

在我国 CA 电子认证业务的开展实行准入制，要从事电子认证服务，应当向信息产业主管部门提出申请，由信息产业主管部门依法审查，并征求商务主管部门等有关部门的意见，审查通过后方可授予许可证。

作为合法可靠的电子认证服务机构，法律授予 CA 电子认证服务机构开展电子认证业务的权利，也规定了 CA 电子认证服务机构必须履行的义务。《中华人民共和国电子签名法》中专门为 CA 电子认证服务机构业务开展，制定了以下规定：

①依法制定并公布电子认证业务规则。

②签发证书应查验申请人身份并对有关材料进行审查，确保所签发的证书准确无误，确保证书内容在有效期内完整、准确。

③暂停或者终止服务前应就业务承接及其他有关事项进行妥善安排。

④妥善保存与认证相关的信息，以此规范 CA 电子认证服务机构的业

务开展，保障其服务对象的合法权益。

7.1.4.3 数字签名长期有效性的影响因素

从上文可知，应用数字签名可以保障电子文件的完整性，也可以保障电子档案的法律有效性。但用于保障电子档案长期有效性，数字签名的应用还需要考虑几个问题。

(1)数字签名密钥保密年限问题

产生数字签名所使用的密钥是有保密年限的，参照 SET(Secure Electronic Transaction)协议，可清晰看到各种密钥算法的保密年限。其中，RSA1024 密钥算法保密时间只到 2010 年，已经超出保密年限。为应对这种情况，自 2010 年起，CA 已普遍提升了所用密钥的安全等级，不再允许签发使用 RSA1024 算法的数字证书，改为签发使用 RSA2048 算法的数字证书，或使用其他保密年限更长的算法。

从表 7-4 可以看出，随着保存年限的增长，要求算法的保密等级也不断提高。对于电子档案的长久保存，加密算法如果是非永久有效的，那么终究有一天，该加密算法会失效，导致电子档案的有效性存疑。若采用永久有效的加密算法，其成本是极其高昂的。

表 7-4 SET 协议中各种加密算法密钥长度及保密时间表

保密级别	对称密钥长度/bit	RSA 密钥长度/bit	ECC 密钥长度/bit	保密到期时间
80	80	1024	160	2010 年
112	112	2048	224	2030 年
128	128	3072	256	2040 年
192	192	7680	384	2080 年
256	256	15360	512	2120 年

(2)数字签名的独立验证问题

数字签名的验证，除了验证签名原文与签名值的完整性外，还需要验证签名证书的有效性。一般情况下数字签名值以 SignedData 填充的方式应用。SignedData 是一种可扩展的电子签名格式，其内部由一些证书、证书吊销信息、算法标识和 SignerInfo 结构构成。SignedData 允许一个签名值中包含多个 SignerInfo，每个 SignerInfo 包括一条数字签名值、一些签名者信息标识和一系列扩展属性等。这些数据，均为有效验证数字签名值而加入。这使得 SignedData 具有自验机制，通过其自身即可验证原文完整性。

但普通的 SignedData 签名，并不具备验证签名证书有效性的能力，签名证书的验证，需依赖 CA 电子认证服务机构提供的证书验证服务，检查证书的吊销状态。对于数字签名有效性验证，签名证书的验证过程，是不可或缺的一环。这种情况下，普通 SignedData 应用于保障电子档案长久保存，一旦发生不能从 CA 电子认证服务机构验证数字证书有效性的情况，将导致签名验证存疑，影响电子档案的真实性鉴定。因此，普通 SignedData 签名值应用于保障电子档案长期有效性，需要 CA 电子认证服务机构永久保存用户证书信息，或者对其进行扩展，使其具有自验证签名证书有效性的能力。

(3) 电子档案的时间追溯问题

一般情况下，要确保数字签名的签名时间可信，需要为数字签名加盖可信时间戳。但时间戳实质上也是填充了数字签名的电子签名值，也是基于加密技术实现的，其有效性也受保密年限影响。从电子档案的时间鉴定角度来看，单靠唯一的时间戳作为时间佐证，不能完整印证电子档案的长效保存。基于单一时间戳的安全保护策略也过于脆弱，电子档案保存时间越长久，数字签名凭证伪造成本将越来越低，最终失去效用。

为此，需要探索一种公认可靠的、不断刷新认证的时间保护策略——一种随着时间推移不断为电子档案添加时间戳的策略。应用这种策略的话，电子文件犹如一张纸，随着时间流逝，其本身会留下不可磨灭的时间印记。然而实际情况中，电文数据的保存是不受自然因素影响的。因此，在电子档案长久保存策略探索中，需要以技术手段，由管理系统为电子文件加上这种印记，并保存这种印记。有了这种印记，电子档案的保存时间越久，其叠加的印记就越多，且这使得伪造成本不会因时间的流逝而降低。对于电子文件的鉴定，鉴定者亦可通过这种印记，追溯电子档案的完整生命周期。

(4)数字签名格式标准的独立性、公开性问题

对于电子档案鉴定，需由独立的第三方鉴定机构进行的鉴定情况，若以数字签名为电子档案完整性的证明凭证，鉴定机构须以其自有的设备，重现数字签名的验证流程，以第三方自有验证方法验证电子档案数据的完整有效性。对于保存时间久远的数字签名鉴定，若其数据结构并不符合公开标准，验证时需要依赖一个特定软件或特定系统，这将导致鉴定结论不够中立，缺乏说服力。因此，要达到电子档案可由独立第三方鉴定的要求，电子签名的数据结构及其他相关细节，必须有公开的、长久有效的、公认可靠的标准遵循。

总结以上影响因素可知，若以某种填充了数字签名的电子签名证明电子档案长期有效，那么这种电子签名应满足以下要求：①须由一套算法或有一种自身机制突破密钥保密年限问题；②自身须有独立的验证机制，使电子签名的完整验证可脱离于电子认证服务机构独立完成；③自身须具有“不断刷新认证的有效期保护策略”，允许以技术手段留下时间印记；④数据结构有公认、公开、可靠和长久有效的标准依据。

以下将提出，应用档案电子签名 ES-A 格式，保障电子档案的长久有效保存。

7.1.4.4　数字签名长效保存的解决方案

档案电子签名，是一种为认证原文数据长久有效而设计的电子签名格式。这种签名格式自带长效认证保障机制。这种签名格式发挥了 SignedData 可扩展的优势，通过附加各种扩展属性，建立长效保障机制。这些属性，实际是一些与数字签名验证、长效认证有关的结构化数据。这些数据包括完整验证数据、签名时间戳、档案时间戳等。其中，档案时间戳即上文所说的为数字签名加入时间痕迹的实现。内嵌于档案电子签名的数字签名值及其他验证数据，被一层一层档案时间戳保护，这些档案时间戳，由新的时间叠加于旧的时间之上，嵌套式地由新的保护旧的。档案时间戳的应用使档案电子签名保存时间越久，伪造成本越高。

电子文件的鉴定者验证档案时间戳时，即完成电子档案生命周期的

关键时点追溯，完成这种验证，可构建完整的电子档案时间佐证链条，证明电子档案各关键时间点上的时间可靠，印证电子档案长久有效。

档案电子签名ES-A是参考《信息安全技术　公钥基础设施　电子签名格式规范》(GB/T 25064—2010)中的一种标准签名格式，专门用于需超长周期保存业务场景。其可解决数字签名超长周期保存中的保密年限问题、时间追溯问题、独立性问题。以下将以ES(electronic signature)签名格式标准为研究对象，从技术层面介绍档案电子签名ES-A。

(1)ES——电子签名

由于原标准中所引用的国外标准，许多已被已弃用，所以下列研究中，将采用新版CAdES(CMS advanced electronic signature)格式与ES配对展开。格式标准以CAdES为准，以ES命名。

ES格式包括用于验证数字签名有效性的所有数据，包括：签名的证书、证书链、证书撤销状态数据、时间戳和档案时间戳等。图7-5是其总体结构的示意图。

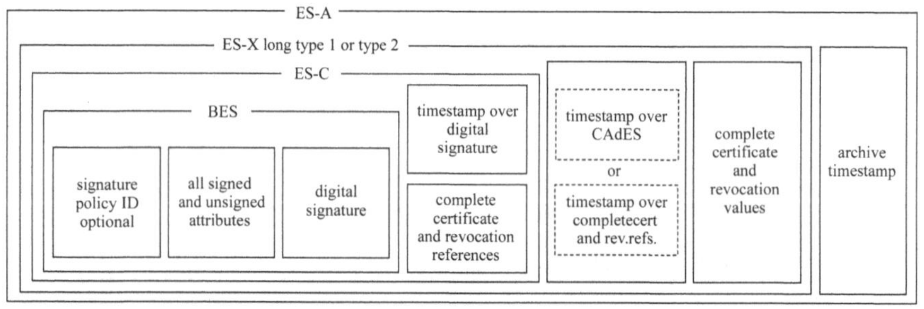

图7-5　ES档案电子签名结构示意图

ES由低等级的BES向高等级的ES-A扩展而形成。这些签名通过层层嵌套的方式，由保护等级低的电子签名，扩展为保护等级高的电子签名。其中保护等级由低到高分别为：BES(basis electronic signature)(基本电子签名)、ES-T(ES with timestamp)(带时间戳的电子签名)、ES-C(ES with complete validation data)(带完整验证数据的电子签名)、ES-X(ES with extended validation data)(带扩展验证数据的电子签名)、ES-A。而ETSI标准对应的标识为：CAdES-BES、CAdES-T、CAdES-C、CAdES-XL、

CAdES-A。表 7-5 列出了两种标准下的保护等级对应关系。

表 7-5　GB/T 25064—2010 与 ETSI ST 101 733 对比表

项目	GB/T 25064—2010	ETSI TS 101 733
基本电子签名	BES	CAdES-BES
带时间戳电子签名	ES-T	CAdES-T
带完全验证数据的电子签名	ES-C	CAdES-C
带扩展验证数据的电子签名	ES-X	CAdES-XL
带归档验证数据的电子签名	ES-A	CAdES-A

(2)BES——基本电子签名

BES 签名结构与 SignedData 签名结构相似，其结构如图 7-6 所示。BES 在 SignedData 结构的基础上增加了签名属性 ESS SigningCertificate。BES 的 SignerInfo 中，signature 的签名原文由一系列的强制签名属性，以及一些可选签名属性构成，其中强制签名属性包括：ContentType 内容类型，MessageDigest 原文摘要，ESS SigningCertificate 或 ESS SigningCertificateV2 增强安全性服务的签名证书标记。

BES 签名的 SignedData 中包括：VersionSignedData 格式的版本，DigestAlgorithms 摘要算法集，EncapContentInfo 签名数据原文信息，certificates 签名相关证书，CRLs 签名相关证书撤销消息，SignerInfo 签名者信息。

SignedData 中允许包含多个 SignerInfo。SignerInfo 域中，主要包括：signature 签名数字签名值，DigestAlgorithm 签名电文数据的摘要算法标识，SignatureAlgorithm 签名所使用的密钥算法，SignedAttrs 私钥签名值的签名属性等属性值。

SignedAttrs 被签名属性项内包括：ContentType 指明签名原文数据所对应的项；MessageDigest 签名的原文数据的摘要值；SigningTime 签名的时间，主要为签名者的系统时间(可选)；ESS SigningCertificateV2 用于指明 signature 签名私钥所对应的数字证书。

依靠 BES 签名和签名原文可以完成签名原文的完整性验证。但由于签名不带时间戳，因此不能提供可靠的签名时间证明；签名没有附上验

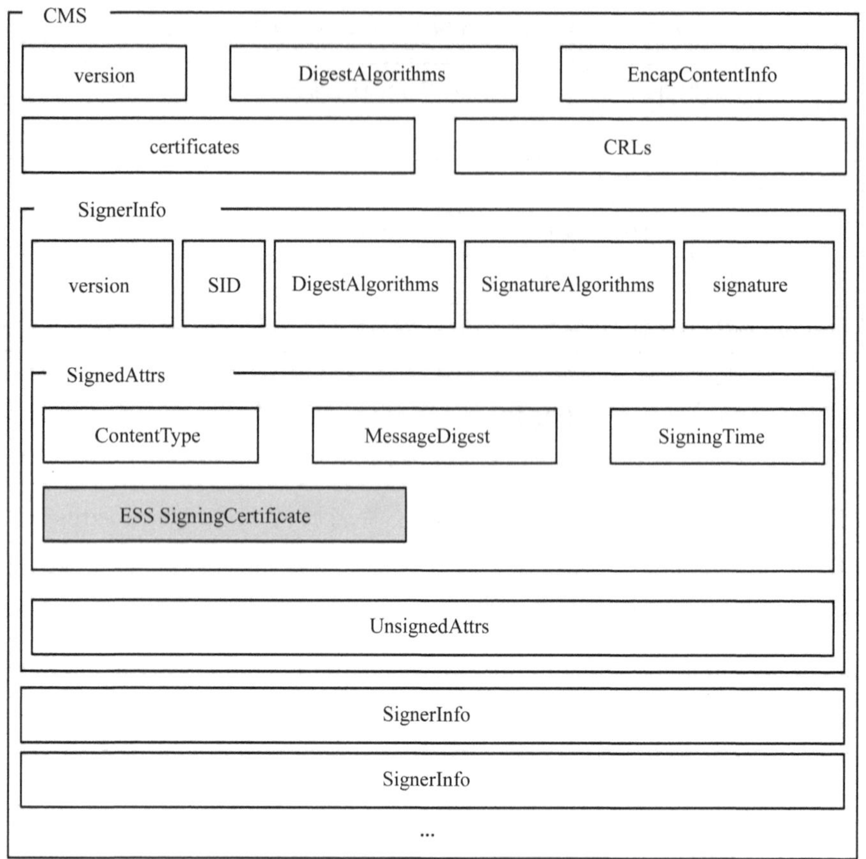

图 7-6　BES 签名详细结构

证证书撤销状态的数据，不具备脱离 CA 的证书自验功能。因此，为了提高数字签名的保护等级，需要对 BES 签名进行高等级扩展。

扩展过程如下：首先为 BES 添加签名时间戳，使其扩展为 ES-T。然后，在 ES-T 的基础上增加 CompleteCertificateReferences 属性和 CompleteRevocationReferences 属性，使签名扩展为 ES-C。

(3) ES-T——带时间戳的数字签名

ES-T 签名扩展，为在 BES 签名基础上增加可靠的时间戳，以时间戳证明数字签名的产生时间。其数据结构示意图如图 7-7 所示。

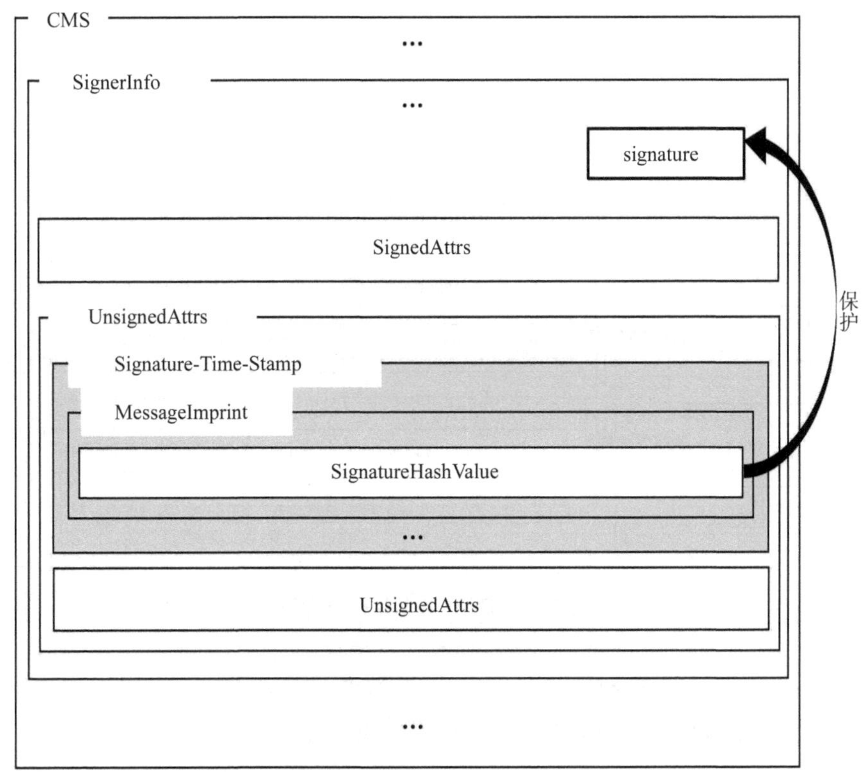

图 7-7　ES-T 签名结构示意图

SignaturesTimeStamp 签名时间戳，其拓印消息为 SignerInfo 中的 signature 值，用于可靠证明签名的时间。其时间应该尽量接近电子签名的创建时间。

(4) ES-C——带完整验证数据的数字签名

ES-C 签名扩展通过数据摘要的方式，框定已用于验证证书的相关数据。

ES-C 的验证，以 SignaturesTimeStamp 时间戳验证签名时间，通过 CompleteCertificateReferences 属性验证证书链的完整性，通过 CompleteRevocationReferences 属性验证相关证书撤销状态的完整性。ES-C 签名结构示意如图 7-8 所示。

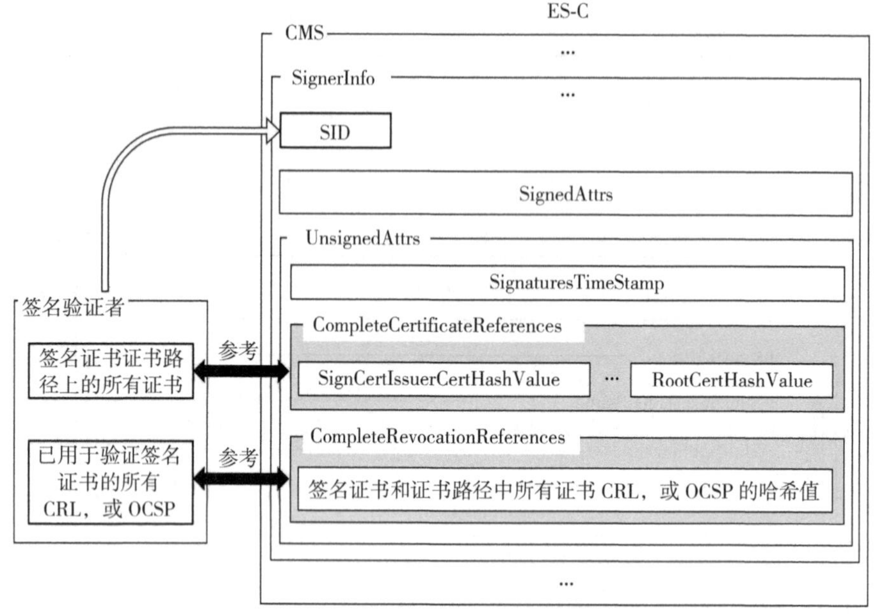

图 7-8　ES-C 签名结构示意图

CompleteCertificateReference——完整的证书链引用，主要内容为一组已用于验证签名证书的证书路径的证书数组摘要值。

CompleteRevocationReferences——完整的证书撤销消息引用，主要内容为一组已用于验证签名证书撤销状态的 CRL 数据摘要值或 OCSP 数据摘要值。

CompleteCertificateReferences 和 CompleteRevocationReferences 的创建，首先需要对 ES-T 签名进行全面验证。确定签名值完整、原文未被修改、签名证书有效后，以数组的方式对证书链和撤销消息分别进行排列拼装，分别计算摘要值，最后按规范对 CompleteCertificateReferences 和CompleteRevocationReferences 进行填充完成创建。

ES-C 电子签名的构造规定宽限期(图 7-9)。宽限期从完成 SignatureTimeStamp 时间戳加盖时起，至构造 ES-C 时完成二次验证证书有效性止。ES-C 签名的构造者，需要确保签名证书在宽限期内一直保持有效，否则签名创建失败。这种规定一方面可确保签名值的产生是规范的；另一方面，也是确保此属性构造时，签名证书是有效的。设定宽限期的原因在于，如果构造 ES-C 时签名证书已超出有效期，那么由 CA 提供的证书验证消息不能有效地反映该证书的状态。

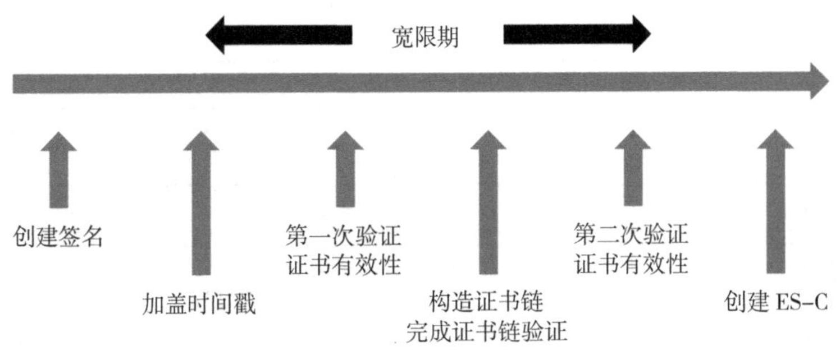

图 7-9　ES-C 签名宽限期示意图

由于 ES-C 签名只解决签名的独立验证问题，并未实现长期有效性，签名值未嵌入实质的验证数据。因此需要对 ES-C 签名进行高等级保护扩展。

(5)ES-X——带扩展验证数据的长效数字签名

ES-X long 电子签名是 ES-C 电子签名的扩展，主要解决电子签名的长时间保存和验证问题。ES-X long 签名在 ES-C 签名的基础上，增加了 CertificateValues 属性、RevocationValues 属性、CAdES-CTimeStamp 属性(可选)、TimeStampedCertCRLsReferences 属性(可选)。其中，CAdES-CTimeStamp 属性和 TimeStampedCertCRLsReferences 属性为二选一，主要用于抵御 CA 密钥变更风险，若需要有效反映 ES-C 的创建时间则使用 CAdES-CTimeStamp 属性，否则只需要使用 TimeStampedCertCRLsReferences 属性。当签名中附加 CAdES-CTimeStamp 属性时，签名为 ES-X long type 1，当附加 TimeStampedCertCRLsReferences 时，签名为 ES-X long type 2，若不带时间戳则为 ES-X long，其签名结构示意图如图 7-10 所示。

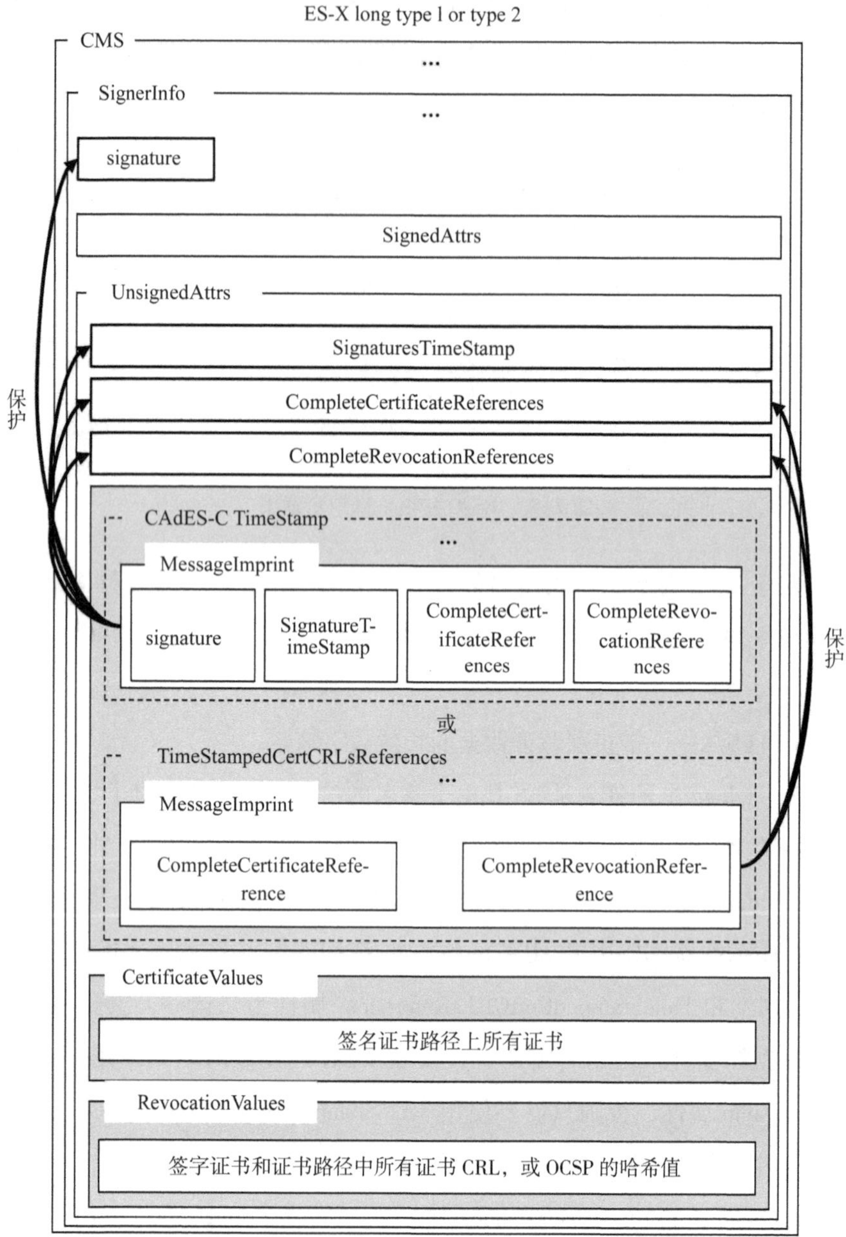

图 7-10　ES-X long type 1 or type 2 签名结构示意图

CertificateValues 证书集，为非签名属性，主要保存签名证书链里的证书，与 CompleteCertificateReference 值相对应。

RevocationValues 证书撤销状态数据集，为非签名属性，主要保存所有已用于验证签名证书撤销状态的数据，这些数据包括 CRL 或 OCSP 响应值，与 CompleteRevocationReference 相对应。

CAdES-CTimeStamp——ES-C 时间戳，为非签名属性，内容为时间戳。带此属性的 ES-XL 签名称为 type 1。该时间戳的拓印消息原文为一组拼装数据，其中包括：ES-C 签名信息中的数字签名值 signature，数字签名时间戳 SignatureTimeStamp，证书路径引用 CompleteCertificateReferences，废置消息引用 CompleteRevocationReferences。

CAdES-CTimeStamp 保护 SignerInfo 中的所有证书验证相关数据，以防止电子签名长期保存过程中 CA 密钥、CRL 密钥、OCSP 发布者密钥的损坏导致验证失败的情况，抵御 CA 经营风险。

TimeStampedCertCRLsReferences——证书链参考和撤销消息参考时间戳，为非签名属性，带此属性的 ES-XL 签名称为 type 2。它的原文为一组拼装数据，其中包括：完整证书链参考 CompleteCertificateReferences，完整撤销消息参考 CompleteRevocationReferences。TimeStampedCertCRLsReferences 为电子签名中的完整证书链参考和完整撤销消息参考提供可靠的时间证明，保护 SignerInfo 中所有证书和所有撤销消息数据，以防止电子签名长期保存过程中签名证书的 CA 密钥、CRL 密钥、OCSP 发布者密钥的损坏导致验证失败的情况，抵御 CA 经营风险。

ES-X long type 1 或 type 2 抵御签名长时间保存过程中，CA 密钥、CRL 密钥、OCSP 发布者密钥的损坏问题。签名值中加入了证书链数据和废置消息数据，这些数据均受 CAdES-CTimeStamp 或 TimeStampedCertCRLsReferences 时间戳保护，实现电子签名的独立验证。但缺少长周期的电子签名保护策略，因此需要对签名进行扩展，提升保护等级。

(6)ES-A——带归档验证数据的电子签名

档案电子签名 ES-A——带归档验证数据的电子签名，是一种 SignedData衍生格式，英文全称为 ES with archival validation data，是专门用于归档认证的数字签名格式。依照这种格式构造的电子签名，能够实现脱离第三方服务的独立鉴定及长效认证。设计参考了国外 ETSI TS 101 733 “Electronic Signatures and Infrastructures（ESI）; CMS Advanced Electronic Signatures(CAdES)”。我国与其相关的标准有：《信息安全技术 公钥基础设施 电子签名格式规范》(GB/T 25064—2010)和《商业、工业和行政的过程、数据元和单证 长效签名规范 第 1 部分：CMS 高级电子签名(CAdES)的长效签名规范》(GB/T 31308.1—2014)。

ES-A 是 ES 扩展电子签名标准中保护等级最高的签名格式，由 ES-X long type 1 或 type 2 扩展生成。ES-A 为签名的长期保存设计了一套保护策略，保障电子签名算法安全，抵御加密算法风险。ES-A 数字签名的长久保存，需要对签名反复附加档案时间戳，保障保存过程中所有签名算法的有效性，提供签名长期保存过程中可追溯可靠时间佐证链条。

根据规范的定义，归档时间戳具有两种版本，一种是 ArchiveTimeStamp(ATSv2)，另一种是 ArchiveTimeStampv3(ATSv3)。两种格式实现的功能一致，只是产生和验证的方式有所不同。

附加 ArchiveTimeStamp(ATSv2)属性的 ES-A 签名结构如图 7 - 11 所示。

ArchiveTimeStamp(ATSv2)档案时间戳 v2 下称 ATSv2，为非签名属性。带 ATSv2 的 ES-A 数字签名，只允许由 ES-X long 扩展而成。ATSv2 时间戳的消息拓印为一组拼装值，包括：电子签名中的原文 EncapContentInfo。若电子签名为不带原文，则使用与签名对应的外部原文数据 content；电子签名中所包含的所有证书 certificates；CRLs 中的所有数据；签名的 SignerInfo 数据。

ES-A 允许有多个 ATSv2 属性存在于一个 SignerInfo 中，ATSv2 保护了签名的整体结构和 SignerInfo，一旦加盖，那么签名不能再被扩展。签名中的每个归档时间戳都是独立的，允许由不同 TSA 签署，ATSv2 应该在签名中最靠近当前时间的时间戳失效前加盖。

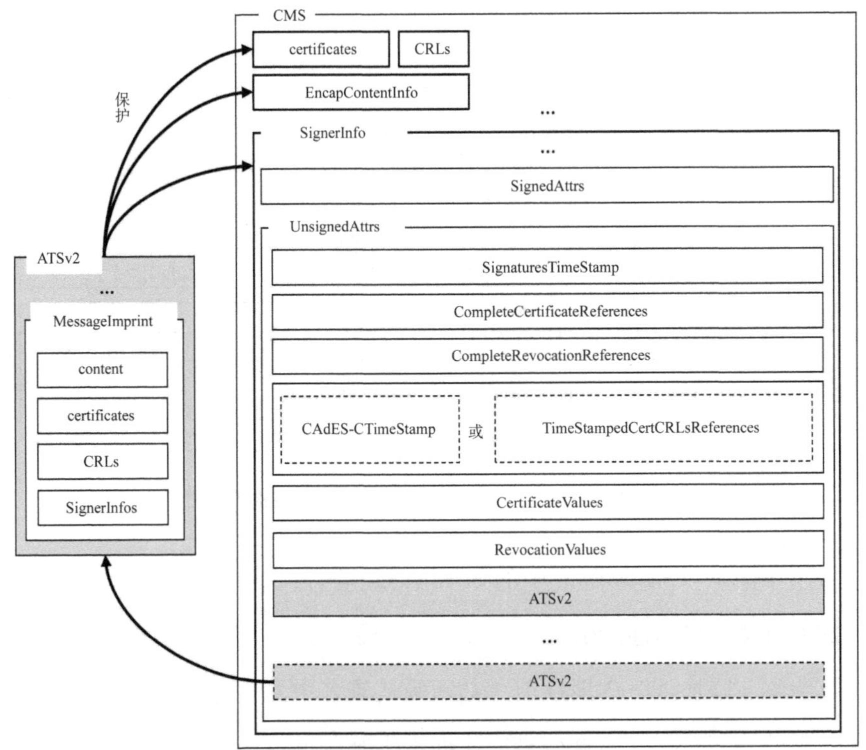

图 7-11　ES-A（附加 ATSv2 属性）签名结构示意图

附加 ArchiveTimeStamp（ATSv3）属性的 ES-A 签名结构如图 7-12 所示。

ArchiveTimeStampv3 档案时间戳属性 v3 下称 ATSv3，为非签名属性。带 ATSv3 的 ES-A 签名允许由 ES-BES、ES-T、ES-C、ES-X、ES-XL 等格式的签名直接扩展而成。ATSv3 属性的值为时间戳，其拓印消息为一组拼装值，包括：原文类型 eContentType，电子签名中的原文的摘要值，SignerInfo 中的 version、SID、DigestAlgorithm、SignedAttrs、SignatureAlgorithm、signature，ATSHashIndex 值。

ATSHashIndex 中包括：ATSHashIndex 中所使用的摘要算法标识，SignedData 中 certificates 的散列值，SignedData 中 CRLs 的散列值，SignerInfo 中 UnsignedAttrs 的散列值。

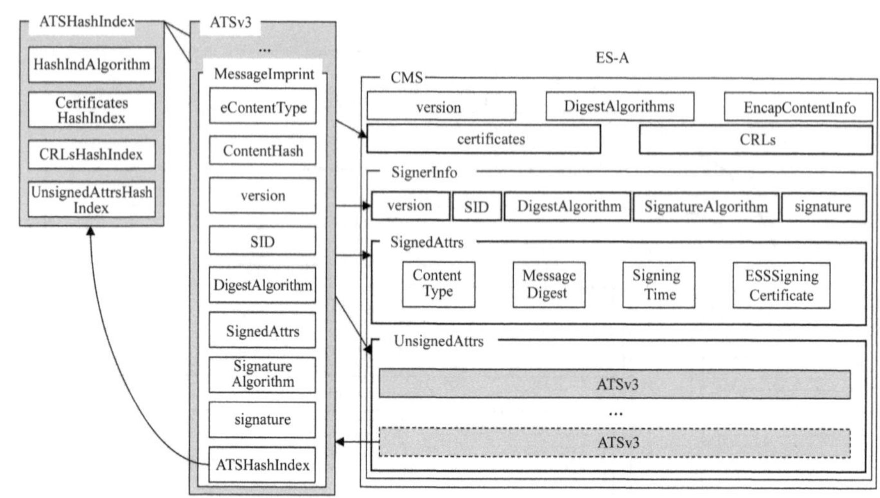

图 7-12　ES-A(附加 ATSv3 属性)签名结构示意图

用于保护：SignedData 中的 certificates 索引、CRLs 索引及 SignerInfo 中的所有非签名属性索引。

为签名附加 ATSv3 属性前，必须确认签名中是否已经附有验证签名所必须的验证数据。在签名验证数据不完整的情况下，必须首先把电子签名扩展为带完整验证数据的版本。ES-A 允许有多个 ATSv3 属性存在于签名中，目的在于保障签名算法有效性，提供签名保存时间追溯的可靠佐证链条。

经以上论证，档案电子签名 ES-A 是适合用于电子档案的长效存储的。因为其产生的过程无须擅改电子文件的内容，具有去中心的独立鉴定能力、长效的抗攻击能力、完整可靠的时间追溯佐证和无限延长的有效期等特点，可抵抗 CA 电子认证服务机构经营风险和抵抗加密算法风险；而且 ES-A 签名格式，与我国的电子签名的相关格式相匹配，符合我国对电子签名的格式要求。

档案电子签名 ES-A 独立性的体现：

ES-A 档案电子签名的生成，是根据《信息安全技术　公钥基础设施　电子签名格式规范》(GB/T 25064—2010)实现的。无论在我国还是在国外，都可查到相关标准的内容，因此档案电子签名所对应的标准是国内与国外均认可的、公开的和长期有效的。

对于档案电子签名的签署，其过程中所使用的密钥数据由签名者保管，无须经由第三方获取。签名者身份与密钥关系由 CA 电子认证服务机构进行认证绑定，而签名者对 CA 电子认证服务具有自主选择权，无须绑定任何指定机构。

数字证书由 CA 电子认证服务机构签发，但此过程并不影响档案电子签名的长期有效保存，档案电子签名只需在签名时对证书进行一次验证。此后，无须再调用任何 CA 服务仍可验证数字证书的有效性，实现签名值与 CA 电子认证服务机构独立分离。ES-A 档案电子签名值中包括所有必要的签名验证数据。其中包括：完整的证书链、所有证书的状态验证数据、完整证书链数据的摘要值、所有证书的状态验证数据的摘要值。在签名值长期保存的过程中，若要进行签名证书验证，验证者只需从签名值中获取以上数据，即可验证证书在签名时的有效性。且这些数据，由档案时间戳保护，确保这些数据的有效性和完整性，在技术层面上抵御 CA 电子认证服务机构的经营变动风险。

档案电子签名所使用的时间戳服务，并非定制服务，任何符合相关规范的可信 TSA 均可为档案电子签名加盖档案时间戳。档案电子签名加盖档案时间戳时，均已把时间戳完整验证数据嵌入时间戳签名值中，保证时间戳验证是可脱离在线服务独立完成的。

对于档案时间戳的加盖周期规定，档案电子签名格式标准中要求，当档案时间戳临近有效期时，须对签名叠加新的档案时间戳。以新时间戳保护旧时间戳，同时也保护旧时间戳中的完整验证数据。这种模式，确保签名验证时，旧有时间戳仍然是可验证的，最终整体地保障数字签名的有效性和完整性。

总的来说，档案电子签名具有完善的独立性保障机制，可以确保签名值长期保存，而不受第三方影响。

档案电子签名 ES-A 长效性的体现：

ES-A 数字签名用于电子档案长久保存，能够抵抗加密算法风险、抵抗 CA 电子认证服务机构经营风险等。其长效性体现为：其自身具有长效认证机制，突破密钥保密年限的问题；具有自验证机制，数字签名的完整验证可脱离 CA 电子认证服务机构独立完成；具有“不断刷新认证的时间保护策略”，以档案时间戳留下时间痕迹；其标准是我国的国家标准，在国外也有对应的标准作参考，是公认、公开、可靠和长久有效的标准。

其使用了反复加签档案时间戳的保护策略，以反复动态加密的方式保障数字签名长期有效。此策略的应用使签名值保存年限越长久，签名中所附有的时间戳就越多，签名伪造的难度就越高，达到强化电子签名长期有效性的目的。签名值中层层叠加的时间戳，也为电子档案的鉴定提供连续的时点，可用于构造时间佐证链条，还原电子档案保管过程中的关键节点，印证电子档案的长期有效性。

从签名证书验证方法分析，ES-A 档案电子签名中数字证书的独立验证符合相关验证要求。档案电子签名只需在初次签署时，调用 CA 电子认证服务机构的证书验证服务进行验证。本次验证结束后，所有验证数据将作为签名值完整验证数据的一部分，以扩展属性的方式，嵌入签名值中。完成第一个档案时间戳的加盖后，这些完整验证数据，将由档案时间戳保护。在数字签名的长期保存中，只要确保签名值最外层的档案时间戳持续有效，即可以确保完整验证数据的有效。动态加签时间戳的策略与带完整验证数据的数据结构，使 ES-A 可实现长期有效保存。

通过以上各类数字签名格式类型的分析，使用 ES-T 及以上等级数字签名格式，即可保证电子档案的真实有效，最终加盖 ES-A 数字签名即可保障电子档案长效保存的真实性、完整性和安全性。

7.1.4.5 档案电子签名的实际应用

(1)进行档案电子签名的业务节点选择

对电子档案进行档案电子签名，需要选定进行签名的业务节点。以下将以电子档案文件的生命周期为主线，选择合适的业务节点签署档案电子签名，使签名过程既符合数字签名技术要求，也符合电子档案的业务管理要求。

电子文件的生命周期包括文件的生成、流转、归档、移交、保管和利用等。其中文件的生成至归档前的过程中，电子文件会根据业务需要进行修订或签署，因此这些过程中施加长效电子签名是不合适的。应当确定电子文件无须任何修改，并归集为电子档案后才签署档案电子签名。档案保管单位可在接收电子档案时统一加签 ES-A 档案电子签名，以保障电子档案长效保存。

(2)档案电子签名的签署过程介绍

档案电子签名适合与电子档案分开存储，作为外部数据，证明电子档案的长期有效。档案电子签名的签署过程中，若档案中附有多个电子文件，则需对文件进行拼接。若采用了拼接的方法，电子档案归档时必须有记录文件，记录具体拼接的策略，并与电子档案一并长久保存。

电子档案的储存中，应定期检查档案电子签名值，一旦发现档案电子签名的档案时间戳临近有效期(时间戳证书有效期在一年以内)，或进行周期性的电子档案原文完整性检查时，应当对档案电子签名加签档案时间戳。以这种方式延长档案电子签名的有效期，或认证进行档案周期性检查的时间。

档案电子签名的签署过程如图 7-13 所示。

第一步，调用签名密钥和证书，对电子档案进行 ES-BES 电子签名。

第二步，调用 TSA 时间戳为 ES-BES 签名附加签名时间戳，使 ES-BES 签名扩展为 ES-T 签名。

第三步，调用 CA 的证书验证服务，获取签名证书的撤销状态信息，验证 ES-T 签名，签名验证通过后，创建 CompleteCertificateReferences 和 CompleteRevocationReferences 扩展属性，把 ES-T 电子签名扩展为 ES-C 电子签名。

第四步(可选)，如果需要对ES-C的创建时间进行认证，那么需要调用TSA时间戳为ES-C签名附加CAdES-CTimeStamp时间戳，并把第三步所使用的证书验证数据插入数字签名中，把ES-C签名扩展为ES-XL签名，对于不用认证ES-C创建时间的情况，无须为签名附加CAdES-CTimeStamp。

第五步，调用信任时间戳为ES-XL签名加盖ATSv2时间戳，最终完成ES-A电子签名。

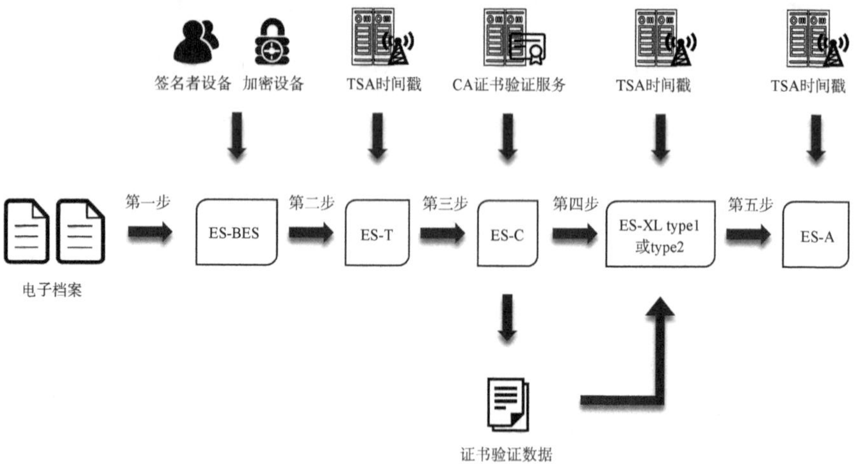

图7-13　档案电子签名的签署过程示意图

(3)档案电子签名有效期的延续

以档案电子签名值为数字化验证证据，证明电子档案长期保存过程中电子文件的完整性，其前提是档案电子签名必须处于有效期内。因此，在电子档案长期保存过程中，档案保管单位需要设定一个时间周期，定时检查档案电子签名的有效期，若其最外层的档案时间戳的证书已临近有效期、其算法或密钥存在风险，则需要取出签名值，为其添加算法保密等级更高、有效期更久的档案时间戳。

档案电子签名的有效期延续，可以看作是时间为电子档案留下的不可磨灭的印记，透过这些印记，可以清晰看到电子档案的完整生命周期，也可以看到电子档案在每个关键时点精确到毫秒的时间记录。通过这些时间记录，一条一条地印证发生在电子档案上的各种事件。应用档案电子签名保障电子档案长久有效，无论是何种操作何种事件，只要管理者认为有必要记录时点，他们只需执行一条命令，为档案电子签名叠加一个档案时间戳，即可靠有效地为电子档案留下一个印记，这个印记与档案管理日志联合，即印证这个操作的发生时间，留待更久远的保存过后，由后人来考究鉴定。

(4)长效电子签名验证流程介绍

长效电子签名的验证，只需提供签名值和原文文件，不依赖第三方。但验证过程需要遵循《信息安全技术 公钥基础设施 电子签名格式规范》(GB/T 25064—2010)或 ETSI TS 101 733 规范。带 ATSv2 档案时间戳的验证流程如图 7-14 所示。

验证步骤说明如下：

第一步，验证者首先对 ES-A 进行格式验证，签名值格式必须符合规范。确认符合规范后转到第二步。

第二步，对 SignerInfo 中的 signature(私钥签名值)进行验证。验证者需要以扩展属性中的 ESS 值为检索条件，在 SignData 的 certificates 中检索签名证书，若 certificates 中未能检索出与 ESS 匹配的签名证书，那么签名视为无效，验证结束。若匹配正确，那么以该证书的公钥、给定的原文以及签名属性，对 signatuer 进行验证。验证不通过，签名视为无效，验证结束。若通过，转到第三步。

第三步，对 SignatureTimeStamp 属性进行验证。SignatureTimeStamp 的值为时间戳，验证此时间戳可确定签名发生的时间，若验证失败，那么因签名的时间不能确定而验证结束。若通过，那么检查签名时签名证书是否处于有效期内，如果超出有效期，那么签名无效；若有效则转到第四步。

第四步，当 SignerInfo 中包含 CAdES-CTimeStamp 或 TimeStampedCert-CRLsReferences 属性时，需要对这两个属性进行验证。这两个属性均为时间戳。若验证失败，那么签名的二次验证时间不能确定，签名中的证书链和证书撤销数据的产生时间不能确定，无法用于验证签名证书，验证

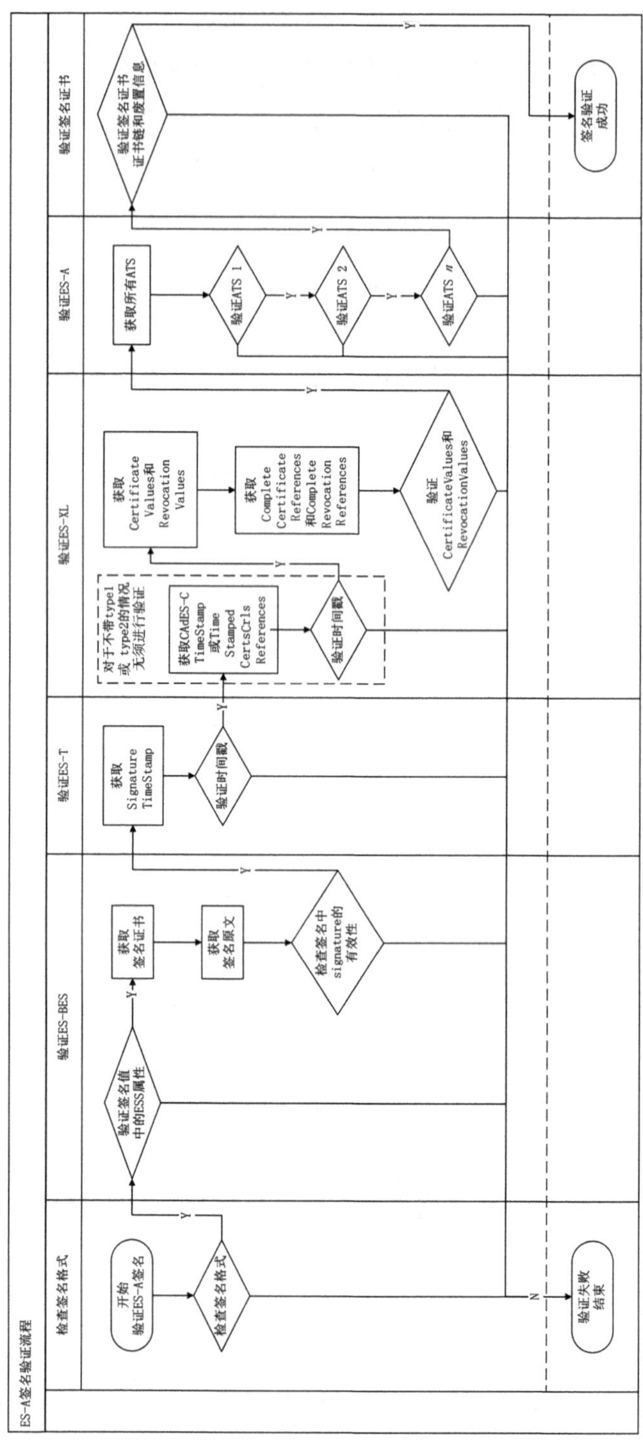

图7-14 电子档案长效电子签名的验证流程

结束。验证通过则检查二次验证时签名证书是否处于有效期内，若超出证书有效期，那么签名无效。对于不带 type1 或 type2 的数字签名可以跳过以上时间戳的验证。

第五步，获取 CompleteCertificateReferences 和 CompleteRevocationReferences 值，验证 CertificateValues 和 RevocationValues，确定两值均有效后，使用 CertificateValues 和 RevocationValues 中的数据对签名证书进行验证，最终确定签名证书有效后则进入第六步。

第六步，对 ATSv2 档案时间戳进行验证，获取签名中的所有档案时间戳，按时间先后对其进行排序。由于档案时间戳的加盖过程中，新的档案时间戳拓印消息包含旧有的档案时间戳，因此，档案时间戳验证需按由新到旧的顺序进行验证。

SignerInfo 中，每个档案时间戳都必须验证成功，验证方式与一般时间戳验证方式相似，但时间戳证书的验证数据由时间戳的扩展属性中提取。档案时间戳是否处于有效期内，可以从两个方面来判断：一是时间戳的数字证书是否处于有效期内；二是时间戳的数字证书在验证时，其签名算法是否已被破解。由此衍生出的时间戳状态有三种：第一种，若时间戳均满足以上两个方面，那么可视为有效；第二种，若只满足第一个方面而不满足第二个方面，为无效；第三种，若满足第二个方面而不满足第一个方面，为有效性不确定，需联系该数字证书的签发者，求证时间戳是否有效。

所有档案时间戳均验证有效后，还需检查两个档案时间戳间的有效叠加问题。即加盖新档案时间戳时，原本最外层的档案时间戳是否处于有效期内，如果不是也视为无效。

(5)基于档案电子签名的电子档案鉴定

基于档案电子签名的电子档案鉴定过程，实际上是档案电子签名的验证过程，以及完成签名验证后所得的时间佐证链条与电子档案管理记录的印证过程。档案电子签名鉴定的意义有以下几个方面。

①检查电子档案的完整性。档案电子签名的签名原文为可以映射电子档案的电子文件，档案电子签名的有效验证可以反映电子文件的完整

性。对原文的完整性验证，是数字签名的基础功能。只要签名的算法未被破解，验证者凭签名值，即可以验证原文是否完整。档案电子签名具有长久认证的特性和机制，即使历经长久保存，只要其长效维持机制仍在运转，档案电子签名是不可伪造的，那么档案电子签名签署时所用的算法即使被破解，仍然可有力证明原文的完整性。这样，只需一次数字签名的验证，即可有力地证明电子文件的完整性，省去烦琐的流程检查。

②电子档案管理责任的落实与鉴定。《中华人民共和国电子签名法》规定，可靠的电子签名与手写签名或者盖章具有同等的法律效力。档案管理单位或管理人员，使用其由 CA 电子认证服务机构签发的数字证书，在符合相关操作规程的前提下，为电子档案签署数字签名，只要证明此数字签名是可靠的，那么签名者对其数字签名负有不可抵赖的责任。在电子档案长久保存中，只要档案电子签名符合可靠电子签名的规定，且保持有效，其负有的责任依然是不可推卸的。

③可构造电子档案管理过程中关键时间节点的可靠时间佐证链条。档案电子签名中包括多个时间戳，由时间较新的保护时间久远的，由算法强的保护算法弱的，一层覆盖一层，直到数字签名本身。档案时间戳的加盖过程中，记录了每个档案时间戳的时间，可形成电子签名长效保存的时间线，结合之前验证的各种数据，可构造档案电子签名自签署时起到验证时的完整时间佐证链条。利用完整有效、可靠的签名验证结果，构造完整有效、可靠的时间佐证链条，印证电子档案保管过程中的操作记录信息，最后得出电子档案长久有效保存的结论。

从法律角度看，电子文件的真实性是对原始性认定后的结论，因此可以说电子文件的原始性是电子文件真实性的基础。在一般情况下，尽管电子文件具有了原始性，但并不意味着其真实性自然得到承认，因而必须有合法的方式来认定其真实性。基于档案电子签名的电子文件验证，是一种既符合原始性验证要求，也具有法律依据的电子文件验证方式。电子档案的档案电子签名验证通过，即证明电子文件的保存长久有效，其验证结果具有法律依据，可以充分证明电子文件的完整性与原始性。

7.1.4.6 档案电子签名应用于电子档案长效保存的可行性研究总结

(1)技术上可行

经过以上研究可知，档案电子签名ES-A，以扩展其数据结构的方式，解决SignedData数字签名的长效性和独立性问题。其中，以ESS签名属性解决签名公钥与签名证书的绑定关系，避免因相同公钥不同证书(使用原密钥对的证书更新)，带来签名值与签名证书不匹配问题；以签名时间戳固定签名时间，为签名发生时间提供可靠的追溯依据；签名值中嵌入了验证签名证书的所有验证数据，使签名值可以脱离CA电子认证服务机构进行独立验证，从技术角度解决了数字签名独立验证问题；签名值通过反复加签有效期更长，使用更高强度加密算法的档案时间戳，确保签名值的长期有效性；档案电子签名验证时，可以通过对加签的档案时间戳进行验证，构建环环相扣的可靠时间凭证链条，用于印证档案管理中档案管理业务流程的真实发生，强化电子档案真实性鉴定的可靠度；档案电子签名数据结构标准由权威第三方机构制定，是公开的标准。

综合以上六条，档案电子签名从技术角度上可应用于电子档案的长久保存。

(2)标准上可行

档案电子签名的数据结构遵循《信息安全技术 公钥基础设施 电子签名格式规范》(GB/T 25064—2010)和ETSI TS 101 733"Electronic Signatures and Infrastructures (ESI); CMS Advanced Electronic Signatures(CAdES)"。

GB/T 25064—2010为我国制定的标准，ETSI TS 101 733为国际公开组织制定的标准，两者均具有公开的版本记录，而且其使用均为免费，不存在因CA机构业务变更而导致失效的风险。进行验证时无论CA机构业务发生何种变化，任何团体或个人只需对照上述规范即可正确解析电子档案的档案电子签名，完成签名的有效验证。

档案电子签名的基础编码格式为ASN.1抽象语法标记(abstract syntax notation one)是一种ISO/ITU-T标准，描述了一种对数据进行表示、编码、传输和解码的数据格式。在我国和国际上有对应的公开标准。

（3）鉴定操作过程上可行

一般情况下，个人或机构所签署的数字签名的鉴定，需要验证六个关键点：验证数字签名与原文是否匹配，验证数字签名的实际产生时间，验证数字证书是否由信任的签发者签发，验证数字证书是否处于有效期中，验证数字证书的用途是否适合用于数字签名，验证数字证书在数字签名产生时是否被吊销。

对于第一点，由于档案电子签名与电子档案均存储在电子档案管理系统中，CA 电子认证服务机构没有参与到相关业务流程，因此 CA 电子认证服务机构经营变动不会影响第一点的验证。

对于第二点，档案电子签名内嵌签名时间戳，签名产生时间由时间戳验证，不受 CA 电子认证服务机构的经营变动影响。

对于第三点，档案电子签名内嵌证书链，其验证不受 CA 电子认证服务机构经营变动影响。对于根证书的验证参考，可以由国家信任源 CA 获取根 CA 证书，也不受 CA 电子认证服务机构经营变动影响。

对于第四点，《中华人民共和国电子签名法》规定签名证书必须标明证书有效期。因此，即使发生 CA 电子认证服务机构经营变动，签名时证书是否处于有效期中依然可以通过签名证书及签名时间戳进行验证。

对于第五点，数字证书中证书用途项是区分证书用途的重要标识，所有数字证书必须明确标注此项，所以此项验证由签名证书自身提供数据完成验证。

对于第六点，验证数字证书在数字签名时是否被吊销，需要调用 CA 电子认证服务机构提供的证书吊销状态服务进行验证。这使数字签名的验证一定程度上受到 CA 电子认证服务机构的经营变动影响。为此，GB/T 25064—2010 和 ETSI TS 101 733 标准专门为电子档案长效签名设计了应对策略。规范中要求，数字签名扩展为电子档案长效签名，需要把当时验证证书是否被吊销的数据保存到签名值中，并通过时间戳保护，确保其能长期有效抵抗 CA 电子认证服务机构经营变动风险。

从以上六点的分析可知，CA 电子认证服务机构的经营变动的确会为数字签名的鉴定带来影响，但档案电子签名的数据格式，已经针对性地设计了应对策略，所以是可以抵抗 CA 电子认证服务机构经营变动带来的鉴定风险的。

(4)具有应用意义与价值

呼应前文所提出的“电子档案长效保存技术架构”，要得出电子文件真实性认定结论，电子文件需完成其中的“电子文件完整性保障体系”“电子文件真实性保障体系”“电子文件安全性保障体系”的鉴定。档案电子签名的鉴定，完成了“电子文件完整性保障体系”的鉴定，以及“电子文件真实性保障体系”中原始性的认定。“电子文件真实性保障体系”中的其他条目认定，由电子档案管理系统的管理日志与管理操作记录来校验，其校验结果由管理制度来保障其可靠性。最后验证电子档案管理系统是否符合“可靠硬件”“可靠系统”的要求，完成“电子文件安全性保障体系”的鉴定。最终可以得出电子文件真实性结论。

这种验证模式，相对于现有的双轨双套制电子档案管理办法，极大地简化了电子档案管理与操作的流程，极大发挥了数字化管理手段与数字化管理系统于电子档案长久保存中的应有作用，极大地节省了电子档案管理的成本开销。这使档案管理人员可以重新优化资源调配，而无须顾虑因电子档案真实鉴定而带来的困扰；使电子档案的鉴定由纸质材料结合数字化信息的鉴定方法，走向全数字化的鉴定方法，且其鉴定过程比原来的更加规范、更加高效、更有说服力；使单套制的电子档案管理，由理论上可行，转变为技术上可行、管理制度上可行、法理上可行。

7.1.5 电子档案长效保存与电子认证服务机构无关性

档案管理者对档案中的数字签名可能会有两个顾虑：第一，第三方认证中心是以企业方式运营，一旦认证中心出现各种经营状况，如何保证应用其数字证书签署的数字签名不受影响；第二，一旦应用某认证中心的数字证书，是否意味着与其相关的业务将从此被绑定，不能变更其他服务提供商。

对于顾虑一，从技术角度上看，应用上述所提的档案电子签名 ES-A，是无须考虑这些问题的，这些问题更多是因为电子文件中存在保护等级低的数字签名而产生的。对于数字签名的应用，实际上各种不同保护级别的数字签名，其应用场景是不同的，并非所有数字签名都适合用于档案归档或长久保存。但不可避免地，各种保护等级的数字签名，因为各种不同原因，都有可能成为电子档案的一部分而需要长久保存。所以要理清电子档案中数字签名的管理思路，必须展开针对性的研究，制定各种不同情况的应对策略，从而打消此顾虑。

对于顾虑二，我国对 CA 电子认证服务机构业务开展，有较完善的管理制度规范，实际上，电子档案管理与 CA 电子认证服务可以做到互不关联，互不影响。但要理清这些关系仍需展开研究。

对此，下文将研读国家政策，对已有低保等级的数字签名的归档应对策略，以及电子档案与第三方 CA 电子认证服务的非关联性展开研究，并提出解决方案。

7.1.5.1 CA 认证服务机构业务变更对数字签名的影响

一般情况下，平常所说的数字签名为 SignedData，设计之初主要用于解决在线交易时可靠地验证交易双方虚拟身份的问题。在这种应用场景中，数字签名的生存时间很短，每完成一笔交易，即可销毁数字签名，依赖其认证的业务只在一瞬间。但随着信息技术发展，数字签名的应用范围变得越来越广泛，应用意图变得越来越复杂。其生存时间，也随之变得越来越长久。如今，数字签名技术已被常用于收发邮件，签署一些重要文件，甚至是一些行政文件。这种情况下，不可避免地，数字签名成为了电子档案的一部分。数字签名的有效性，将影响电子档案的有效性。

对此，数字签名格式标准的制定组织，早已设计了一系列的 SignedData 扩展格式，通过对 SignedData 进行扩展，使数字签名可符合不同应用场景的要求。其中，上文提及的档案电子签名 ES-A 便是这扩展格式中的一种。

在我国，档案管理行业对数字签名的研究尚处于初级阶段，对需要归档的电子文件内容中所使用的数字签名格式并没有明确的规范要求。导致电子文件中的数字签名方式各有不同、保护的等级也各有不同、验证的标准也各有不同。多种不同格式的数字签名混杂于各种电子档案中，给电子档案管理带来极大困扰。但只要CA电子认证机构正常经营，是不会有严重问题发生的。而一旦CA电子认证机构的经营发生变动，那么这些问题将集中爆发，尤其表现在电子档案长久保存中的数字签名验证上。

档案管理者认为，CA电子认证机构业务变动对电子档案的影响，主要体现为以下几点：第一点，档案中数字签名结构复杂，如果缺少CA电子认证服务机构的技术支持，难以正确解析；第二点，缺乏CA电子认证中提供的必要的验证数据，数字签名的验证变得不可靠；第三点，缺乏根证书的验证参考，不能有效验证证书链。但实际上，以上三点均有应对策略。

针对第一点，其实是因两个不同行业间的技术隔阂，而产生的对数字签名格式解析的误解。在管理制度上，我国的《电子认证服务管理办法》中有明确的规定，电子认证服务机构有保证“电子签名依赖方能够证实或者了解电子签名认证证书所载内容及其他有关事项”的义务，其中数字签名值应属于其他有关事项范围，这说明CA电子认证服务机构有义务告诉依赖方，其数字签名的格式标准；在技术上，所有数字签名，只要其格式符合标准，都可以按标准进行解析。两者结合得出，虽然数字签名的数据结构复杂，但仍然是可解析的，即使存在技术门槛，也可寻求其他第三方按格式标准对签名进行解析。所以，作为电子档案管理单位，只要在电子文件归档前，已有其数字签名格式标准的记录，即使发生CA电子认证服务机构经营变动，电子文件中的数字签名值的解析，仍然有相关标准可依，可由其他第三方完成解析或验证工作。进一步地，当电子档案需要长久保存时，档案管理者同时保存档案中所包含的数字签名格式标准，即可解决数字签名的解析验证问题。

针对第二点，实际上数字证书完成验证后，其验证数据是允许独立保存起来的。而且这些数据，均附有签发者的数字签名。这些签名可保障这些验证数据的完整性，以及绑定验证数据与其产生来源的关系。据此可得出，电子档案长久保存过程中，要避免因缺少证书验证数据来源，不能完整验证数字签名，而带来的电子档案有效性风险，档案管理者应采取保障策略防范于未然，把数字签名的完整验证数据归集到电子档案中，或作为电子文件与电子档案一起保管。

要把完整验证数据归集到电子档案中或作为电子文件，可以分以下三种情况进行处理：

①电子文件尚未归集尚未签署的情况，可以采取这种做法——通过规范数字签名格式的保护等级，实现完整验证数据与电子文件的整合。这种做法，只需要求使用的数字签名等级为 ES-XL 或以上，那么在签名签署时已同时把“完整验证数据”加入签名格式中。电子文件按原有模式进行归档，无须额外处理。这种做法的应用前提是，档案管理者需清楚地知道数字签名的数据格式及对应的标准规范，归档时，需把这种格式标准与电子档案一同归档，留待日后验证参考。

②已签署数字签名而未归档的情况，分两种状态，一种是整理时签名的数字证书是有效的，另一种是整理时签名的数字证书已超出有效期的。前者，在电子文件归集前，需重新收录这些完整验证数据，保存为电子文件，成为电子档案的一部分，利用档案元数据记录签名与完整验证数据的关系，再进行归档。后者，档案整理人员需要联系 CA 电子认证服务机构，为这些超出有效期的数字证书出一份有效性证明，由档案元数据记录数字证书与有效性证明的关系，与电子档案一同归档。

③已签署数字签名且已归档的情况，仿照第二种情况中的两种状态进行处理的方法，对完整验证数据、有效性证明进行归档，由档案元数据索引这份归档文件中各种证明材料与已归档档案的关系。

针对第三点，数字签名的验证，需要验证签名证书是否由信任的签发者签发，由信任的签发者签发的数字证书方有效。数字证书的证书链验证，就是检查证书是否由信任的签发者签发。证书链实际上是一组数字证书的集合，这个集合中，最顶层为 CA 根证书，往下是由 CA 根证书签发的中级 CA 证书，再往下是由中级 CA 证书签发的次级 CA 证书，按这种模式直到最终的用户证书。这种结构的验证，最关键的是 CA 根证书的验证，如果 CA 根证书不可信，那么整条证书链都是不可信的。而 CA 根证书的验证需要提供参考，一旦未能提供验证参考，那么将无法有效验证。一般情况下，可以从 CA 电子认证服务机构取得其 CA 根证书作为参考，对证书链的根证书进行验证。但在电子档案的长久保存过程中，一旦CA电子认证服务机构的经营发生变动，是否意味着失去这些CA根证书的可靠参考？

实际上并非如此，根据我国现有的规定，所有CA电子认证服务机构，其使用的根证书均由国家信任源根CA中心签发。无论CA电子认证服务机构发生任何经营变动，国家信任源根CA中心均有其签发的根CA证书的记录。换句话说，即使CA电子认证服务机构的经营发生变化，其根证书仍然由国家级行政机构保管，这使得证书链的验证不受CA电子认证服务机构经营变动的影响。

国家信任源根CA中心是国家信息化的重要基础设施，是国家网络信任体系信任链中的信任源点，是解决电子政务、电子商务等数字证书跨区域(部门)互相认证的有效途径。国家密码管理局从2004年就开始组织研究和论证建设国家网络信任体系数字证书信任源的必要性和可行性，并组织建设了国家网络信任体系数字证书认证信任源根CA试验系统，从技术上证明了建设根CA中心的可行性。在此基础上，2005年组织建设根CA中心，开展根CA中心试运行和运营CA接入根CA中心的试点工作。截至目前，根CA中心已为55家运营CA提供了证书认证服务，并实现了这些运营CA签发的数字证书间的相互认证。

7.1.5.2 应用档案电子签名与CA认证服务的无关性

档案电子签名的应用前提是，电子档案管理系统需符合"长效保存的技术架构"。实际上，档案电子签名只是电子档案原始性认定技术中的一种，凡符合"电子文件完整性保障体系"的原始性认定技术要求的技术，均可替代之。不存在必然的依存关系。但"长效保存的技术架构"中一旦采用档案电子签名作为原始性认定技术，那么电子档案日后进行验证时，必须验证档案电子签名的有效性。这种验证好比对一份已被手写签名的纸质文件的鉴定，如果不首先鉴定手写签名的真伪，那么这份文件的有效性将存疑。从技术上看，档案电子签名是一种自带长效认证机制及独立验证机制的电子签名格式。自完成初次构造后，其与CA电子认证服务机构实际上是没有硬性依存关系的，其有效期延长与签名验证均并不绝对依赖于 CA 电子认证服务机构。

档案电子签名中包括验证签名证书的所有必要数据，单靠签名本身可以对数字签名及签名证书完成验证。档案电子签名的数据结构中，具有保存验证签名及数字证书的相关项。可由其中构造签名证书的证书链，验证证书是否由信任的签发者签发。所有证书的撤销状态验证数据也可由其数据结构中抽取，用于验证对应证书的有效性。档案电子签名的有效期由一层嵌套于另一层上的档案时间戳保障，这些时间戳均嵌入了验证时间戳证书有效性的所有数据，其验证也是不受 CA 电子认证服务影响的。这样，只要档案电子签名的长效运行机制正常工作，理论上其有效期是无限长的。而且，这种运行机制也是不受 CA 电子认证服务机构影响的，由电子档案管理系统自行运转。

7.1.5.3 变更 CA 电子认证服务机构与电子档案管理无关性研究

我国的 CA 电子认证服务机构大多数是企业性质的，所以 CA 电子认证服务实质上是企业提供的服务。数字证书应用单位采购这种服务，是一种商业行为。这种商业行为里，业主方有权自主选择符合需求的服务提供商，也有权自主更换。但由于 CA 电子认证服务的应用改造相对复杂，在许多用户看来，应用了 CA 电子认证服务，将导致应用系统与其紧密绑定，难以再更换其他服务提供商。档案管理者也普遍持有这种观点，这使他们为难：一方面，可靠数字签名具有法律效力，可使电子档案的管理和利用更高效，更便捷；另一方面，数字签名的应用，会带来 CA 电子认证服务与电子档案管理系统过分紧密的结合，导致档案管理单位对档案管理系统丧失主导权。

实际上这是一种对 CA 电子认证服务的误解，可以从以下两个层面进行分析。

从自主选择层面来看，实际上 CA 电子认证服务是同质化的服务，对于企业，完成一次改造后，如需接入其他 CA 电子认证服务提供商，只需在原有的改造基础上，增加相关信任策略接入或驱动接入，无须再次大规模修改。这是因为，我国对 CA 电子认证服务制定了完备的行业标准，使单位或个人对 CA 电子认证服务可自主选择替换，不受特殊限制。

从是否接入技术可替代层面来看，CA 电子认证服务的接入，只是为电子档案管理提供多一种保障方法的选择，并不会影响电子档案管理业务的原有流程。参考上文所述的“电子档案长效保存技术架构”，数字签名技术只是架构中的一种技术手段，凡是符合此架构对于原始性认证要求的技术，均可采用。

7.1.5.4 政策对 CA 电子认证服务的完备规范要求

在我国，CA 电子认证服务行业属于受监管的行业，由工业和信息化部监管，为了规范电子认证服务行为，对电子认证服务提供者实施监督管理，工业和信息化部根据《中华人民共和国电子签名法》和其他法律、行政法规的规定，制定了《电子认证服务管理办法》，规范电子认证服务行业的经营。

其中，第二十八条规定电子签名认证证书应当准确载明下列内容：签发电子签名认证证书的电子认证服务机构名称；证书持有人名称；证书序列号；证书有效期；证书持有人的电子签名验证数据；电子认证服务机构的电子签名；工业和信息化部规定的其他内容。

第十五条规定了电子认证服务规则的制定策略。其规定如下：电子认证服务机构应当按照工业和信息化部公布的《电子认证业务规则规范》等要求，制定本机构的电子认证业务规则和相应的证书策略，在提供电子认证服务前予以公布，并向工业和信息化部备案。

第十七条规定电子认证服务机构应当保证提供下列服务：制作、签发、管理电子签名认证证书；确认签发的电子签名认证证书的真实性；提供电子签名认证证书目录信息查询服务；提供电子签名认证证书状态信息查询服务。

同时，《电子认证服务管理办法》也为发生电子认证服务暂停、终止情况需要更换服务给出了明确的说明。第四章中第二十四条规定：“电子认证服务机构拟暂停或者终止电子认证服务的，应当在暂停或者终止电子认证服务九十日前，就业务承接及其他有关事项通知有关各方。电子认证服务机构拟暂停或者终止电子认证服务的，应当在暂停或者终止电子认证服务六十日前向工业和信息化部报告，并与其他电子认证服务机构就业务承接进行协商，作出妥善安排。”

这些规定使 CA 电子认证服务机构的服务，实际上是同质的，使用 CA 电子认证服务的企业可以按需自主选择提供商，而无须担忧档案管理业务被某 CA 电子认证服务机构挟持。

总结上述论点，CA 电子认证服务是可替代可剥离的。

但要真正理清电子档案管理和 CA 电子认证服务的关系，其中还有一个关键问题——用于证明数字证书与证书持有者关系的申请凭证，是由 CA 电子认证服务机构保管的，这些凭证与 CA 电子认证服务的关系必须理清。这个问题是电子档案管理与 CA 电子认证服务机构无关性的最根本问题，只有解开这种关联，方可说明两者并非硬性关联。

7.1.5.5 如何解开数字证书申请材料与 CA 电子认证服务机构的关联

在实际的数字证书申请业务流程中，CA 电子认证服务机构要求申请者填写并提交一份数字证书申请材料，只有材料审核通过后，方为申请者制作数字证书。这份申请材料是体现证书申请者与数字证书绑定关系的重要凭据。如果不作特殊规定，这份凭据完全由 CA 电子认证服务机构保管，一旦其发生经营变动，将导致证明材料流失；又或者，这些凭证终有一天被 CA 电子认证服务机构销毁，而导致长久保存的数字签名失去重要凭证。以上问题，对于普通数字证书用户是没有太多影响的，但对于档案管理者却是一个很大的困扰。

对于只保存单套电子档案的档案管理系统，其保存的档案如果带有数字签名，那么数字签名将直接影响档案的有效性，而数字签名不可抵赖的重要证明凭证是证书申请时提交的材料，一旦证书申请材料遗失，数字签名的不可抵赖性将存疑，电子文件的有效性也存疑，最终导致电子档案失去保存价值。要破解此难题，可从管理制度与管理流程着手寻求解决办法。

实际情况中，CA 电子认证服务机构对证书申请材料并不可随意销毁。现有的《电子认证服务管理办法》对于证实数字证书内容的材料有以下规定。

第十八条规定电子认证服务机构应当履行下列义务：保证电子签名认证证书内容在有效期内完整、准确；保证电子签名依赖方能够证实或者了解电子签名认证证书所载内容及其他有关事项；妥善保存与电子认证服务相关的信息。

第二十四条规定电子认证服务机构拟暂停或者终止电子认证服务的，应当在暂停或者终止电子认证服务九十日前，就业务承接及其他有关事项通知有关各方。电子认证服务机构拟暂停或者终止电子认证服务的，应当在暂停或者终止电子认证服务六十日前向工业和信息化部报告，并与其他电子认证服务机构就业务承接进行协商，作出妥善安排。

根据以上两条规定，CA 电子认证服务机构有义务保障其签发的数字证书所签署的数字签名是能够被证实或了解的。换言之，附有数字签名的电子文件，需要被长久保存的，CA 电子认证服务机构也需要设法保障这些被保存的数字签名可以被证实或了解。但实际上，这并不是由 CA 电子认证服务机构可以独力完成的任务，而需要 CA 电子认证服务机构与档案管理单位通力合作。基于此，根据不同的情况，提出以下三种应对方法，保障被长久保存的数字签名是可被证实或了解的。

①对需归档电子文件中，签名的数字证书仍有效的情况。对于这种情况，在技术上，除按上文所说把完整验证数据归集到电子档案中以外，无须做其他特殊处理。管理上，已列为档案一部分的数字签名，其对应的证书，以及证书申请材料，亦应由 CA 电子认证服务机构或相关单位归档保管。但由于证书是有效的，这代表证书仍需正常使用，那么证书申请材料依然由 CA 电子认证服务机构保管。待证书失效后可把这些材料移交到档案管理单位归档保管。具体做法可参考：

电子档案归档时，档案管理单位应抽取签名数字证书的相关标识，形成需归档的证书申请材料索引列表，出具移交备忘录或移交计划，与 CA 电子认证服务机构共同签署，一式两份。这份文件要求 CA 电子认证服务机构于证书失效五年后(具体时间可由双方协定)，把相关证书的申请材料移交到档案管理单位，由档案管理单位归档保管。档案管理单位接收材料后需出具接收/移交证明，CA 电子认证服务机构妥善保管该证明。这样，在 CA 电子认证服务机构的相关业务中，若有其他单位或个人需要调取相关的证书申请材料时，通过接收/移交证明指引其到档案管理单位查档。

②对需归档电子文件中签名的数字证书已失效的，档案管理单位或档案整理人员，应与 CA 电子认证服务机构充分沟通协商，寻求符合双方规定的解决方案。具体方案可参考：

对于申请材料未被销毁的，可按第一种情况完成相关材料的移交归档。对于申请材料已被销毁的，如有扫描文件留底，亦可参考第一种情况，进行操作；若没有留底，则需由 CA 电子认证服务机构对相关情况进行说明，并开出相关证明材料。对于申请材料已被销毁的情况，无论有没有扫描文件留底，CA 电子认证服务机构均需为档案管理单位开具证明，说明这些证书签发时，申请者是自主申请的。档案管理单位，收到这些材料或证明后，应作为档案妥善保管。这样做的目的只在于，用尽一切办法确保数字签名仍可被证实。

③对于 CA 电子认证服务机构的经营已发生变动的，根据《电子认证服务管理办法》的规定，必定有另外一家机构接管这些数据。此时，可以向接管机构提出移交相关材料的要求，按第一种或第二种情况进行处理。

由于 CA 电子认证服务有较完善的管理制度，所以无论发生何种情况，都是有应对策略保障电子档案中的数字签名是可被证实的。但这些策略大多都只停留于构思或计划层面，要使这些策略真正合法、合规、可行、可操作，需要制定更高层次的管理办法或通过立法来促进。

综上所述，电子档案管理与电子认证服务是非关联的。缘于我国对电子认证服务的业务开展有较完善的管理规定，电子认证服务的完整生命周期中，各个阶段均有完善的管理规定作指导。这使各 CA 电子认证服务机构对于任何行业均同质，可替换。

7.2 电子档案交接过程中的信任机制

本节基于"电子档案交接过程中的信任机制研究"(2017 年国家档案局科技项目，编号 2017-X-42)，更新呈现跨部门跨行业跨区域的电子档案可信交接工作的理论依据和对技术的探索。该项目探讨了职能法定、制度先行、依规操作、技术支撑等电子档案可信交接理论基础，研究了 CA 在电子档案可信交接中的应用问题，提出了基于 CA 认证的电子档案可信交接模式，设计了电子档案可信交接传输协议、电子档案可信交接工具、电子档案可信交接数据结构，建立了统一标准的跨部门跨行业跨区域的电子档案可信交接模式。对于解决电子档案交接工作可靠性、便捷性问题能发挥相应作用。

7.2.1 我国电子档案交接工作开展情况及主要方式

根据中国人民大学信息资源管理学院 2010 年 6 月开展的"我国省级、副省级档案馆电子文件移交进馆及管理情况调查"，全国大多数省级、副省级档案馆均在进入 21 世纪后陆续开展起电子文件移交工作。[①] 而广东省档案局 2018 年上半年对全省数字档案馆建设情况的调研结果显示，全省各级档案馆中有 30% 已开展电子档案接收。接收的内容除立档单位的 OA 电子公文外，还包括声像档案、行政审批事项以及其他电子政务商务文件等原生电子档案；电子档案移交和接收的主要渠道仍以离线光盘、磁带等介质移交为主，但已有 21.4% 的档案馆逐步开展了在线移交试点工作。[②]

由于各立档单位所使用的信息系统与国家综合档案馆所使用系统普遍不相同，在电子档案交接上通常采用协商接口标准的方式解决。一般

---

① 刘越男，杨程婕，熊瑶，等. 我国省级、副省级档案馆电子文件移交进馆及管理情况调查分析[J]. 档案学通讯，2011(4)：7-12.

② 省档案局馆技术处. 全省数字档案馆建设情况调研报告[J]. 广东档案，2018(5)：15-18.

由档案馆发布电子档案移交接收标准，不管各立档单位使用怎样的信息系统，其最后形成的电子档案的数据格式、元数据格式、相关过程信息、封装打包形成电子档案的技术要求，都必须符合档案馆的接收标准要求，以此来解决不同系统之间电子档案移交、接收存在的实际问题。

另外，国内也有通过软硬件结合方式完成电子档案移交接收的档案馆。例如，江苏省昆山市档案馆使用的电子档案移交一体机，采用 USB 插拔式专用硬件盒，将控制软件和应用软件固化在硬盘盒中，利用身份认证、数据冗余、数据加密、磁盘等技术防护手段，形成一个集电子档案收集、整理、移交于一体的工具。① 山东省档案局(馆)组织研制出电子文件归档移交接收机，利用自然人和法人身份证、机构代码证等法定证件建立电子档案移交过程的可信证据链，使用具有自主知识产权的主板、磁盘存储的软硬件技术，实现了对电子文件编目、“四性”检测、关系证据链固化和存储，并自动生成“电子档案移交接收交接单”和“电子档案‘四性’检测结果报告”。②

7.2.2 电子档案交接过程中的信任对象分析

电子档案交接过程的信任对象包括四个层面：一是对交接双方身份和权限的信任，即交接时需确认对方是合法的移交者或接收者；二是对数据传输过程的信任，即需确认在线或离线移交过程中数据不会被窃听、盗取或篡改；三是对电子档案内容的信任，即电子档案在移交前需被证明是真实的、完整的、可用的，在接收动作完成后能被再次证明与移交前是一致的；四是对交接凭据的持久信任，即记录交接过程及相关责任者的证据信息在档案保管期限内甚至在更长期限内可查可溯。

要实现对上述四个层面对象的信任，涉及一系列的信任关系，具体来说，交接业务的组织开展受参与双方法定职能的要求和约束，产生法定职能型信任；交接业务依照一系列政策法规和规章制度开展，产生制度型信任；交接过程主要由交接双方业务人员按照标准规范、操作规程

---

① 陈勇，程知，杨安. 电子档案移交一体机安全技术措施设计[J]. 山西档案，2018(3)：55-56.

② 孙洪鲁，储牧园. 用法定证件明确责任者的电子文件归档移交接收机[J]. 中国档案，2017(3)：64-65.

合作完成，产生能力型信任；交接过程中采用的技术保障手段、生成的各种凭据，产生技术型信任。

7.2.3 电子档案交接过程中信任机制的组成

通过对上述一系列信任对象和信任关系的梳理分析，得出以下结论：要减少乃至消除人们对电子档案交接过程中的各种疑虑，应从职能法定、制度先行、依规操作和技术支撑等方面出发，构建起电子档案交接过程中的信任机制。

(1)职能法定

电子档案交接双方的信任首先是建立在法律赋予的职能上。按照《中华人民共和国档案法》和《中华人民共和国档案法实施办法》，机关、团体、企业事业单位和其他组织必须按照国家规定，定期向档案馆移交档案；中央和县级以上地方各级各类档案馆，是集中保存、管理档案的文化事业机构，负责接收、收集、整理、保管和提供利用各分管范围内的档案。从以上法律条文可得知，机关、团体、企事业单位和其他组织的档案机构是档案移交的法定主体；各级各类档案馆是档案接收及提供利用的法定主体。移交单位向档案馆移交的符合进馆要求的档案具有法律凭证作用，档案馆经规范接收、保管并提供利用的档案也具有法律凭证作用。

档案的凭证作用基于其真实性，真实性程度越高，即被认为具有更高的凭证性价值以及更高的司法可采性。档案的真实性可划分为两个方面：一是文件在形成过程中的真实性，即一份文件客观反映和真实记录了机构业务活动；二是文件在形成之后的真实性，表现为文件(档案)在业务活动结束之后的生命周期里未被更改，仍然保持产生时的本来面貌。[①] 从文件形成到归档移交前的真实性只能由文件形成部门负责，就电子档案而言，电子文件在生成和办理过程中是否被篡改或破坏，是前端文件形成甚至系统设计与维护的工作，因此，档案移交方在向档案馆移

① 陈永生，杨茜茜，侯衡，等. 电子政务系统中的档案管理：问题与思考[J]. 档案学研究，2015(2)：28-37.

交前须确保电子档案的真实性。按照传统载体档案移交接收的思路，采取来源可信原则，档案接收方在从法定档案移交方处接收档案时，默认接收到的档案是真实的，是具有法律凭证性的，档案接收方的职责是维护档案的原始状态，保障及延续档案的真实性。对于电子档案移交接收的情况，可以延用这一思路，区别在于对传统载体档案的移交接收，交接双方的信任关系是基于对机构实体和人员实体的信任，交接动作是由交接双方面对面完成的，交接手续是由交接双方单位和工作人员通过签字、盖章的方式实现的；而电子档案的移交，尤其是在线移交，交接双方的身份信任以及数据传输过程的信任成为电子档案法律凭证性得以延续的关键问题。

（2）制度先行

制度是法定职能得以有效履行的根本途径。档案移交方和接收方其法定职能的履行需要相应的政策法规和规章制度为指引，只有这样才能做到目标清晰、职责明确、工作有序。现行的电子档案移交接收的规范性文件就是《电子档案移交与接收办法》，其中明确了电子档案形成单位和各地国家综合档案馆在电子档案管理中各自的职责；明确了电子档案的移交时间；明确了电子档案的技术要求，如元数据、数据封装、数据格式和技术解密等要求；明确了电子档案移交和接收流程；明确了在电子档案移交和接收过程中必须对其进行准确性、完整性、可用性、安全性等方面的检测；明确了交接双方的交接手续；明确了在接收电子档案的程序、条件、管理等方面的要求；等等。这为从制度上保障档案移交方和接收方法定职能的有效履行搭了一个很好的框架。①

针对电子档案交接过程的信任问题，本章建议在此基础上进一步完善细化规章制度要求，包括：第一，电子档案移交和接收流程增加对交接双方身份的验证确认。身份认证是交接凭据的基础，只有身份有效，凭据才有效，交接工作才具备法律凭证性。第二，明确电子档案交接过程应采用统一的电子档案交接数据传输协议，任何电子档案管理系统均

---

① 周峰林. 电子档案的移交与接收：专访国家档案局技术部副主任蔡学美[J]. 浙江档案，2013（2）：5-6.

可接入此协议，与其他同样接入此协议的平台实现畅通无阻的标准化电子档案在线移交，解决异构系统间电子档案数据交接问题。第三，明确档案移交方和接收方各自对电子档案内容验证的职责。档案移交方负责对档案真实性、完整性、可用性和安全性进行检验，并将检验结果登记在交接登记表上；档案接收方对档案的真实性、完整性、可用性和安全性进行再次检验，并对档案内容是否与移交前保持一致进行校验。第四，明确档案交接凭据记录的交接过程及相关责任者应齐全完整，凭据与相应的电子档案本身应建立关联，随着电子档案的保管一并流转，实现可查可溯。

(3)依规操作

依据法定的职能，按照相关政策法规和规章制度的规定，电子档案交接工作最终需由交接双方业务人员具体执行，也就意味着电子档案交接过程的信任关系有可能会受到人为因素的影响。因此，电子档案交接工作的执行应有清晰完善的操作步骤及业务流程，交接双方业务人员依规操作，尽可能减少人为自由操作的空间，才能最终保证信任关系的落实。

在电子档案交接工作中，移交方在进行电子档案移交之前需要对要移交的电子档案进行系统化的整理，如格式转换并保存相关元数据，对电子档案及其元数据进行维护或技术升级等。移交工作一开始，交接双方需进行身份确认，并按约定方式建立交接通道，同时移交方要对电子档案的真实性、完整性、可用性和安全性进行“自检”，校验无误后，才正式进行移交。接收方接收到电子档案后，同样需要对其进行检测，同样包括电子档案的真实性、完整性、可用性、安全性的检测，以确认电子档案合乎要求。同时也要对电子档案的技术要求如元数据、数据封装、数据格式、技术解密等进行检测，确认其符合接收要求。只有检验合格的电子档案，才能接收进馆；不符合接收要求的电子档案，则要退回移交方重新整理。[①] 当接收方检测完成之后，交接双方就要办理电子档案的

① 陈永生，苏焕宁，杨茜茜，等. 电子政务系统中的档案管理：移交进馆[J]. 档案学研究，2015(6)：27-34.

移交接收手续。在档案的交接过程中，交接手续确认是十分关键的工作环节，它意味着交接双方对交接工作进行了确认与验收。为了使档案的法律凭证性得以有效衔接，以上各环节的操作都应按规范进行，并且尽可能由系统自动完成，减少人为不确定性因素的干扰。

(4)技术支撑

提高交接工作可信度，提高交接工作效率，较好的选择就是减少重复性、效率低的人工手动操作，有效的方式就是使用自动化水平高的应用系统，将操作步骤、流程规范融入应用系统当中，将身份认证、数据传输通道建立、“四性”校验及交接凭据生成保存等通过技术手段嵌入应用系统当中。

近年来，在各种信息化系统中电子签名技术的应用变得越来越广泛，其具有的高效、安全、合法特性，使其成为解决网络身份认证问题的首选技术方案。国家法律法规对于电子签名的法律效力的认定，为其可信性提供了最有力的支撑，是本研究得以开展的重要前提。《中华人民共和国电子签名法》第十四条规定的“可靠的电子签名与手写签名或者盖章具有同等的法律效力”，以及第十六条规定的“电子签名需要第三方认证的，由依法设立的电子认证服务提供者提供认证服务”，确立了可靠电子签名的法律效力，并肯定了合法经营的电子认证服务机构对可靠电子签名产生的认证作用。可靠电子签名具有的四个特性(电子签名制作数据的专有性/唯一性、电子签名制作数据的保密性、电子签名的防篡改性、数据电文的防篡改性)为解决电子档案交接过程中的身份认证、数据验证、防篡改和防抵赖提供了强有力的技术支撑。《电子档案移交接收操作规程》中明确了电子形式的电子档案移交与接收登记表可“以电子签名方式予以确认”，也从另一侧面证明电子签名应用于保障电子档案交接双方权益的可行性。

7.2.4 对跨部门跨行业跨区域电子档案标准化移交问题的探索

钱毅认为，实践中因后端系统能力不足导致在归档环节将电子文件纸质化的案例屡见不鲜。[①] 学者苏君华等提出，档案保密与开放、利用与公布等原因引发矛盾的案例屡见不鲜，以用户为中心的服务理念在实践中有待完善。[②] 现状问题可以归纳为电子档案移交的流程化问题、数据标准化问题、传输标准化问题、身份信任问题以及电子凭据有效性问题。他们认为出现这些问题的根本原因在于，跨部门跨行业跨区域的电子档案系统间缺少共同信任的具有可操作性的电子档案移交信任机制。

要解决跨部门跨行业跨区域电子档案标准化移交问题，要以概念和共识为切入点，提出并传播电子档案交接信任机制概念，凝聚业务参与各方共识，再由电子档案交接业务本质和业务指导思想着手，制定一系列具有合法性、可行性、安全性、可操作性的标准化流程方案，三管齐下构建实质的电子档案交接信任机制。

7.2.5 跨部门跨行业跨区域电子档案可信交接的实现

(1)“CA 认证”作为验证交接双方身份可信性的技术手段

《中华人民共和国电子签名法》中第十六条明确规定“电子签名需要第三方认证的，由依法设立的电子认证服务提供者提供认证服务”。数字签名需要通过数字证书绑定签名者与签名密钥的关系，所以需要由合法的 CA 电子认证服务机构为签名者进行真实身份认证，确保签名者身份与数字证书的一致性。

在我国，CA 电子认证业务的开展实行准入制，要从事电子认证服务，应当向信息产业主管部门提出申请，由信息产业主管部门依法审查，并征求商务主管部门等有关部门的意见，审查通过后方可授予许可。

作为合法可靠的电子认证服务机构，法律授予 CA 电子认证服务机构开展电子认证业务的权利，也规定了 CA 电子认证服务机构必须履行的义务。《中华人民共和国电子签名法》中专门为 CA 电子认证服务机构业务的开展制定了以下规定：①依法制定并公布电子认证业务规则。②签发证书应查验申请人身份并对有关材料进行审查，确保所签发的证书准确无

① 钱毅. 电子文件“单套制”管理相关概念的辨析与思考[J]. 档案学通讯，2017(4)：8-13.

② 苏君华，宋帆帆. 基于管理规范维度的公共档案馆社会影响力建构探析[J]. 档案学刊，2022(1)：19-25.

误，确保证书内容在有效期内完整、准确。③暂停或者终止服务前应就业务承接及其他有关事项进行妥善安排。④妥善保存与认证相关的信息。以此规范CA电子认证服务机构的业务开展，保障其服务对象的合法权益。

(2)以“电子档案交接数据传输协议”规范电子档案移交处理流程

“电子档案交接数据传输协议”是为解决电子档案交接流程标准化问题而提出的一种规范性协议。该交互协议由一系列标准规范构成，主要包括：数字认证互认平台接口规范、电子档案交接接口规范、电子档案交接交互流程规范，以及用于电子档案交接的一系列语法、语义、业务状态码和同步规则。该种交互协议的提出和采用，将有效解决异构电子档案管理系统间电子档案数据交接的一系列问题，填补相关的技术标准空缺，使得电子档案交接可以实现流程化、标准化。

(3)以“电子档案交接的专用工具”作为数据传输的载体和组织实施方式

电子档案交接专用工具本质上是一种数据传输介质，有所不同的是，该档案交接专用工具是以数字方式存在。进行电子档案交接时，移交人员采用专用工具生成容器、注入电子档案数据，并生成数字签名封条封闭容器。容器一旦被封闭将禁止任何数据注入和修改。一个封闭的容器即是一批待移交的电子档案，移交人员把一个封闭的容器发送给接收人员，完成移交。接收人员在收到封闭的容器后，同样使用专用工具验证数字签名封条的完整性和有效性，以此检查电子档案数据的完整性。确认封条有效、电子档案数据完整后，可以利用工具进行电子档案数据导出操作。

采用这种数据标准，可以在基于各种不同格式电子档案数据的复杂性的背景下，简化电子档案数据传输。另一方面，这种数据标准要求对传输数据进行加密，可以防止电子档案传输过程中被窃听。“电子档案交接的专用工具”采用数字签名方式保护电子档案数据，即确保传输数据完整性，这也使得这些数据来源可追溯可验证。

7.3 本章小结

建设项目电子档案标准及系统运行机制是确保电子档案安全性、真实性和完整性的关键环节。随着数字化和信息化技术的快速发展，电子档案在各行业的应用日益广泛，但其运行机制面临诸多挑战，尤其是在长久保存和移交接收方面。

长久保存是电子档案核心问题之一，关系到档案的安全性和可访问性。为应对这一挑战，本章提出了超越传统保管方式，聚焦保管需求和能力，扩展档案管理功能，并在合作中实现保管的延续性。数字签名技术在此过程中发挥着至关重要的作用，它通过公开密钥密码学技术解决身份认证、文件完整性和不可否认性等问题，为电子档案提供了技术保障。

信任机制在电子档案的移交接收中同样重要，它通过建立信任桥梁，确保信息交换的安全性和实用性，提高数据共享的效率和质量。信任机制的应用包括身份认证和授权、数据准确性和完整性的验证，以及委托管理机制。

在法律认可方面，电子档案面临原始性、真实性、完整性和安全性的挑战。《中华人民共和国电子签名法》为电子档案提供了法律效力的保障，确立了电子签名在确保电子档案真实性和完整性中的作用。此外，版式文件格式，尤其是 PDF/A 格式，在电子档案长期保存中的应用也得到了讨论，强调了标准化电子文件格式的重要性。

电子档案长效保存技术架构的提出，旨在通过技术手段确保电子档案的长期有效性和可验证性。该架构包括电子文件原始性保障体系、真实性保障体系和安全性保障体系。档案电子签名技术作为电子文件原始性认定技术，为电子档案的长久保存提供了技术支撑。

在移交接收机制方面，探讨了职能法定、制度先行、依规操作和技术支撑等理论，通过构建电子档案交接过程中的信任机制，确保了电子档案在跨部门、跨行业、跨区域之间的可信交接。此外，本章还提出了以 CA 认证作为验证交接双方身份可信性的技术手段，以及以电子档案交接数据传输协议和电子档案交接的专用工具来规范电子档案移交处理流程和作为数据传输的载体。

第 8 章 建设项目电子档案经典案例

在国内，广东省高速公路建设项目电子档案管理起步较早，广东省交通运输档案信息管理中心于2013年开始试点建设，2014年开始试点经验推广，历经十数年，在公路建设领域已经形成数百个成功案例。广东省交通运输档案信息管理中心联合相关项目和广州市微柏软件股份有限公司，还主导研究了多个国家档案局电子档案课题，已验收的3个课题均荣获国家档案局优秀科技成果奖，课题涵盖电子档案形成、保存和移交的全生命周期管理，完善了建设项目电子档案管理的全套机制。在广东省交通管理项目大力推行建设项目电子档案应用的影响下，全国超过200个高速公路建设项目使用信息系统直接形成不依赖纸质原件和手工签名的原生电子文件，超80个高速公路建设项目施行电子档案管理，并有超30个项目已通过档案专项验收。

8.1 发展进程

从2010年开始，广东省交通工程质量监督平台开始启用，工程质量资料从传统纸质向电子形式转变，同时维持了各项数据最初的细化程度，使得线上监管得以有序进行，也彻底摆脱了传统手工填写资料表格的诸多束缚，还为区域内电子档案管理打下了坚实基础。

2013年开始，广东省交通运输档案信息管理中心作为同时具备交通信息化技术和档案管理经验的专业部门，引领相关机构，展开了深入的研究与实践，最终打通了建设项目电子档案管理的业务通道。以科技项目“交通工程电子档案标准及系统研究”作为组织体系，解决了“电子文件归档为电子档案的可行性”中涉及的各项问题。2014年，以中国工程院院士沈昌祥，时任国家档案局副局长付华等专家组成的专家组对该课题进行了验收和成果鉴定。同年，经国家档案局、交通运输部档案馆同意，课题研究成果开始在广东省交通建设项目中推广应用。2015年课题荣获国家档案局优秀科技成果三等奖。在推广运用的过程中，又进行了“电子档案长久保存中数字签名技术的应用研究”“电子档案交接过程中的信任机制研究”两项国家级课题的研究，有序完善了建设项目电子文件归档与电子档案管理机制。

2018 年开始，在广东省高速公路建设项目电子档案管理工作推广成功后，国家档案局相继开展多批试点工作，以更大的力度推广电子档案。

8.2 课题研究历程

由于起步较早，没有任何可借鉴的成功经验和案例，也缺乏相关的政策、标准和规范支持，广东省交通运输档案信息管理中心和相关建设项目、信息化服务机构合作，创新性地找到了“试点带动、课题支撑”的电子档案推进路径。通过向国家、省行业主管部门和档案行政管理机构申请试点获得电子档案“准生证”，利用课题研究完成对电子档案规则和管理标准的一系列探索，结出了丰硕成果。

广东省前后承担的国家级有关公路建设项目的电子档案课题共 5 个，主题主要为电子文件、电子档案两类。第一个课题研究建设项目施工纸质资料转化为电子文件的“数据流”；第二个课题研究全省各高速公路建设质量数据、行业监管管理、试验检测资源的集中统一管理的系统实现；第三个课题研究电子文件的在线电子签名认证平台、电子档案管理系统、异地备份和恢复机制；第四个课题研究电子档案长效保存技术架构、技术方法、第三方电子认证服务非关联性、格式、行业规范；第五个课题研究基于数字认证技术的电子档案交接过程中身份与内容的验证机制。

8.2.1 电子文件系列课题

为研究信息化条件下建设项目施工文件质量动态管理、有效控制的措施，确保文件的完整性、辅助建设项目施工过程的质量管理，以及为研究各类施工技术表格、记录文件中，数据关联、访问、交换、自动纠偏的控制方法，确保文件的准确性，并为进一步实现数据检索、挖掘和电子文件自动管理提供支持，科技项目“信息化条件下建设项目施工文件质量控制研究——以高速公路为例”于 2008 年 3 月在广东省档案局立项，课题依托工程为“广东云梧高速公路”。2010 年 11 月，广东省档案科技工作委员会组成专家评审组，对课题进行了评审，认为该课题首次在广东省高速公路建设项目领域，按照国家有关施工文件归档管理的总体要求，借鉴国际标准（ISO 15489）的管理理念，系统研究了施工质量动态管理过程中的数据文件有效控制的方法，并通过软件系统予以实现。

2010 年 1 月起，广东省开展为期三年的高速公路建设质量管理提升行动，通过全面推行高速公路“双标”管理，以打造高质量、高水平的精品工程为契机，科技项目“广东省交通工程质量监督管理系统”在广东省交通厅立项。该项目基于当时的主流信息技术，对于满足上级主管部门对质量控制的要求，弥补当时质量监督系统的不足具有重要意义。在各级领导的高度重视、大力支持与指导下，经过项目研究组及全体参研人员广泛深入的探索与实践，2015 年该项目圆满完成了研究任务，达到了预期效果，实现了全省各高速公路建设质量数据、行业监管管理、试验检测资源的集中统一管理，实现了数据资源的开发再利用，打破了不同专业、不同项目之间的信息孤岛，促进了数据资源的再开发利用，为多学科协同工作提供了数据管理环境。

8.2.2　电子档案系列课题

为研究及建设交通工程电子文件的在线电子签名认证平台、电子档案管理系统、异地备份和恢复机制，保证相关的电子文件具有不可抵赖性、防篡改性和可追溯性；规范建设项目的档案工作，无缝对接广东省交通运输工程质量监督平台；建立档案数据的异地备份和恢复机制，有效保证数据的安全性，“交通工程项目电子档案标准及系统研究”于 2013 年在广东省交通运输厅立项，依托工程为“梅大高速及东延线”。2014 年 8 月 13 日，广东省交通运输厅科学成果鉴定后，认为该研究成果具有先进性和实用性，在国内交通工程项目电子档案领域达到领先水平，对国家电子签名法在交通行业档案领域应用实施有重要意义，具有良好的社会效益和推广应用前景。2015 年 10 月 25 日，该课题荣获国家档案局优秀科技成果三等奖(如图 8-1 所示)。在各级主管部门的支持下，2014 年 12 月 22 日，交通运输部档案馆批准并同意在广东省交通建设项目应用该研究成果，实施“双套制档案管理方案”。经国家档案局同意、广东省档案局发函对应用提出了指导意见，要求在应用过程中，及时总结有关经验，为今后形成地方和行业有关标准提供支撑。在国家档案局、交通运输部档案馆和广东省档案局的认可及支持下，2015 年 7 月 13 日，广东省交通运输厅印发通知，要求建设项目管理单位应用该课题研究成果。至此，在应用技术上做好了充分准备，制度上也有了相关保障。

“电子档案长久保存中数字签名技术的应用研究”于 2016 年在国家档案局立项，依托广东省交通运输档案信息管理中心，研究电子档案长效保存技术架构、技术方法、第三方电子认证服务非关联性、格式、行业规范。2018 年 9 月 12 日，该课题荣获国家档案局优秀科技成果三等奖(如图 8-2 所示)。

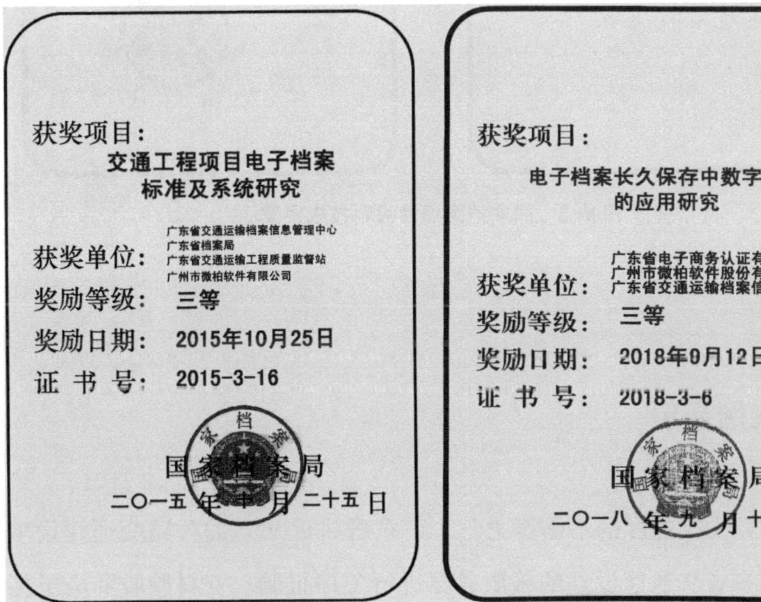

图 8-1　国家档案局优秀科技成果奖 1　　**图 8-2　国家档案局优秀科技成果奖 2**

“电子档案交接过程中的信任机制研究”于 2017 年在国家档案局立项，依托广东省人大常委会办公厅，设计基于数字认证技术的电子档案交接过程中身份与内容的验证机制，构建安全可信的交接通道；设计电子档案交接的数据结构，以支持基于不同操作系统、编程语言和储存方案所实现的电子档案管理系统间顺畅移交；提出跨部门跨行业的电子档案交接模式与解决方案。2021 年 11 月 22 日，该课题荣获国家档案局优秀科技成果三等奖(如图 8-3 所示)。

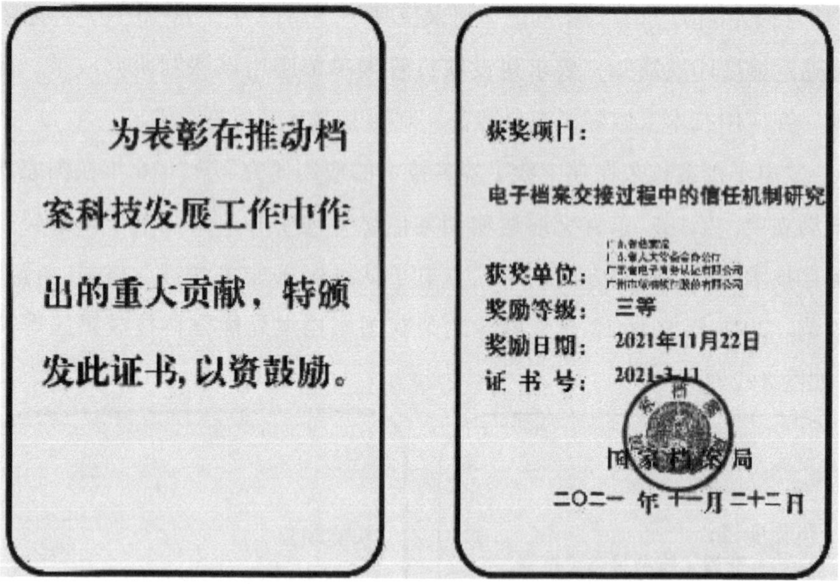

为表彰在推动档案科技发展工作中作出的重大贡献，特颁发此证书，以资鼓励。

获奖项目：

电子档案交接过程中的信任机制研究

获奖单位：广东省人大常委会办公厅
广东省电子商务认证有限公司

奖励等级：三等

奖励日期：2021年11月22日

证书号：2021-3-11

国家档案局

二〇二一年十一月二十二日

图 8-3　国家档案局优秀科技成果奖 3

8.3　案例启示

在广东省交通厅的不懈努力下，广东省将近 95% 的公路交通建设项目使用广东省交通厅设立的云服务器进行工序报验、资料验收和电子档案移交，大大提升了广东省交通领域建设效率和公路建设工程的数据和电子档案信息的共享利用水平，取得了显著的社会效益和经济效益。广东省建设项目电子档案管理的成功经验可以为全国各建设工程项目电子档案管理提供以下重要启示。

8.3.1 前端控制，过程管理

建设项目电子档案管理最典型的问题在于没有认识到前置管理的关键性。如果不能确保前端形成真实、完整、可用、安全的电子文件，那么后端的电子档案管理就没有物质基础，便完全失去了意义。传统的建设项目文件资料及档案管理工作，基本上是工程部门主控管理，档案部门被动参与，部门之间的协同是不均衡的。而电子档案管理需要覆盖电子文件形成与电子档案管理的全生命周期，电子档案管理的主要责任对象是档案部门，电子文件形成的主要责任对象是工程部门，但现状是工程部门事务繁杂，忽视使用业务系统形成电子文件的规范性、重要性，这是高速公路建设项目电子档案管理中严重的问题。

建设项目使用的信息化系统重心普遍落在业务工作流程上，使得业务工作更加高效，相应的，资料产生的速度越来越快，数量也越来越多，更加突出了手工签名的不协调性，人员流动大，代签、补签、伪签的现象在建设项目中非常普遍。电子档案是信息化建设的“最后一公里”。将电子档案作为全局目标，前置档案管理需求，以前端管理作为必要落脚点，整合建设项目工程资料电子文件形成，既能从源头上减少张纸耗费，避免整个信息传递过程中时间、空间、人力的相互限制，又能逆向促使工程建设过程更加完善，工程管理的效率将得到空前突破。

电子档案的关键是单套管理。其核心在于，工程资料为原生的电子文件，全程不打印、不进行手工签名。苏焕宁提出，档案工作受访者反映“双套制来源于相关管理部门的要求而非出于一种完全的自觉与自愿的行为”[①]。为避免一种业务的文件资料在物质载体上双轨并行，徒增工作负担，衍生新的信任风险，也让电子档案丢失初衷，《电子档案单套管理一般要求》(DA/T 92—2022)中明确了具体要求，电子文件形成过程中要使用业务系统，业务系统要具备电子文件流转、电子签名、安全认证等

① 苏焕宁. 近五年我国电子文件单套制归档研究进展[J]. 中国档案研究，2018(2)：216-225.

功能，具备电子文件在线归档基础条件。电子档案管理系统应支持从业务系统中在线接收归档信息包实现归档。

8.3.2 管理理念，多级联动

基于高速公路建设项目本身庞大、周期长等特点，其传统及现状档案管理理念是片面的、有缺陷的。在传统工作过程中，由于人力、物力限制，档案后补现象严重；电子档案管理开始介入以后，档案后补的现象仍然存在，同时责任团体还将实际工作中的固有困难转化为对电子档案管理的失效判定，这就体现出了系统管理理念缺失的背景问题。建设项目整体上对于档案的真实性、完整性、可用性缺乏责任感，在统筹管理层面上拒绝对现状充分考虑，重视快速成效，弱化价值投入，精于避责施压；在实施管理层面技能素质不足、职责繁复冗乱，重视表面参与，消解具体任务。这样的背景，一是使得电子档案管理难以介入建设项目，二是使得已经介入建设项目的电子档案管理难以持续，导致电子档案管理成为普遍盼望又集体拒绝的空中楼阁，难以推广实施。学者詹逸珂等认为，档案管理可进行触角延伸与职能社会化。[①]

建设项目要改善电子档案管理理念缺失的问题，需系统考虑，顶层设计，多级分担，着重于提升整体管理素质水平。建设单位、施工单位是高速公路建设项目中最为重要的两方主体，均应主动承担电子档案管理的统筹角色，在集团公司内部强化信息化部门、档案部门，并将信息化部门及档案部门的职责融入高速公路建设项目中，协助及监督工程部门开展电子档案管理相关工作。另外，由于工程部门人员任务繁重、压力较大，有时会出现对非传统事务的抗拒和排斥情绪，进而影响到实质的工作成效，还会阻碍信息化转型和电子档案管理的推行，这种情绪不应被无视。我们对此不要横加指责，要以公司及项目的整体价值提升作为共同努力的目标，强化宣传，多加引导，解决疑难；还可在公司及项目内部建立适宜的奖惩机制，联动工程部门、档案部门、信息化部门平等协作，尽职尽责。

① 詹逸珂，苏焕宁. 论档案化管理：文件归档范围的扩展[J]. 档案管理，2021(3)：56-59.

在广东省的实践经验中，广东省交通运输档案信息管理中心作为同时具备交通信息化技术和档案管理经验的专业部门，意识到传统项目档案管理模式已经无法适应高度信息化条件下的工程项目管理，若继续沿用将严重影响项目档案的规范性和管理效率。基于这样的现实困难，该管理中心决心突破传统档案管理模式，统筹分析归档模式改变将带来的一系列档案及计算机专业技术问题，积极争取领导支持，联合省档案局、省交通工程质量监督站等部门开展了长期的研究、实践和推广，引领建设项目、建设单位、施工单位共同开展电子档案管理相关工作，至今卓有成效。

8.3.3 制度体系，有据可依

"无以待之，则十百而乱；有以待之，则千万若一"是北宋文学家苏辙的名句。制度体系是否完善直接决定了高速公路建设项目电子档案管理是否有序。在高速公路建设项目领域，不仅电子档案制度体系缺失，而且传统档案制度体系也似乎是形同虚设。传统档案管理的关键节点就是想方设法通过竣工资料验收，其余环节便是凭感觉做事，轻视或违背档案真实性、完整性、可用性、安全性的现象屡见不鲜。传统档案管理工作中竭力避免出现突发问题，一旦出现突发问题，处理方式就是责任消解或者"无奈背锅"，最终常常以"法不责众"作为失职行为的借口。

"我们不但要提出任务，而且要解决完成任务的方法问题"这是伟大领袖毛主席分享的工作方法。经过行业团体的共同努力，电子档案体系制度的问题，目前已经发展到了有法可依的程度。2022 年 4 月发布的《电子档案单套管理一般要求》(DA/T 92—2022)对于电子档案制度体系提出了明确要求，其中列示了电子档案管理制度、技术和工作规范的具体名称和主要内容，管理制度为《电子档案管理基本制度》等 8 项，技术和工作规范为《电子档案数据规范》等 6 项。各建设项目及参建单位均可依据此份国家档案行业标准，结合自身业务特点，完善相应制度体系。在制度体系的建设方面，除了要解决方法论的问题，还要解决适宜执行的问题，高速公路建设项目电子档案管理是多方角色与事务的总和，无序的叠加和照搬规章制度不能产生效用，只会徒增负担。各建设项目及参建单位一方面应多方咨询以获取经验及相应资源，另一方面应谨慎对待每一条即将成文的制度规范，充分辨明其效用，勇于勤于做减法。

8.3.4 文件格式，坚持接纳

建设项目电子档案管理归档的文件格式一直备受争议，其中最主要的争议点是“以什么格式归档工程图纸”。可以象征性地将争议内容分为三个派别，一是工程技术派，主张以 DWG 等工程制图专业格式归档；二是工程科技派，主张以 RVT 等建筑信息模型(BIM)格式归档；三是工程实务派，主张以 PDF 等通用版式文件格式归档。不同的归档格式涉及不同的信息技术，将占用有限资源、带动偏见舆论、制造氛围假象，若不能妥善权衡并采取措施应对，将阻碍电子档案管理的推行。

因篇幅限制，本书不对争议内容展开解释，也不妄加评判孰是孰非，仅致力于厘清思路，明确关键内容以供参考借鉴。就电子档案管理实务本质来说，“以什么格式归档工程图纸”不是技术性的问题，而是权衡性的问题。技术水平是持续增长的，现在没达到，可能以后会达到；现在达到的，也可能不够成熟稳定。技术的争论必然是长存的，应保护这样的研讨氛围，才能促进技术不断发展改进。但是档案行业是基于历史展开工作的，需要充分考虑技术、时间、空间、实体、资源等多变量相互影响和限制，妥善权衡，做出选择，并加以实施和维护。苏焕宁认为，数字化转型阶段既要避免因循守旧，又要防止好高骛远，在把握归档本质的基础上，把握当下的现实问题与变化实际，根据制度设计和政策导向调整适应。① 在归档格式选择的问题上，以省、市为单位，各主管部门齐心协力达成区域性共识并推广实施建设项目电子档案管理，这样的选择是可行的；而等待某种技术足够成熟后再模仿采用，这样的选择是不可行的。

值得参考借鉴的是，在广东省高速公路建设项目电子档案管理推广

① 苏焕宁. 数字转型中的电子文件归档：坚守本质与适应变化[J]. 档案学研究，2022(5)：116-122.

运用过程中，基于课题研究的成果、现实事务的需求、可持续发展的观念，对于工程图纸及文书类电子档案，确定以 PDF 等通用版式文件格式进行归档移交，同步要求储存管理配套的可编辑原版文件。这项措施消除了文件格式的争议与矛盾，使电子档案管理得以运行。如今广东省高速公路建设项目电子档案管理体系已相对成熟，处于国内先进水平。

8.3.5 电子签名，长期推行

建设项目电子档案在文件内容里涉及诸多责任者，必须使用电子签名，才能取消传统手工签名，实现电子档案管理。这里的电子签名特指符合《中华人民共和国电子签名法》要求，取得国家工信部许可的电子认证服务。在实际工作中，签名者将电子锁插入设备端口，并按屏幕提示操作完成签名。在高速公路建设项目电子档案管理推行过程中，电子签名存在的问题主要是使用不够便捷以及存在费用负担。现在电子签名受特定工作单位、建设项目、时间区段、开发公司等因素限制，常常出现一人多锁、签名失效等混乱情况。除此之外，电子签名锁附带了一定商业性质，存在按年收费、按主体收费、按项目收费等多种商业手段，与电子签名本质上作为基础设施的性质相违背，阻碍了高速公路建设项目电子档案的推行。

电子签名推广使用过程中引发的问题，类似于早期银行卡的使用问题，一人多卡、跨行取款及异地取款收费高等问题给人们带来许多困扰，而现在这些使用问题都已经被解决了，这源于使用者对供应者的反向治理。而解决电子签名问题的对策，应以扩大使用基数，发展信息化基础设施通用性作为关键思路，积极采取措施应对当下的使用问题，与中立可靠的电子认证机构建立直接联系，减少对中间信息化供应商的依赖，以减少不稳定性因素；同时加强内部信息化团队建设、信息化供应商甄别、合同管理、合作管理。可以采取的应对措施有很多，最重要的是要坚持提升内部信息化水平，提出正当合理的服务要求和解决方案，才能识别和消除不合理的商业行为，维护电子签名的公用性质。

8.3.6 元数据，按需制定执行

高速公路建设项目电子档案管理中元数据运用情况是不成熟的。首先是没有统一明确的标准，信息化供应商依据对相关规范标准的解读设计系统以实现对元数据的运用，这些规范主要为《文书类电子文件元数据方案》(DA/T 46—2009)、《照片类电子档案元数据方案》(DA/T 54—2014)、《录音录像类电子档案元数据方案》(DA/T 63—2017)、《建设电子档案元数据标准》(CJJ/T 187—2012)等。其次是督查评判体系缺失，现状主要是建设及档案主管部门、建设项目、参建单位通过各种渠道邀请相关专业的专家进行联合评审给出意见，这样的督查评判体系是非常不稳定的，评审没有统一的尺度，过于严格或者稍有疏忽都会对其结果造成不利影响。元数据本质属于计算机专业范畴，档案专业或工程专业的工作人员对其具体工作并不熟悉。这里举一个通俗的例子，要档案专业或工程专业的工作人员熟悉运用元数据，就好比要计算机专业的工作人员熟悉运用建设项目电子文件形成和电子档案管理系统，这是比较理想化的要求，现实中很难达到。这样没有切实显著的效用，反而增加了混乱的因素，同时也加重了业务工作的负担。

高速公路建设项目电子档案元数据管理中有一个关键点需要被识别到，就是对于计算机信息专业的行政主管审查目前是缺失的，属于有选手，有陪审员，但是没有裁判的状态。一方面是信息主管部门没有直接介入电子档案管理体系；另一方面是建设、档案主管部门下属信息部门素质不高，不能支撑建设项目电子档案元数据的审查统筹。在元数据的问题上，档案专业及工程专业的相关业务工作人员需要虚心学习，根据社会和行业的发展不断提升自身的业务技能，结合建设项目电子档案管理实务去消化、整合、实现行业标准对元数据的要求。与此同时，相关主管单位需要给予建设项目充分的支持，加快建立统一标准的步伐，注重审减无用的元素，增加必要的元素，不能含糊应对建设项目电子档案管理的需求。

8.3.7 四性检测，逐项完善

在建设项目电子档案管理的实践中，四性检测——即对电子档案的真实性、完整性、可用性和安全性的检测，是确保电子档案管理质量的关键环节。然而，当前的四性检测在实施过程中面临着多重挑战，亟须逐项完善以提高其效率和准确性。

检测技术的选择和应用存在一定的争议。例如，MD5 算法虽然被广泛用于完整性检测，但其安全性已受到质疑，容易受到碰撞攻击的影响。此外，XML 文件的穿透解析技术尚未成熟，难以有效应用于大规模的电子档案检测中。同时，系统自动捕获信息的比对技术也未能全面满足四性检测的需求。为了解决这些问题，必须制定和统一检测标准，建立一套行业内公认的检测流程和方法。这不仅有助于提高检测的一致性和可比性，还能为检测结果提供更为明确的指导和依据。

加强技术研发是提升四性检测质量的另一关键。特别是在自动化检测和智能分析方面，通过技术创新，可以提高检测的准确性和效率，减少人为因素的干扰。同时，加强对电子档案管理人员的专业培训，提升他们对四性检测的认识和操作技能，也是提高检测有效性的重要措施。通过系统的培训和实践，管理人员能够更好地理解和运用检测技术，提高检测的有效性。

建立反馈和改进机制对于不断完善四性检测流程同样重要。鼓励管理人员在实际工作中发现问题、提出建议，通过不断的实践和反馈，持续优化和提升四性检测的效度。这要求相关机构和部门提供更多的培训和支持，推动电子档案管理的规范化和专业化发展。

四性检测的完善是一个系统性工程，需要从技术、人员培训、管理机制等多个方面综合施策。通过这些措施的实施，可以有效地提高建设项目电子档案的管理和利用质量，为建设项目的顺利进行和后期管理提供坚实的信息支撑。

8.3.8 配套机制，持续探索

随着建设项目电子档案管理的不断深入，相应的配套机制也在持续探索与完善中。这些配套机制包括但不限于备份机制、长期保存策略、硬件配套、交付接收流程以及信息安全等多个方面。在当前阶段，这些机制尚存不足，但它们是电子档案管理系统发展过程中不可或缺的一部分，对于保障电子档案的完整性、可用性和安全性至关重要。

备份机制是确保电子档案数据安全的关键组成部分。目前，许多项目在备份策略的制定和执行上存在缺陷，如备份周期不规律、备份数据存储位置不合理等问题。为了改变这一现状，建议建立一套标准化的备份流程，包括定期自动备份、备份数据的多重存储以及灾难恢复计划。同时，备份数据的安全性也需要通过加密技术来进一步加强。

长期保存策略是电子档案管理中的另一个重要议题。电子档案需要长期存储，这就要求管理系统不仅要保证数据的物理安全，还要考虑到数据格式的兼容性和可访问性。因此，需要对电子档案进行定期的格式迁移和更新，以适应不断变化的技术环境。此外，对于存储介质的耐久性和可靠性也应进行定期评估，以确保电子档案的长期可读性。

在硬件配套方面，随着技术的快速发展，硬件的更新换代成为常态。这要求电子档案管理系统能够兼容新的硬件设备，同时保证旧有数据的迁移和完整性。此外，硬件的维护和升级也应纳入电子档案管理的配套机制中，以避免硬件故障导致的档案丢失或损坏。

交付接收流程是电子档案管理中的另一个关键环节。它涉及电子档案的创建、归档、传输和接收等多个步骤。为了确保这一流程的顺畅和安全，需要建立一套标准化的操作程序，包括电子档案的签名认证、时间戳记录以及传输过程中的加密保护等。

信息安全是电子档案管理的核心。随着网络攻击手段的不断升级，电子档案管理系统需要不断更新其安全防护措施，包括防火墙、入侵检测系统以及恶意软件防护等。同时，对于管理人员的定期安全培训和意识增强也是保障信息安全的重要部分。

总之，建设项目电子档案的配套机制建设是一个动态的、持续的过程。它需要管理者不断地学习、探索和创新，以适应不断变化的技术环境和管理需求。通过不断完善这些配套机制，可以有效地提高电子档案管理的效率和安全性，为建设项目的顺利进行和后期管理提供坚实的信息支撑。

8.4 本章小结

本章主要介绍了广东省高速公路建设项目电子档案管理的实践，不仅回顾了广东省在电子档案管理方面的发展历程，还深入探讨了课题研究历程、实践经验以及面临的挑战和解决方案，为同行业内其他项目提供了宝贵的参考和借鉴。

发展进程部分概述了广东省自 2010 年起在交通工程质量监督平台的电子化转型，以及如何逐步建立起电子档案管理的坚实基础。2013 年以后，通过专业部门的引领和深入研究，广东省成功打通了电子档案管理的业务通道，并在专家组的验收和成果鉴定后，开始在全省范围内推广应用。

课题研究历程部分详细介绍了五个关键课题的研究内容和成果，这些课题涵盖了电子文件和电子档案的管理，包括数据流研究、集中统一管理系统的建设、电子签名认证平台和电子档案管理系统的开发，以及电子档案长效保存技术和信任机制的研究。

案例启示部分则是对广东省高速公路建设项目电子档案管理实践的深入反思。首先，强调了前端控制和过程管理的重要性，指出了电子档案管理的关键性问题，并提出了单套管理的核心理念。其次，讨论了管理理念更新和多级联动的必要性，强调了顶层设计和提升整体管理素质的重要性。再次，提出了制度体系的建立和完善，以及文件格式标准化的重要性。最后，探讨了电子签名推广、元数据管理、四性检测和配套机制等关键问题，并提出了相应的解决策略。

整体而言，本章通过具体案例展示了建设项目电子档案管理的全貌，从理论到实践，从问题到解决方案，为电子档案管理的未来发展提供了清晰的路线图。通过广东省的实践经验，可以看到电子档案管理在提高工程建设效率、保障档案安全和促进信息共享方面的重要作用。随着技术的不断进步和管理制度的完善，电子档案管理必将在更多领域发挥出巨大的潜力。

第 9 章　总结与展望

随着云计算、大数据、区块链、人工智能等技术的不断发展，电子档案已悄然跃升为现代档案管理的璀璨主角，电子档案管理亦成为学界和业界关注、研究的焦点。在全球化和信息化双重驱动下，建设工程项目的合作与交流越来越频繁，电子档案以其高效、便捷、易存储的特性，不仅记录了工程建设的原始完整信息，还为日后的工程竣工验收、检查、维护等提供了重要依据，为建设项目管理带来革命性的变化：一方面，电子档案管理成为促进国际国内合作与交流的重要工具；另一方面，电子档案管理也成为建设工程企业数字化转型发展的重要抓手。鉴于这样的背景和现实需求，本研究团队以“建设项目电子档案标准及系统构建研究”为目标，基于国内外建设项目电子档案管理理论研究与实践发展现状，深入探讨了建设项目电子档案的管理标准与系统构建，旨在解决当前建设项目电子档案管理中存在的主要问题，实现电子档案管理的科学化、规范化、高效化，推动建设项目管理进入新的发展阶段，助力建设工程企业数字化转型工作的顺利完成。

循此旨意，本书在厘清电子档案相关概念的基础上，阐述了建设项目电子档案管理的重要意义，分析了当前建设项目电子档案管理的理论研究和实践发展状况，指出了当前建设项目电子档案管理中存在档案管理机构不健全，以及档案收集不规范、整理不标准、利用不充分、信息安全无保障等具体问题。基于现状和存在问题的整体考量，在充分考察国内外建设项目电子档案政策实施、理论研究与实践进展的基础上，提出了新的电子档案格式规范和数据标准，进而设计了具有自主知识产权的电子档案管理系统。该系统不仅响应了国家“安可”“信创”的要求，还引入了区块链技术和大数据技术，为电子档案的真实性验证、完整性校验、智能化检索提供了有效解决方案。

回顾整个研究过程，我们不仅看到了电子档案在建设项目管理中的巨大潜力和发展趋势，也深刻认识到电子档案管理面临的挑战和机遇。在以物联网、大数据、人工智能等为代表的先进技术驱动下，电子档案管理将迎来更高效、更智能的解决方案，例如，通过大数据分析优化档案存储和检索策略，通过人工智能进行自动分类和识别等。进而对于建设项目电子档案管理的政策法规与标准规范、信息安全与隐私保护、技术更新与人才培养等也将更加严格、更加紧迫，这就要求未来必须在以下几个方面进一步做好：①标准化与规范化。继续加强电子档案的标准化和规范化建设，制定更加完善、统一的电子档案格式规范和数据标准，为电子档案的管理和利用提供坚实保障。②技术创新与应用。充分利用区块链、大数据、人工智能等先进技术，推动电子档案在真实性验证、完整性校验、智能化检索等方面的技术创新和应用，提升电子档案的管理效率和利用价值。③安全与保密。加强电子档案的安全防护和保密措施，确保电子档案在存储、传输和利用过程中的安全性和保密性，建立健全档案安全管理制度和应急预案，以应对可能出现的各种安全风险。④人才培养与队伍建设。加强电子档案管理人才的培养和队伍建设，提高档案管理人员的专业素养和技能水平，加强与国际先进水平的交流与合作，学习借鉴国外先进的档案管理理念和技术方法。⑤政策引导与法规保障。政府应加大对建设项目电子档案管理的政策引导和支持力度，制定更加完善的法律法规和政策措施，为建设项目电子档案的科学管理提供政策支撑与法律保障。同时，引导和鼓励有条件的建设工程企业积极参与电子档案管理工作，形成全行业共同推进电子档案管理的良好氛围。

总之，建设项目电子档案管理是一个复杂而系统的工程，需要政府、企业和社会各界的共同努力和持续发力。针对当下建设项目电子档案管理存在的问题及未来发展趋势，本研究虽然提出了一些解决方案，提供了一些参考建议，但囿于能力有限、经验不足等主客观原因，还存在对新技术的应用与实证分析不够深入，研究方法和数据来源也有待进一步完善等诸多不足之处。因此，本研究纯属抛砖引玉，敬请各位方家批评指正。

参考文献

一、著作

[1]丁德胜. 电子档案管理理论与实务[M]. 北京：中国文史出版社出版，2023.

[2]丁海斌. 档案学概论[M]. 2版. 北京：科学出版社，2023.

[3]刘明亮，宋跃武. 信息系统项目管理师教程[M]. 北京：清华大学出版社，2023.

[4]王英玮，陈智为，刘越男. 档案管理学[M]. 北京：中国人民大学出版社，2021.

[5]聂云霞. 数字档案资源生态安全研究[M]. 北京：社会科学文献出版社，2021.

[6]数据管理协会(DAMA国际). DAMA数据管理知识体系指南[M]. 北京：机械工业出版社，2020.

[7]山东省档案馆，国网山东省电力公司. 建设项目档案规范化管理操作手册[M]. 北京：中国文史出版社出版，2019.

[8]冯惠玲，刘越男. 电子文件管理教程[M]. 2版. 北京：中国人民大学出版社，2017.

[9]聂云霞. 国家层面数字资源长期保存策略研究[M]. 南昌：江西人民出版社，2016.

[10]冯惠玲，张辑哲. 档案学概论[M]. 2版. 北京：中国人民大学出版社，2006.

[11]覃兆刿. 中国档案事业的传统与现代化[M]. 北京：中国档案出版社，2003.

二、学位论文

[1]闫淑雅. 档案工作前端控制研究[D]. 南宁：广西民族大学，2022.

[2]宋丽莎. 松铁高速公路建设项目档案管理单套制实现研究[D]. 南宁：广西民族大学，2022.

[3]张硕. 数字化转型背景下建设项目档案标准体系建设研究[D]. 郑州：郑州航空工业管理学院，2022.

[4]常倩. 建设项目原生电子文件档案化管理研究[D]. 郑州：郑州航空工业管理学院，2021.

三、期刊

[1]刘霞，周祺，张照余. “单套制”视阈下大型城建项目电子档案验收与管理工作思考[J]. 档案管理，2024(1)：96-98.

[2]路靓，吴霞，岳家姝，等. 城市轨道交通工程电子文件形成阶段质量管控研究[J]. 北京档案，2024(5)：42-45.

[3]田雪. 交通工程数字化档案管理中存在的问题及对策分析[J]. 黑龙江交通科技，2024(5)：150-153.

[4]林灿灿. 工程档案与工程建设的同步管理：以铁路工程为例[J]. 上海企业，2024(4)：71-73.

[5]蔡兵，肖利君，王娅蓉. 高速公路建设项目档案电子化实现路径探讨[J]. 中国交通信息化，2024(S1)：205-207.

[6]康丽雅. 打造国家级建设项目电子文件归档和电子档案管理试点样板：厦门市“档案两馆”试点探索[J]. 中国档案，2024(2)：62-63.

[7]毕建新，余雪，余亚荣，等. 电子档案可信存储与验证体系研究[J]. 档案学研究，2023(3)：119-126.

[8]张军娟. BIM 技术在市政工程档案管理中的应用研究[J]. 兰台内外，2023(36)：32-33+36.

[9]郝丽，顾杰隽，李潆，等. 深中通道电子档案全域管理体系与成套技术应用研究[J]. 兰台世界，2023(12)：69-72.

[10]隋晶晶，周红霞，庞宇平. 基于 BIM 的建筑工程档案管理研究[J]. 兰台世界，2023(12)：93-97.

[11]罗超红，朱光亚，李海涛. 基于 BIM 技术的工程项目电子文件归档过程

控制探析：以广东省 2023 年某重点建设 X 公路工程项目为例[J]. 档案学刊，2023(6)：28-39.

[12]邱志雄，林宪春，张益焜，等. 大型高速公路建设项目电子档案管理应用实践[J]. 广东公路交通，2023(5)：68-72+76.

[13]曾永志，刘晓芬，彭源新，等. 深中通道交通建设项目电子档案“四性”检测技术研究与应用[J]. 中国档案，2023(10)：62-63.

[14]苏玮，杨绣宁，庞文迪. 基于区块链的重大建设项目档案数字资源库构建探究[J]. 信息系统工程，2023(10)：91-94.

[15]戴莉. 从档案管理到知识管理：初探数字化时代的工程企业档案管理[J]. 机电兵船档案，2023(5)：35-37.

[16]陈练.《建设项目档案管理规范》结构及内容解读[J]. 兰台内外，2023(27)：24-26.

[17]高大伟，李如洁，李伟. 建设项目档案治理研究：背景、裂隙与弥合[J]. 档案管理，2023(5)：59-63.

[18]张甜冰. 浅析规范公路工程档案管理的思考[J]. 兰台内外，2023(25)：16-18.

[19]李雪梅. 区块链技术在建设工程档案管理中的应用探讨[J]. 未来城市设计与运营，2023(8)：82-84.

[20]张静. 工程建设项目档案收集归档与管理[J]. 办公室业务，2023(14)：179-181.

[21]潘华良，丁海斌，唐密，等. 公路建设项目多维度档案数据溯源管理系统的作用与功能实现[J]. 北京档案，2023(5)：34-37.

[22]陈彦江，王欢. 工程矢量馆大数据创新平台建设研究[J]. 中国档案，2023(4)：58-60.

[23]孙良浩. 探讨区块链驱动下的建设工程电子文件在线接收[J]. 山东档案，2023(2)：60-61.

[24]李江华，郑美娟，马耀宗，等. 支持溯源的基建项目电子档案编码研究[J]. 科技资讯，2023(7)：14-17.

[25]张元科. 建设项目电子档案单轨制管理模式分析[J]. 兰台内外，2023(6)：57-59.

[26]董鸿. 信息化背景下建设工程档案数字化管理的策略创新[J]. 兰台内

外，2023(6)：28-30.

[27]胡文学，张广照，黄一鸣. 公路建设项目档案管理系统电子签名的应用研究[J]. 西部交通科技，2023(1)：187-189.

[28]王英玮.《国家重点建设项目档案管理登记办法》的主要内容、实践意义及相关问题探讨[J]. 北京档案，2023(1)：21-26.

[29]刘舒晴，施秀平. 公路工程建设项目电子档案质量管理问题研究[J]. 兰台世界，2022(11)：36-41.

[30]薛蕾. 建设项目全过程电子档案管理研究与实践[J]. 办公室业务，2022(19)：149-151.

[31]刘文，仇宁涛，邹育麟. 从“单套制”看全周期数字档案管理：以行业首个“单套制”项目试点四川沿江高速宁攀段为例[J]. 中国公路，2022(14)：58-60.

[32]赵惠芹. 公路工程 BIM 技术档案存储探索与实践[J]. 河北水利电力学院学报，2022(2)：77-80.

[33]丁海斌，赵锦涛. 档案数据集成情景下的应用场景研究：以公路建设项目档案管理系统为例[J]. 浙江档案，2022(4)：45-50.

[34]钱毅，崔浩男. 基于证用价值导向的通用档案信息系统体系架构研究[J]. 档案学研究，2021(4)：10-16.

[35]聂云霞，罗宛清. 基于区块链的可信电子文件保障体系探析[J]. 档案与建设，2021(11)：28-31.

[36]燕鹏，舒忠梅. 基于 BIM 技术的大型建设项目电子档案协同管理[J]. 北京档案，2021(7)：31-33.

[37]郝丽欣，杨中庆. 大数据环境下建设项目电子档案“来源可靠”的保障措施[J]. 中国公路，2021(13)：116-117.

[38]闫文静. 京新高速公路张家口段建设项目档案规范化管理实践[J]. 中国档案，2021(4)：62-63.

[39]王红敏，谢志成. 建设项目电子文件归档和电子档案管理试点研究[J]. 中国档案，2021(3)：68-69.

[40]冯惠玲. 融入数据管理做电子文件管理追风人[J]. 北京档案，2020(12)：6-7.

[41]钱毅. 基于完整性管控的数字档案对象全树结构模型研究[J]. 档案学研究，2020(3)：115-121.

[42]冯惠玲. 走向单轨制电子文件管理[J]. 档案学研究，2019(1)：88-94.

[43]聂云霞，黄文琼. 数字档案用户个人信息保护的现实困境与解决思路[J]. 档案学研究，2019(1)：75-79.

[44]聂云霞，肖坤，何金梅. 基于区块链的可信电子文件长期保存策略探析[J]. 山西档案，2019(4)：76-82.

[45]李潆. 广东高速公路建设项目电子档案管理实践[J]. 中国档案，2019(11)：62-63.

[46]王英玮，常建法.《建设项目电子文件归档和电子档案管理暂行办法》内容及相关问题的思考[J]. 北京档案，2019(3)：18-22.

[47]王红敏.《建设项目档案管理规范》解读[J]. 中国档案，2019(2)：24-25.

[48]王瑜. 大数据背景下建设项目档案数据采集与存储对策探索[J]. 兰台世界，2018(11)：44-46.

[49]高爱民，韩劲草，霍飞. 后保管时代建设项目原始信息档案化的研究应用：基于建设项目管理者的业务驱动型电子档案管理[J]. 档案与建设，2018(3)：36-38.

[50]高爱民，范亚明. 数字时代新来源观与建设项目管理理论的契合研究[J]. 档案管理，2018(2)：15-16.

[51]钱毅. 基于OAIS的数字档案资源长期保存认证策略研究[J]. 档案学研究，2018(4)：72-77.

[52]钱毅.《电子文件管理系统通用功能要求》(GB/T 29194)解读[J]. 北京档案，2018(6)：23-28.

[53]钱毅. 从“数字化”到“数据化”：新技术环境下文件管理若干问题再认识[J]. 档案学通讯，2018(5)：42-45.

[54]聂云霞，方璐，曾松. 数字档案信息安全风险与防范策略探讨[J]. 档案与建设，2017(4)：4-8.

[55]卢雅楠. 建设项目电子文件归档和电子档案管理系统构建探究[J]. 兰台世界，2017(S1)：120-121.

[56]苏君华，刘芳. 被异化的谨慎：对“双套制”管理的问题分析及策略选择[J]. 档案学通讯，2015(4)：100-104.

四、法律法规

[1]全国人民代表大会常务委员会. 中华人民共和国档案法[EB/OL]. (2020-06-21)[2023-11-20]. https://www. gov. cn/xinwen/2020-06/21/content_5520875. htm.

[2]国务院. 中华人民共和国档案法实施条例[EB/OL]. (2024-01-25)[2024-05-24]. https://www. gov. cn/gongbao/2024/issue_11166/202402/content_6931883. html.

[3]全国人民代表大会常务委员会. 中华人民共和国电子签名法[EB/OL]. (2019-05-07)[2024-05-24]. http://www. npc. gov. cn/zgrdw/npc/xinwen/2019-05/07/content_2086835. htm.

[4]中华人民共和国工业和信息化部. 电子认证服务管理办法[EB/OL]. (2015-05-13)[2024-05-24]. https://www. miit. gov. cn/gyhxxhb/jgsj/cyzcyfgs/bmgz/xxtxl/art/2015/art_5b40f76dd65d442b84dd3632a0719824. html.

五、标准规范

[1]国家档案局. 电子档案证据效力维护规范：DA/T 97—2023[S/OL]. [2024-05-24]. https://hbba. sacinfo. org. cn/attachment/onlineRead/6046d1c2d45fbaaca228bGBb3ed5fabdaee7e24dc12662a5c4dd0b79b1a13a3c.

[2]国家档案局. 电子档案单套管理一般要求：DA/T 92—2022[S/OL]. [2024-05-24]. https://hbba. sacinfo. org. cn/attachment/onlineRead/056d74169b1411f560bb29d89aea24bbbe923033a0e028202ba44c05c65abbc5.

[3]国家档案局. 版式电子文件长期保存格式需求：DA/T 47—2009[S/OL]. [2024-05-24]. http://daj. shantou. gov. cn/sdaj/0200/201501/56ce874785114d26bcbda873e3e56934. shtml.

[4]国家档案局. 建设项目档案管理规范：DA/T 28—2018[S/OL]. https://www. saac. gov. cn/daj/hybz/201809/949e32fbbfa74b95b6dfc7116c29bb2d/files/f9c94ea4b47042b8a25ca453f7204525. pdf.

[5]国家档案局. 城市轨道交通工程文件归档要求与档案分类规范：DA/T 66—2017[S/OL]. [2024-05-24]. https://www. saac. gov. cn/uploadfile/daj/64006a6bf3e51b9c1f8111. pdf.

[6]中华人民共和国住房和城乡建设部. 建筑与市政工程施工质量控制通用规

范：GB 5032—2022[S]. 北京：中国建筑工业出版社，2023.

[7]国家密码管理局. 电子档案管理系统通用功能要求：GB/T 39784—2021[S]. 北京：中国标准出版社，2021.

[8]中华人民共和国住房和城乡建设部. 建设工程文件归档管理规范：GB/T 50328—2019[S]. 北京：中国建筑工业出版社，2020.

[9]全国信息安全标准化技术委员会. 信息安全技术 密码模块安全要求：GB/T 37092—2018[S]. 北京：中国标准出版社，2018.

[10]国家档案局. 电子文件归档与电子档案管理规范：GB/T 18894—2016[S]. 北京：中国标准出版社，2016.

[11]全国信息安全标准化技术委员会. 信息安全技术 公钥基础设施 电子签名格式规范：GB/T 25064—2010[S]. 北京：中国标准出版社，2010.

[12]全国文献影像技术标准化技术委员会. 文献管理 长期保存的电子文档文件格式 第1部分：PDF1. 4(PDF/A-1)的使用：GB/T 23286. 1—2009[S]. 北京：中国标准出版社，2010.

[13]交通运输部公路科学研究院. 公路工程质量检验评定标准：第一册 土建工程：JTG F80/1—2017[S]. 北京：人民交通出版社股份有限公司，2018.

[14]水利部建设与管理司. 水利水电建设工程验收规程：SL 223—2008[S]. 北京：中国水利水电出版社，2008.

[15]水利部建设与管理司. 水利水电工程施工质量检验与评定规程：SL 176—2007[S]. 北京：中国水利水电出版社，2007.

[16]广东省机场管理集团有限公司工程建设指挥部，民航专业工程质量监督总站. 运输机场建设工程资料管理规程：MH/T 5078—2024[S]. 北京：中国民航出版社有限公司，2024.

六、项目成果

[1]巫建文，阎申，丁力，等. 电子档案标准与系统研究及在交通建设项目中的应用[Z]. 广东省交通运输档案信息管理中心，2019-05-30.

[2]巫建文，钟伦清，罗炳华，等. 交通工程项目电子档案标准及系统研究[Z]. 广东省交通运输档案信息管理中心，2014-08-13.

附录

附录一： 建设项目电子档案需求动因调查问卷

建设项目电子档案需求动因调查问卷

敬启者：

您好！因专著《建设项目电子档案标准及系统构建研究》写作需要，在此诚邀您参与本次问卷调查，共同为全国工程建设领域电子档案管理做出努力。

感谢您的积极参与！敬请放心，专著中引用的调研内容仅供于学术研究，绝不会公开透露您的个人隐私及项目相关信息。

——《建设项目电子档案标准及系统构建研究》写作组

(1)所属单位：

□行业管理部门(国家级)　　□行业管理部门(市级)

□行业管理部门(省级)　　□行业管理部门(县区级)

□档案行政管理部门	□施工单位(分包)
□投资管理部门	□监理单位
□设计单位	□试验单位
□建设单位	□检测单位
□施工单位(总包)	□信息化服务单位

(2)所在岗位：

____

(3)请您根据工作经验为以下建设项目电子档案需求动因的权重打分(范围：1—10 分)。

便于管理和利用需求________分

过程管控需求________分

验收需求________分

成本需求________分

效率需求________分

法律需求________分

制度需求________分

政策需求________分

创新创优需求________分

科研需求________分

(4)如果您愿意留下姓名以及联系方式，本书出版后可获赠一本。

____

附录二:《电子档案管理办法》

电子档案管理办法

（2024 年 9 月 14 日国家档案局令第 22 号公布　自 2024 年 11 月 1 日起施行）

目　录

第一章　总　　则

第一条　为了加强和规范电子档案管理，确保电子档案真实、完整、可用、安全，促进档案工作更好服务党和国家工作大局、服务人民群众，根据《中华人民共和国档案法》等法律法规，制定本办法。

第二条　档案馆和机关、团体、企业事业单位以及其他组织（以下简称组织机构）的电子档案管理，适用本办法。

本办法所称电子档案，是指机关、团体、企业事业单位和其他组织以及个人在履行法定职责或者处理事务过程中，通过计算机等电子设备形成、办理、传输、存储的，对国家和社会具有保存价值并归档保存的各种信息记录。

第三条　组织机构应当确保电子档案符合下列要求：

（一）来源可靠。由合法、明确的形成者，在履行法定职责或者处理事务活动中产生，形成者、形成活动、形成时间可确认，形成、办理、整理、归档、保管、移交等系统安全可靠。

（二）程序规范。全过程管理符合国家相关法律法规以及标准规范的规定，并且准确记录、可追溯。

（三）要素合规。内容、结构、背景信息和管理过程信息等构成要素符合国家相关标准规范要求。

电子档案与传统载体档案具有同等效力，可以以电子形式作为凭证使用。

第四条　组织机构应当配备必要的设施设备，建立管理机制、制度规范、安全措施、人才队伍，满足电子档案管理需求。

第五条　组织机构应当加强电子档案全过程管理，确保承载形成、整理、归档、移交、接收、保管、处置、利用等各业务环节的应用系统之间相互衔接，并且持续进行元数据采集、维护等活动，完整记录电子档案管理过程。

第六条　组织机构应当积极应用新一代信息技术，不断提升电子档案管理水平。

第七条　机关、团体、企业事业单位和其他组织应当加强各类电子文件收集、归档工作，保障具有保存价值的电子文件应归尽归，并按规定移交档案馆。档案馆应当提升接收和管理各类电子档案的能力，保障电子档案应收尽收。

第八条　电子档案管理的全过程应当符合国家网络安全、数据安全、个人信息保护、保密管理、密码管理等相关法律法规要求，确保电子档案的安全。

第二章　机构及其职责

第九条　国家档案主管部门统筹规划、组织协调、监督指导全国电子档案管理工作，研究制定政策制度，建立健全标准规范体系，推进电子档案安全保管和有效利用，推动电子档案全过程管理能力评估。

县级以上地方档案主管部门监督指导本行政区域内电子档案管理工作。

乡镇人民政府应当将电子档案管理纳入档案工作范围，并监督指导所属企业事业单位、基层群众性自治组织等的电子档案管理工作。

第十条　按照国家规定应当形成档案的机关、团体、企业事业单位和其他组织应当履行下列职责：

（一）确定管理电子档案的机构或者人员，将电子档案管理纳入档案工作责任制，纳入本单位信息化建设规划等，建立健全电子档案管理制度和规范，配备满足电子档案管理需要的信息化基础设施；

（二）协调档案、文秘、业务、信息化、保密等职能部门共同推进电子档案管理，加强办公自动化系统、业务系统归档功能建设；

（三）电子文件形成部门负责本部门电子文件的收集、整理、归档等工作；

（四）管理电子档案的机构或人员负责本单位电子档案的管理，监督指导各部门电子文件的形成、收集、整理以及归档等工作，按照有关规定向档案馆移交电子档案。

第十一条　档案馆应当履行下列职责：

（一）建设满足电子档案长期保存和安全管理需要的信息化基础设施；

（二）收集、保管和提供利用本馆分管范围内的电子档案；

（三）建立健全本馆电子档案管理制度和规范。

第十二条　档案主管部门应当加强与本行政区域有关信息化建设、电子政务建设、电子文件管理、数据管理、密码管理、保密管理等主管部门的工作协同，共同推进电子档案管理工作。

第十三条　组织机构应当支持电子档案管理人员按照有关规定参加业务培训，电子档案管理人员应当具备相应的专业知识和技能。

第三章　电子文件整理与归档

第十四条　机关、团体、企业事业单位和其他组织应当按照国家相关法律法规和标准规范的规定，确定本单位电子文件归档范围和电子档案保管期限、电子档案分类方案，并纳入本单位文件材料归档范围和档案保管期限表、档案分类方案进行管理。

第十五条　机关、团体、企业事业单位和其他组织应当按照国家相关法律法规和标准规范形成、办理、传输、存储属于归档范围的电子文件，保证电子文件真实、完整、可用、安全，确保电子档案符合本办法第三条规定。

办公自动化系统、业务系统的归档功能应当符合相关标准规范，支撑电子文件收集、整理、归档等业务。

第十六条　电子文件应当与元数据一并归档。电子文件归档格式应当具备开放、不绑定软硬件、显示一致性、可转换、易于利用等特性，并且能够支持向长期保存格式转换。电子文件元数据格式应当符合国家有关标准规范要求。

第十七条　电子文件形成部门应当在电子文件形成、办理、收集过程中完成保管期限鉴定、分类、命名等工作，确保电子文件符合归档要求，并且完整采集描述电子文件内容、结构和背景信息的元数据及其整个管理过程元数据。

电子文件及其元数据归档不得采用非开放的压缩、加密等技术措施。

党政机关电子公文归档，应当去除电子印章的数字签名信息，只保留印章图形。其他组织机构电子文件归档可以参照处理。

第十八条　电子文件形成部门和电子档案管理部门应当对提交归档的电子文件及其元数据等相关信息进行清点、登记，对其真实性、完整性、可用性、安全性进行检测，并由相关责任人确认。

第十九条　电子档案管理部门应当对接收的电子档案进行审核、编制档号、确认保管期限等工作，确保电子档案符合档案管理要求。

第四章　电子档案移交与接收

第二十条　机关、团体、企业事业单位和其他组织应当按照国家有关规定，定期向档案馆移交电子档案。档案馆应当做好接收工作，对于符合国家相关法律法规以及标准规范要求的电子档案，不得拒绝接收。

经同级档案主管部门同意，专业性较强或者需要保密的电子档案，可以按照国家有关规定延长向档案馆移交的期限。

经档案馆同意，对于未到国家规定移交期限的电子档案，明确划分在移交期限届满前该电子档案所涉及的利用、转换、迁移等权责后，可以提前交档案馆保管。涉及政府信息公开事项的，应当按照《中华人民共和国档案法》第十五条第二款规定办理。

第二十一条　机关、团体、企业事业单位和其他组织向档案馆移交电子档案，应当符合下列要求：

（一）按照国家关于电子档案移交与接收的标准规范要求对移交的电子档案进行组织，并进行真实性、完整性、可用性、安全性检测，合格后方可移交；

（二）电子档案不保留电子印章的数字签名信息，只保留印章图形；

（三）采用技术手段加密的电子档案应当去除加密措施后移交；

（四）移交的电子档案应当附具到期开放意见、政府信息公开情况、密级变更情况等。

第二十二条　档案馆应当按照国家相关标准规范要求对移交的电子档案进行真实性、完整性、可用性、安全性检测，合格后方可办理交接手续，接收登记入库。

第二十三条　电子档案移交接收应当通过符合安全管理要求的网络和信息系统进行。不具备在线移交条件的，应当配备符合安全管理要求的存储介质进行离线移交，存储介质的选择和检测应当符合国家有关标准规范要求。

第五章　电子档案保管与处置

第二十四条　机关、团体、企业事业单位和其他组织应当建设符合国家有关标准规范要求的电子档案管理信息系统，并与办公自动化系统、业务系统相互衔接。

档案馆应当建设符合国家有关标准规范要求的应用系统，支撑电子档案接收、存储、备份、鉴定、开发、利用、统计转换、迁移、销毁等工作。

第二十五条　组织机构应当对电子档案、传统载体档案数字化成果等档案数字资源进行统一管理。

国家档案馆应当建设专用局域网络，配备服务器、存储、安全等设施设备，用于集中管理档案数字资源。

第二十六条　组织机构应当加强电子档案备份工作，制定电子档案备份工作方案，对电子档案、电子档案管理信息系统等进行完整备份。

应当在磁介质、光介质、缩微胶片等介质中选择至少两种符合长期安全管理要求的存储介质，以在线方式和离线方式保存至少三套完整数据，每种介质上保存一套完整数据，一套在线应用，两套备份。应当制定检测策略，定期对电子档案可读状况、所处软硬件环境、存储介质完好程度等保管情况进行检测，发现问题及时处理，必要时对电子档案数据进行转换、迁移。

第二十七条　档案馆应当对重要电子档案进行异地备份，根据需要有条件的档案馆可以建设灾难备份系统，实现重要电子档案及其管理信息系统的备份与灾难恢复。机关、团体、企业事业单位和其他组织可以参照执行。

国家档案馆可以建设电子档案备份中心，提供电子档案备份服务。

第二十八条　组织机构应当建立电子档案转换与迁移制度，经技术需求分析、风险评估，确有必要的，对电子档案、电子档案管理信息系统等进行转换、迁移，并留存操作过程记录。转换、迁移后，应当对电子档案进行真实性、完整性、可用性、安全性检测。

第二十九条　组织机构应当定期对达到保管期限的电子档案进行鉴定。对仍需继续保存的电子档案，应当重新划定保管期限并变更相关管理数据。

第三十条　电子档案销毁工作应当遵守国家有关规定，履行相关审批手续，禁止擅自销毁电子档案。

对需要销毁的电子档案，应当从在线存储设备、容灾备份等系统和离线存储介质中彻底删除，并记录被销毁电子档案的范围、数量、大小以及审核人、操作者等信息。

第六章　电子档案开放与利用

第三十一条　电子档案的开放工作应当符合国家法律法规有关规定。档案馆应当通过网站或者其他方式定期公布开放电子档案目录。

第三十二条　组织机构应当建立电子档案利用制度，采取有效管理措施和技术手段，充分利用政务网、互联网等渠道实现电子档案便利、高效、安全利用。

第三十三条　利用者利用电子档案，应当遵守国家有关法律法规和档案利用的规定，不得擅自复制、篡改电子档案，不得损害国家利益、社会公共利益和其他主体合法权益。

第三十四条　组织机构应当根据不同服务对象和利用范围，建立相应网络的档案数字资源利用服务平台。

第三十五条　组织机构应当积极利用人工智能等信息技术，开展编研、展览和建设专题数据库等工作，不断开发档案数字资源。

第三十六条　档案主管部门应当推动档案数字资源共享工作，促进跨区域、跨层级、跨部门共享利用。

第七章　附　　则

第三十七条　本办法由国家档案局负责解释。

第三十八条　本办法自 2024 年 11 月 1 日起施行。

附录三:《国家重点建设项目档案管理登记办法》

国家重点建设项目档案管理登记办法

（1997年8月19日档发字〔1997〕15号发布　自发布之日起施行）

第一条　为了做好国家重点建设项目档案工作，确保重点建设项目档案的完整、准确、系统和有效利用，根据《中华人民共和国档案法》及有关法规，特制定本登记办法。

第二条　重点建设项目档案既是重点建设项目的历史记录，也是项目投产后运行、维修、管理、改扩建和技改等工作的重要依据。为了及时掌握国家重点建设项目档案工作情况，加强监督和指导，从1997年开始，国家档案局建立国家重点建设项目档案管理的登记制度。

第三条　登记工作的组织：

1. 国家档案局每年转发国家计委发布的国家重点建设项目名单、并统一部署对国家重点建设项目档案的登记工作；各项目主管部门的档案机构和项目所在地的省级档案行政管理部门应做好对本部门和本地区国家重点建没项目档案管理登记工作的组织、指导和监督工作。

2. 凡新建、在建、收尾和竣工试生产的国家重点建设项目，按隶属关系组织登记。属于国务院行业主管部门的，由项目主管部门的档案机构负责组织填写“国家重点建设档案管理登记表”，同时抄送项目所在地省级档案行政管理部门，便于相互配合，监督指导；属于地方的，由项目所在地省级档案行政管理部门负责组织填写“国家重点建设项目档案管理登记表”。

3. 登记表共分三种，表一、表二、表三分别于项目开工后6个月内、项目档案预验收后1个月内和项目正式竣工验收后1个月内填写，并逐级报至国家档案局经济科技档案业务指导司。

4. 国家档案局于每年 12 月底汇总国家重点建设项目档案管理登记情况，并及时向全国公布。对未按规定进行登记的单位予以通报，并限期登记。

第四条　登记工作的要求：

1. 项目主管部门档案机构应与地方档案行政管理部门互通情况，互相合作，以保证做好国家重点建设项目的档案管理登记工作。

2. 项目主管部门档案机构和省级档案行政管理部门对于新建项目，应按本规定第三条第 2 款及时组织和监督建设单位（或项目法人）做好档案管理登记，建立档案工作。对于未进行竣工验收的国家重点建设项目，每年填写“表一”报送，以便及时了解项目及项目档案工作的进展和变化情况。

3. 要保证项目档案工作与项目建设同步进行，特别要认真做好项目档案的预验收工作。国务院各行业主管部门档案机构应主动与项目建设部门加强联系，根据项目计划工期和进度，及时对登记的项目提出档案验收要求，并会同或委托项目所在地省级档案行政管理部门组织预验收。隶属于地方的项目，省级档案行政管理部门应根据相应的工作要求，及时对登记的项目组织预验收。预验收结束后，验收组织单位不论本年度是否已报送过“表一”，应按本登记办法第三条第 3 款及时填写“表二”报送。（注：登记表中的编号由国家档案局统一填写）。

4. 项目竣工验收后，应按本规定第三条第 3 款，将项目档案验收情况填写“表三”并报送。国家档案局根据填表情况不定期地对项目档案进行抽查。

第五条　为确保国家重点建设项目的正常秩序，任何部门和单位不得向国家重点建设项目和省级重点建设项目收取任何名目的工程档案保证金和任何形式的档案管理登记费用。违反上述规定的属乱收费行为，由各级价格检查机构依法查处。

第六条　对于重大技改项目和一般基本建设大中型项目的档案管理登记工作，可参照本办法执行或制定具体的实施办法。

第七条　本办法由国家档案局和国家计委负责解释。

第八条　本办法自发布之日起执行。

附录四:《电子档案单套管理一般要求》(DA/T 92—2022)

ICS 01.140.20
CCS A 14

中华人民共和国档案行业标准

DA/T 92—2022

电子档案单套管理一般要求

General requirements for the single set filing management of electronic records

2022-04-07 发布　　2022-07-01 实施

国家档案局　发　布

前　　言

本文件按照 GB/T 1.1—2020《标准化工作导则 第1部分：标准化文件的结构和起草规则》的规定起草。

请注意本文件的某些内容可能涉及专利。本文件的发布机构不承担识别专利的责任。

本文件由国家档案局提出并归口。

本文件起草单位：国家档案局档案馆（室）业务指导司、福建省档案馆、福建省档案局。

本文件主要起草人：刘芸、黄建峰、丁德胜、宁鹏飞、郑志荣、袁平、陈义群。

引　言

随着信息技术的迅猛发展，电子档案日益成为信息记录、传输、交换、利用与共享的重要载体，也成为国家档案资源的重要组成部分。由于电子文件具有可复制、易篡改和依赖设备系统读取等特性，实践中一般要求具有永久保存价值或其他重要价值的电子文件转换为纸质文件或者缩微胶卷同时归档，实行双套管理。随着电子政务快速发展，办公自动化系统、业务系统普遍应用，电子档案管理研究和实践不断深入，电子档案单套管理的条件已经基本成熟，推动电子文件仅以电子形式进行归档和管理，即单套管理已成为信息化条件下需要迫切解决的社会课题。2020 年 6 月 20 日修订通过的《中华人民共和国档案法》提出“电子档案应当来源可靠、程序规范、要素合规”“电子档案与传统载体档案具有同等效力”等要求，为电子档案单套管理提供了原则要求和法律支撑。

本文件立足电子档案管理研究成果和实践，遵循《中华人民共和国档案法》关于电子档案管理的基本原则，结合电子文件与电子档案管理、数字档案馆(室)建设等相关标准、规范，规定了实现电子档案单套管理的管理要求与技术要求，有助于解决我国电子档案管理面临的困境，切实推动电子档案单套管理步入正轨、有效运行，加快推进电子档案管理创新发展。

电子档案单套管理一般要求

1 范围

本文件确立了电子档案单套管理的基本原则，规定了实现单套管理需要在制度建设、系统建设、资源建设与管理、安全管理等方面达到的要求，提出了可行性评估的方式、方法。

本文件适用于机关、团体、企事业单位和其他组织对电子档案单套管理，以及对本单位实行电子档案单套管理的可行性评价。

2 规范性引用文件

下列文件中的内容通过文中的规范性引用而构成本文件必不可少的条款。其中，注日期的引用文件，仅该日期对应的版本适用于本文件；不注日期的引用文件，其最新版本(包括所有的修改单)适用于本文件。

GB/T 8567　计算机软件文档编制规范

GB/T 18894—2016　电子文件归档与电子档案管理规范

GB/T 22240—2020　信息安全技术　网络安全等级保护定级指南

GB/T 26163.1—2010　信息与文献　文件管理过程　文件元数据　第1部分：原则

GB/T 29194—2012　电子文件管理系统通用功能要求

GB/T 33190—2016　电子文件存储与交换格式　版式文档

GB/T 33476(所有部分)　党政机关电子公文格式规范

GB/T 33480—2016　党政机关电子公文元数据规范

DA/T 22—2015　归档文件整理规则

DA/T 46—2009　文书类电子文件元数据方案

DA/T 54—2014　照片类电子档案元数据方案

DA/T 63—2017　录音录像类电子档案元数据方案

DA/T 70—2018　文书类电子档案检测一般要求

3　术语和定义

下列术语和定义适用于本文件。

3.1

电子文件　electronic document

国家机构、社会组织或个人在履行其法定职责或处理事务过程中，通过计算机等电子设备形成、办理、传输和存储的数字格式的各种信息记录。电子文件由内容、结构和背景信息组成。

[来源：GB/T 18894—2016，3.1，有修改]

3.2

电子档案　electronic records；archival electronic record

具有凭证、查考和保存价值并归档保存的电子文件(3.1)。

[来源：GB/T 18894—2016，3.2]

3.3

电子档案单套管理　single set filing management of electronic records

仅以电子形式归档电子文件和管理电子档案的方式。

3.4

办公自动化系统　office automation system

一种用于集成办公活动的信息处理系统。

示例：电子政务系统等用于形成、处理和维护电子文件(3.1)的计算机信息系统。

[来源：GB/T 5271.27—2001，27.01.02，有修改]

3.5

业务系统　business system

形成或管理机构活动数据的计算机信息系统。

示例：电子商务系统、财务系统、人力资源管理系统、产品数据管理系统、网站系统、电子邮件系统等促进机构事务处理的应用系统，通常这些系统内部设置相关子系统用于形成、处理和维护电子文件(3.1)。

[来源：DA/T 58—2014，2.3，有修改]

3.6

电子档案管理系统　electronic records management system

对电子文件(3.1)、电子档案(3.2)进行采集、维护、利用和处置的计算机信息系统。

注：电子档案管理系统通常用于电子档案(3.2)形成单位，更注重对电子档案(3.2)的管理。系统通过维护元数据(3.7)及电子档案(3.2)之间的联系，支持电子档案(3.2)作为证据的价值。

[来源：DA/T 58—2014，2.5，有修改]

3.7

元数据　metadata

描述电子文件(3.1)、电子档案(3.2)的内容、结构、背景及其整个管理过程的数据。

[来源：DA/T 58—2014，2.16，有修改]

3.8

电子签名　electronic signature

以电子形式所含、所附用于识别签名人身份并表明签名人认可其中内容的数据。

[来源：DA/T 58—2014，2.23，有修改]

4 总体原则和要求

4.1 整体系统原则

电子档案单套管理是一项整体性、系统性工作，实行电子档案单套管理应在达到前置性条件(见第5章)的情况下，同时满足制度建设要求、系统建设要求、资源建设与管理要求、安全管理要求，并通过可行性评估。

4.2 来源可靠原则

实行单套管理的电子档案应由经过授权和确认的法定形成者，在既定的业务活动中，在特定的时间，通过安全可信的系统或电子设备形成。

4.3 程序规范原则

电子档案单套管理应明确管理和技术要求，加强电子文件形成、归档和电子档案保存、利用、鉴定、销毁全过程规范化控制，确保各环节程序规范，符合标准规范要求。

4.4 要素合规原则

电子档案的内容数据、元数据均应符合相关标准要求，各组成要素齐全、完整、规范、可读。

4.5 安全管理原则

电子档案单套管理应建立健全安全管理体系，采取措施保证电子档案在安全可信环境下管理，确保电子档案管理安全、过程可溯、长期可用、风险可控。

5 前置性条件

开展电子档案单套管理，应首先满足以下前置性条件：

a) 电子文件形成、归档和电子档案管理均通过安全可信的系统或电子设备实现；

b) 具备满足电子档案管理需要的信息化基础设施和必要的管理制度与规范；

c） 经费和人员配备能够满足电子档案单套管理需要；

d） 档案、业务、信息化、安全保密等部门建立工作协调机制，分工负责电子档案单套管理工作；

e） 具备完善的培训机制，针对单位领导、档案管理人员、业务人员、系统管理人员等分角色进行充分培训。

6 制度建设要求

6.1 应建立相应的管理制度、技术和工作规范体系，保证办公自动化系统、业务系统和电子档案管理系统相互衔接并实现预定功能，支持对电子档案进行全过程管理的需要。管理制度、技术和工作规范应当符合相关法律法规及行业标准，充分发挥作用并被有效执行。

6.2 管理制度名称及主要内容宜参照附录A的表A.1制定。管理制度应规定或明确电子档案效力和各部门职责分工，办公自动化系统、业务系统、电子档案管理系统管理流程和运行维护要求，电子文件归档范围，电子档案分类方案与保管期限表，电子文件整理、归档要求，电子档案鉴定、利用、统计与移交要求，电子档案安全（保密）管理要求，电子档案管理培训要求等。管理制度可以根据需要单独或合并制定。

6.3 技术和工作规范名称及主要内容宜参照表A.2制定。技术和工作规范应与6.2协调配合，明确电子档案数据规范、电子档案管理系统接口规范、电子档案存储和备份策略、电子档案转换与迁移策略、电子档案数据恢复方案、电子档案管理应急处置方案。

7 系统建设要求

7.1 办公自动化系统、业务系统

7.1.1 应具备电子文件流转、电子签名、安全认证等功能，具备电子文件在线归档基础条件。

7.1.2 应具备完善的电子文件归档功能，支持在线完成电子文件归档。电子文件归档功能至少应包括以下内容：

a） 支持按照电子档案格式要求形成电子文件及其组件；

b） 支持在电子文件形成和流转过程中自动采集电子文件元数据，并形成规范的结构化数据；

c） 支持在电子文件办理完毕或业务流程结束后，按照规范开展电子文件整理、检测工作；

d） 支持自动或半自动进行归档鉴定、划定分类和保管期限；

e） 支持生成包含电子文件及其元数据的存档信息包，按照程序要求向电子档案管理系统归档；

f） 支持电子签名图形化转化。

7.1.3 已运行的办公自动化系统或业务系统无法满足7.1.1、7.1.2条件的，应予以改造。

7.2 电子档案管理系统

7.2.1 应支持从办公自动化系统、业务系统中在线接收存档信息包实现归档；支持非办公自动化系统和业务系统生成的各类电子文件数据导入归档。

7.2.2 应具备采集、检测、登记、分类、编目、著录、电子签名、检索、利用、鉴定、统计、处置、格式转换、审计、移交等基本功能，支持对多种门类、多种格式电子档案进行在线管理。各项功能应按照GB/T 29194—2012、GB/T 18894—2016的要求进行设置，相关要求还可见《数字档案室建设指南》。

7.2.3 应具备电子档案存储与备份管理功能，满足保管期限内电子档案安全保管需要。

7.2.4 应支持按照进馆要求向档案馆移交电子档案。

7.3 系统部署和衔接

7.3.1 电子档案管理系统与办公自动化系统、业务系统宜按照GB/T 31914—2015定义的整合式或独立式系统关系模式进行部署，实现互联互通。采用嵌入式系统关系模式的，应当满足本单位档案资源统一管理要求。

7.3.2 办公自动化系统、业务系统与电子档案管理系统应通过具有可信验证机制的安全接口通信等方式交互，确保电子档案来源可靠。

7.3.3 电子档案管理系统开发者应向建设单位移交规范的技术文档。技术文档应按照 GB/T 8567 的规定编制，并包含需求规格说明书、详细设计书、数据库结构、电子档案原文存储结构和归档接口说明等系统设计与开发相关内容。如系统为非成品软件，还需提供源代码。

8 资源建设与管理要求

8.1 电子文件形成与归档要求

8.1.1 电子文件在形成和流转过程中，应满足以下要求：

a) 电子文件经授权和确认的法定形成者直接办理形成或导入办公自动化系统、业务系统，并一直在系统监控下流转，不存在脱离系统监控的情况；

b) 保存电子文件关键节点(如电子公文应包括起草、审核、签发、收发文办理、整理归档、管理等)修改痕迹和管理过程元数据；

c) 电子文件组件和构成要素齐全完整，电子文件与相关元数据保持关联关系。文书、照片、录音录像电子文件元数据项根据 DA/T 46—2009、DA/T 54—2014、DA/T 63—2017 定义，并确定其中约束性为“必选”的元数据项为必备项。其他类型电子文件元数据应符合 GB/T 26163.1—2010 的要求，党政机关电子公文元数据还应符合 GB/T 33480—2016 的要求。

8.1.2 电子文件应以通用格式形成、收集，或在归档前转换为通用格式。电子文件格式应符合 GB/T 18894—2016 中 8.3、GB/T 33190—2016 的要求，党政机关电子公文文件格式还应符合 GB/T 33476(所有部分)的要求。

8.1.3 电子文件应按照 GB/T 18894—2016、DA/T 22—2015 进行整理，封装形成存档信息包。存档信息包不应包含非开放的压缩、加密、签名、印章、时间戳等技术措施。

8.1.4 电子文件归档应通过归档接口由办公自动化系统、业务系统和电子档案管理系统在线完成，由电子档案管理系统完成登记并赋予档号。除不经业务系统形成的照片、录音录像等电子文件外，不应通过介质拷贝等进行离线归档。涉密电子文件的归档应符合相关保密规定要求。

8.2 电子档案管理要求

8.2.1 电子档案应以档号为基础命名，并按照档号构成项逐级建立文件夹进行存储。电子档案元数据应转化为XML等文件并与电子档案统一存放。

8.2.2 应建立电子档案目录，与电子档案建立关联关系，保持一一对应。

8.2.3 电子档案应严格按照电子档案管理权限和工作程序进行管理、利用，采取措施保证无非法访问和超越权限的访问，保证电子档案不被非法篡改。

8.2.4 电子档案保管期限届满，应由系统自动提示并按照流程开展鉴定。鉴定后需要销毁的，应履行审批手续后由授权用户手工确认删除，并以电子形式保存销毁清单及记录；需要续存的，应履行审批手续后修改其保管期限及相关元数据。

8.2.5 电子档案达到移交期限，应按照电子档案移交与接收的相关规定向档案馆移交。

9 安全管理要求

9.1 系统安全

9.1.1 电子档案管理系统应满足网络安全等级保护要求或涉密信息系统安全分级保护要求。电子档案管理系统等级保护要求按照GB/T 22240—2020执行，进一步的指南见《档案信息系统安全等级保护定级工作指南》。涉密电子档案管理系统分级保护要求见BMB17—2006、BMB20—2007和BMB23—2008。

9.1.2 办公自动化系统、业务系统和电子档案管理系统均应采取相应技术手段，确保电子文件、电子档案的安全、可靠。电子文件归档、电子档案移交等管理权转移过程应进行在线互信签名，确保程序规范。

9.1.3 应明确电子档案管理系统管理员、安全(保密)管理员和安全审计员的授权和职责，并实施三员管理。

9.1.4 应按照电子档案管理应急预案或处置方案定期进行演练。

9.2 存储与备份

9.2.1 应建立电子档案存储与备份规划，规划时限不低于档案保管期限。电子档案存储与备份规划应随技术发展定期更新。

9.2.2 应为电子档案安全存储配置专用在线存储设备或虚拟云存储空间。电子档案存储设备(空间)应配置在具有必要安全措施的局域网或电子政务网。

9.2.3 应以独立的方式存储电子档案，在不依赖特定管理系统前提下实现归档电子文件的自包含、自描述和自证明。

9.2.4 应将电子档案及其元数据、电子档案管理系统及其配置数据、日志数据纳入备份管理范围，制定科学合理的电子档案备份策略，根据实际情况在离线、近线或在线备份中选择两种以上方式进行备份，有条件的还应采取异质异地备份。

9.2.5 应具备电子档案及其目录数据库备份与恢复能力，对备份数据和介质进行登记、检测与管理，使用备份数据进行恢复处理时应记录备份恢复过程信息，并在恢复前后校验数据一致性。

9.3 转换与迁移

9.3.1 应制定、评估电子档案数据转换与迁移策略，确保转换与迁移后电子档案各组件、元数据、审计日志、配置信息之间关联关系，保持上述内容的完整性、可用性。

9.3.2 电子档案保存格式不能满足长期保存需要时，应对电子档案进行格式转换。电子档案格式转换时，应自动采集相关元数据。

9.3.3 在电子档案的存储设备更新、系统扩充、应用软件升级、存储载体改变等情况发生时，应对电子档案管理系统及其数据进行相应迁移和更新操作。

9.3.4 服务器、网络设备、存储设备、安全管理设备等基础设施应根据迁移和更新需求及时调整、扩容、升级。

9.4 安全检测

9.4.1 应对电子文件归档和电子档案移交接收环节进行真实性、完整性、可用性、安全性检测，电子文件归档后，每年至少进行1次检测。

9.4.2 文书类电子文件、电子档案检测按照DA/T 70—2018进行，其他类型电子文件、电子档案检测可参照执行。

9.4.3 应具备对在线电子档案存储状况进行监控和警告的能力，对存储介质不稳定、存储空间不足、电子档案非授权访问和系统响应超时等情况发出警告，跟踪和记录警告事项处理过程。

9.4.4 应定期对电子档案管理系统、服务器、网络设备、存储设备及安全管理设备等软硬件有效性进行检测，确保电子档案保管环境无病毒感染、无安全隐患。

9.5 审计跟踪

9.5.1 应建立审计跟踪制度，对电子档案管理流程操作行为、电子档案管理系统运维操作行为实施审计跟踪。操作行为应包括但不限于行为描述、行为步骤、行为对象、行为日期、行为人员等。

9.5.2 应自动记录审计跟踪事件信息，并将有关审计信息按元数据方案要求同时作为电子档案的元数据加以管理。

9.5.3 应规范审计跟踪日志管理，在电子档案生命周期内持续维护审计跟踪日志。审计跟踪日志和重要操作日志可按日期、人员等条件进行检索查询，保存时间不应低于电子档案保管期限，且应纳入备份恢复范围。

10 可行性评估

10.1 电子档案单套管理可行性评估应按照附录 B 的评估指标组织开展。评估指标划分为 5 个一级指标、13 个二级指标、26 个三级指标。

10.2 评估应当先由本单位进行自评，通过后再向同级档案主管部门提出评估申请。评估由档案主管部门或档案主管部门认可的其他具备电子档案管理评估能力的机构进行。

10.3 评估指标所有三级指标评估结果为“通过”视为通过可行性评估，可开展电子档案单套管理。

10.4 电子档案单套管理每三年至少进行一次复评。电子档案单套管理系统环境或应用发生重大改变时，应当立即进行复评。

附 录 A

（资料性）

电子档案管理制度、技术和工作规范

A.1 管理制度

表 A.1 给出了推荐制定的管理制度的名称及主要内容。

表 A.1 管理制度

名称	主要内容
电子档案管理基本制度	电子档案效力、职责分工、基本管理要求
办公自动化系统、业务系统归档制度	办公自动化系统、业务系统的归档流程、工作要求
电子档案管理系统运行维护制度	系统操作规程、系统修改规程、系统定期维护要求、系统安全保密要求、系统运行状态记录和日志归档要求等
电子文件归档范围、电子档案分类方案与保管期限制度	电子文件归档范围、电子档案分类方案、保管期限与处置要求
电子文件整理与归档制度	电子文件归档格式、元数据要求、整理要求
电子档案鉴定、利用、统计与移交制度	电子档案鉴定程序、利用规则与权限设置、统计、移交要求
电子档案安全(保密)管理制度	电子档案备份、检测、审计、应急处置及涉密信息与载体管理要求
电子档案管理培训制度	电子档案管理培训计划、安排

A.2 技术和工作规范

表 A.2 给出了推荐制定的技术和工作规范的名称及主要内容。

表 A.2 技术和工作规范

名称	主要内容
电子档案数据规范	电子档案数据格式、内容及相关要求
电子档案管理系统接口规范	向办公自动化系统和业务系统提供电子档案移交、利用等接口以及接口使用说明，明确接口调用方式、接口名称、接口参数
电子档案存储和备份策略	电子档案存储要求、备份范围和方式
电子档案转换与迁移策略	进行系统迁移、数据迁移、格式转换时，所应采取的策略
电子档案数据恢复方案	电子档案数据因系统软硬件故障、极端特殊情况等导致数据丢失后的数据恢复
电子档案管理应急处置方案	电子档案管理突发事件应急准备、应急响应、应急处置、应急恢复

附　录　B

（规范性）

电子档案单套管理可行性评估指标

表 B. 1 规定了电子档案单套管理可行性评估各级指标及评估要点和评估结果。

表 B. 1　电子档案单套管理可行性评估指标

一级指标	二级指标	三级指标	评估要点	评估结果
前置性条件			1. 电子文件形成、归档和电子档案管理均通过安全可信的系统或电子设备实现； 2. 具备满足电子档案管理需要的信息化基础设施和必要的管理制度与规范； 3. 经费和人员配备能够满足电子档案单套管理需要； 4. 档案、业务、信息化、安全保密等部门建立工作协调机制，分工负责电子档案单套管理工作； 5. 具备完善的培训机制，针对单位领导、档案管理人员、业务人员、系统管理人员等分角色进行充分培训	□通过　□未通过（结果为“通过”则可以继续进行以下评估，结果为“未通过”则综合评估意见为“未通过”）
制度建设要求	完备性	管理制度	参照表 A. 1	□通过　□未通过
	有效性	技术和工作规范	参照表 A. 2	□通过　□未通过
		科学规范	管理制度、技术和工作规范符合相关法律法规及行业标准	□通过　□未通过
		执行有力	管理制度、技术和工作规范在电子档案单套管理过程中，充分发挥作用并被有效执行	□通过　□未通过
系统建设要求	办公自动化系统、业务系统	基础功能	具备电子文件流转、电子签名、安全认证等功能，具备电子文件在线归档基础条件	□通过　□未通过
		归档功能	1. 支持按照电子档案格式要求形成电子文件及其组件； 2. 支持在电子文件形成和流转过程中自动采集电子文件元数据，并形成规范的结构化数据； 3. 支持在电子文件办理完毕或业务流程结束后，按照规范开展电子文件整理、检测工作； 4. 支持自动或半自动进行归档鉴定、划定分类和保管期限； 5. 支持生成包含电子文件及其元数据的存档信息包，按照程序要求向电子档案管理系统归档； 6. 支持电子签名图形化转化	□通过　□未通过

续表

一级指标	二级指标	三级指标	评估要点	评估结果
系统建设要求	电子档案管理系统	基本功能	1. 支持从办公自动化系统、业务系统中在线接收存档信息包实现归档；支持非办公自动化系统和业务系统生成的各类电子文件数据导入归档；	□通过　□未通过
			2. 具备采集、检测、登记、分类、编目、著录、电子签名、检索、利用、鉴定、统计、处置、格式转换、审计、移交等基本功能，支持对多种门类、多种格式电子档案进行在线管理； 3. 具备电子档案存储与备份管理功能，满足保管期限内电子档案安全保管需要； 4. 支持按照进馆要求向档案馆移交电子档案	□通过　□未通过
	系统部署和衔接	系统部署	1. 电子档案管理系统与办公自动化系统、业务系统实现互联互通。2. 电子档案管理系统与办公自动化系统、业务系统宜按照GB/T 31914—2015定义的整合式或独立式系统关系模式进行部署。采用嵌入式的，满足本单位档案资源统一管理要求	□通过　□未通过
		交互通信	办公自动化系统、业务系统与电子档案管理系统通过具有可信验证机制的安全接口通信等方式交互，确保电子档案来源可靠	□通过　□未通过
		技术文档与源代码	向建设单位移交规范的技术文档。技术文档按照GB/T 8567编制，并包含需求规格说明书、详细设计书、数据库结构、电子档案原文存储结构和归档接口说明等系统设计与开发相关内容。如系统为非成品软件，还需提供源代码	□通过　□未通过

续表

一级指标	二级指标	三级指标	评估要点	评估结果
资源建设与管理要求	资源建设	形成与流转	1. 电子文件经授权和确认的法定形成者直接办理形成或导入办公自动化系统、业务系统，并一直在系统监控下流转，不存在脱离系统监控的情况； 2. 保存电子文件关键节点(如电子公文应包括起草、审核、签发、收发文办理、整理归档、管理等)修改痕迹和管理过程元数据； 3. 电子文件组件和构成要素齐全完整，电子文件与相关元数据保持关联关系	□通过　□未通过
		格式要求	1. 文书类电子档案正本、定稿、公文处理单等以 OFD、PDF 等版式文档格式归档保存，修改过程稿以 WPS、RTF、DOC 等格式归档保存，党政机关电子公文格式符合 GB/T 33476(所有部分)的要求； 2. 照片类电子档案以 TIFF、JPEG 格式保存，其可交换图像文件(EXIF)信息保存完整； 3. 重要或珍贵的录音类电子档案以 WAV 格式保存，其他的以 MP3 格式保存； 4. 录像类电子档案以 MPG、MP4、AVI、MXF 格式保存； 5. 其他电子文件、电子档案根据 GB/T 18894—2016、DA/T 47—2009 的原则和相关行业标准选择主流、成熟、开放的格式	□通过　□未通过
		归档整理	1. 电子文件按照 GB/T 18894—2016、DA/T 22—2015 等标准进行整理，封装形成存档信息包。存档信息包不包含非开放的压缩、加密、签名、印章、时间戳等技术措施； 2. 电子文件归档通过归档接口由办公自动化系统、业务系统和电子档案管理系统在线完成，由电子档案管理系统完成登记并赋予档号； 3. 涉密电子文件的归档符合相关保密规定要求	□通过　□未通过

续表

一级指标	二级指标	三级指标	评估要点	评估结果
资源建设与管理要求	资源管理	管理要求	1. 电子档案以档号为基础命名，并按照档号构成项逐级建立文件夹进行存储。 2. 电子档案元数据转化为XML等文件并与电子档案统一存放。 3. 建立电子档案目录，与电子档案建立关联关系，保持一一对应。 4. 电子档案严格按照电子档案管理权限和工作程序进行管理、利用，采取措施保证无非法访问和超越权限的访问，保证电子档案不被非法篡改。 5. 电子档案保管期限届满，系统自动提示并按照流程开展鉴定。鉴定后需要销毁的，履行审批手续后由授权用户手工确认删除，并以电子形式保存销毁清单及记录；需要续存的，履行审批手续后修改其保管期限及相关元数据。 6. 电子档案达到移交期限，按照电子档案移交与接收的相关规定向档案馆移交	□通过　□未通过
安全管理要求	系统安全	系统安全保护要求	电子档案管理系统满足网络安全等级保护要求或涉密信息系统安全分级保护要求	□通过　□未通过
		互信签名要求	在办公自动化系统、业务系统和电子档案管理系统中采取相应技术手段，确保电子文件、电子档案的安全、可靠。电子文件归档、电子档案移交等管理权转移过程进行在线互信签名	□通过　□未通过
		三员管理	明确电子档案管理系统管理员、安全(保密)管理员和安全审计员的授权和职责，并实施三员管理	□通过　□未通过
		应急演练	按照电子档案管理应急预案或处置方案定期进行演练	□通过　□未通过
	存储与备份	存储管理	1. 建立电子档案存储规划，规划时限不低于档案保管期限，电子档案存储规划随技术发展定期更新。 2. 为电子档案安全存储配置专用在线存储设备或虚拟云存储空间。电子档案存储设备(空间)配置在具有必要安全措施的局域网或电子政务网。 3. 以独立的方式存储电子档案，在不依赖特定管理系统前提下实现电子文件的自包含、自描述和自证明	□通过　□未通过
		备份管理	1. 建立电子档案备份规划，规划时限不低于档案保管期限。电子档案备份规划随技术发展定期更新。 2. 将电子档案及其元数据、电子档案管理系统及其配置数据、日志数据纳入备份管理范围，制定科学合理的电子档案备份策略，并使用两种以上的备份方式。 3. 具备电子档案及其目录数据库备份与恢复能力，对备份数据和介质进行登记、检测与管理，使用备份数据进行恢复处理时应记录备份恢复过程信息，并在恢复前后校验数据一致性	□通过　□未通过

续表

一级指标	二级指标	三级指标	评估要点	评估结果
安全管理要求	转换与迁移	转换与迁移要求	1. 制定、评估电子档案数据转换与迁移策略，确保转换与迁移后电子档案各组件、元数据、审计日志、配置信息之间关联关系，保持上述内容的完整性、可用性。 2. 电子档案保存格式不能满足长期保存需要时，对电子档案进行格式转换。电子档案格式转换时，自动采集相关元数据。 3. 在电子档案的存储设备更新、系统扩充、应用软件升级、存储载体等情况发生时，对电子档案管理系统及其数据进行相应迁移和更新操作。 4. 服务器、网络设备、存储设备、安全管理设备等基础设施应根据迁移和更新需求及时调整、扩容、升级	□通过　□未通过
	安全检测	四性检测	1. 在电子文件归档和电子档案移交接收环节对存档信息包进行真实性、完整性、可用性、安全性检测； 2. 电子文件归档后，每年至少进行 1 次检测； 3. 文书类电子文件、电子档案检测按照 DA/T 70—2018 进行，其他类型电子文件、电子档案检测可参照执行	□通过　□未通过
		环境检测	1. 具备对在线电子档案存储状况进行监控和警告的能力，对存储介质不稳定、存储空间不足、电子档案非授权访问和系统响应超时等情况发出警告，跟踪和记录警告事项处理过程； 2. 定期对电子档案管理系统、服务器、网络设备、存储设备及安全管理设备等软硬件有效性进行检测，确保电子档案保管环境无病毒感染、无安全隐患	□通过　□未通过
	审计跟踪	审计范围	建立审计跟踪制度，对电子档案管理流程操作行为、电子档案管理系统运维操作行为实施审计跟踪。操作行为应包括但不限于行为描述、行为步骤、行为对象、行为日期、行为人员等	□通过　□未通过
		日志管理	1. 自动记录审计跟踪事件信息，并将有关审计信息按元数据方案要求同时作为电子档案的元数据加以管理。 2. 在电子档案生命周期内持续维护审计跟踪日志。审计跟踪日志和重要操作日志可按日期、人员等条件进行检索查询，保存时间不低于电子档案保管期限，且纳入备份恢复范围	□通过　□未通过
综合评估意见				□通过　□未通过

参 考 文 献

［1］机关文件材料归档范围和保管期限规定（国家档案局令第 8 号）

［2］机关档案管理规定（国家档案局令第 13 号）

［3］档案信息系统安全等级保护定级工作指南（档办发〔2013〕5 号）

［4］数字档案室建设指南（档办发〔2014〕4 号）

［5］数字档案室建设评价办法（档办发〔2016〕3 号）

［6］电子档案管理系统基本功能规定（档办发〔2017〕3 号）

［7］党政机关电子公文处理工作办法（厅字〔2019〕7 号）

［8］李明华. 数字档案室建设概论［M］. 北京：中国文史出版社，2016.

［9］GB/T 5271.27—2001 信息技术 词汇 第 27 部分：办公自动化

［10］GB/T 31914—2015 电子文件管理系统建设指南

［11］GB/T 39362—2020 党政机关电子公文归档规范

［12］DA/T58—2014 电子档案管理基本术语

［13］BMB17—2006 涉及国家秘密的信息系统分级保护技术要求

［14］BMB20—2007 涉及国家秘密的信息系统分级保护管理规范

［15］BMB23—2008 涉及国家秘密的信息系统分级保护方案设计指南

附录五:《电子档案移交接收操作规程》(DA/T 93—2022)

ICS 01. 140. 20
CCS A 14

中华人民共和国档案行业标准

DA/T 93—2022

电子档案移交接收操作规程

Operating procedures for electronic records transfer and accession

2022-04-07 发布　　2022-07-01 实施

国家档案局　发　布

前　言

本文件按照 GB/T 1. 1—2020《标准化工作导则 第 1 部分：标准化文件的结构和起草规则》的规定起草。

请注意本文件的某些内容可能涉及专利。本文件的发布机构不承担识别专利的责任。

本文件由国家档案局提出并归口。

本文件起草单位：中央档案馆档案资料保护部、国家档案局科技信息化司、上海信联信息发展股份有限公司。

本文件主要起草人：黄丽华、郝晨辉、王大众、冯剑波、刘璐、孙源、袁嘉新。

引　　言

电子档案的移交接收是电子档案管理流程的重要环节之一，本文件可作为指导各档案机构电子档案移交接收工作的依据，用以规范电子档案移交接收的操作流程，提高电子档案移交接收的程序规范性，实现电子档案管理能力的提升。

电子档案移交接收操作规程

1 范围

本文件明确了电子档案移交接收的工作流程，规定了电子档案移交接收准备工作和电子档案移交接收操作的要求。

本文件适用于档案移交单位与档案馆之间的电子档案移交接收操作，其他机构之间的电子档案移交接收操作可参照使用。

2 规范性引用文件

下列文件中的内容通过文中的规范性引用而构成本文件必不可少的条款。其中，注日期的引用文件，仅该日期对应的版本适用于本文件；不注日期的引用文件，其最新版本(包括所有的修改单)适用于本文件。

GB/T 18894—2016 电子文件归档与电子档案管理规范

GB/T 33190—2016 电子文件存储与交换格式 版式文档

GB/T 39362—2020 党政机关电子公文归档规范

GB/T 39784—2021 电子档案管理系统通用功能要求 DA/T 38—2021 档案级可录类光盘 CD-R、DVD-R、DVD+R 技术要求和应用规范

DA/T 46—2009 文书类电子文件元数据方案

DA/T 47—2009 版式电子文件长期保存格式需求

DA/T 54—2014 照片类电子档案元数据方案

DA/T 63—2017 录音录像类电子档案元数据方案

DA/T 74—2019 电子档案存储用可录类蓝光光盘(BD-R)技术要求

和应用规范

DA/T 75—2019　档案数据硬磁盘离线存储管理规范

DA/T 85—2019　政务服务事项电子文件归档规范

3　术语和定义

下列术语和定义适用于本文件。

3.1

电子文件　electronic document

国家机构、社会组织或个人在履行其法定职责或处理事务过程中，通过计算机等电子设备形成、办理、传输和存储的数字格式的各种信息记录。电子文件由内容、结构、背景组成。

[来源：GB/T 18894—2016，3.1]

3.2

电子档案　electronic record

具有凭证、查考和保存价值并归档保存的电子文件及其相关信息的集合。

[来源：GB/T 18894—2016，3.2，有修改]

3.3

移交　transfer

按照国家规定将电子档案的保管权交给档案馆的过程。

[来源：DA/T 58—2014，3.7]

3.4

接收　accession

档案馆按照国家规定收存电子档案的过程。

[来源：DA/T 58—2014，3.8，有修改]

3.5

信息包　information package

由内容信息和相关保存描述信息构成的信息整体。

[来源：DA/T 58—2014，2.8]

3.6

移交信息包　transfer information package

由档案移交单位向档案馆进行移交的信息包。

3.7

元数据　metadata

描述电子档案的内容、结构、背景及其整个管理过程的数据。

[来源：DA/T 58—2014，2.16]

3.8

内容数据　content data

电子文件或电子档案中包含的数字对象。

[来源：GB/T 39362—2020，3.6，有修改]

3.9

电子印章　electronic seal

一种由制作者签名的包括持有者信息和图形化内容的数据，可用于签署电子文件。

[来源：GB/T 33481—2016，3.4]

4　电子档案移交接收工作流程

电子档案移交接收工作流程一般包括档案移交单位组织电子档案移交信息包、检测电子档案移交信息包、形成登记表和提交电子档案移交信息包，档案馆签收电子档案移交信息包、检测电子档案移交信息包、办理交接手续和入库电子档案等步骤(见图1)。

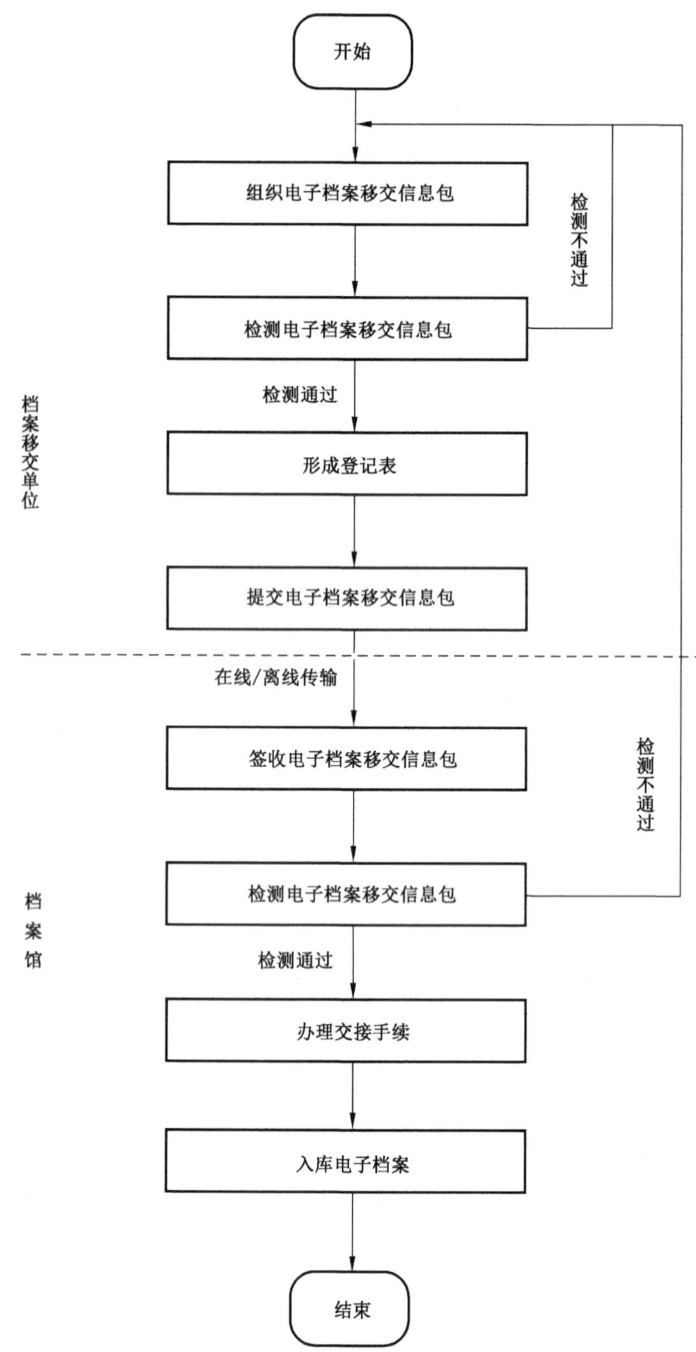

图 1　电子档案移交接收工作流程

5 电子档案移交接收工作准备

5.1 电子档案移交工作准备

5.1.1 在线移交工作准备

档案移交单位应通过符合安全管理要求的网络向档案馆移交电子档案，配备相应的应用系统和设施设备，应用系统应具有开放性和可扩展性，满足 GB/T 39784—2021 中 5.1、5.2 的要求。

涉密电子档案的在线移交应严格遵守国家相关保密规定。

5.1.2 离线移交工作准备

档案移交单位应配备符合安全管理要求的光盘、硬磁盘等存储载体，存储载体的选择和检测应符合 DA/T 38—2021、DA/T 74—2019、DA/T 75—2019 的要求。

涉密电子档案的离线移交应使用涉密离线载体单独移交，并严格遵守国家相关保密规定。

5.2 电子档案接收工作准备

档案馆应按照电子档案移交接收工作相关要求做好电子档案接收的各项准备工作。

档案馆应配备符合安全管理要求的网络、应用系统和设施设备，应用系统的功能应满足 GB/T 39784—2021 中 5.1、5.2、5.3、6.1、6.2、6.3、6.5 的要求。

5.3 电子档案移交数据的准备

5.3.1 电子档案移交数据的组成

移交的电子档案数据主要包括电子档案的目录数据、内容数据和元数据等。

5.3.2 电子档案目录数据准备

电子档案一般以件为单位进行管理，其目录数据项目应至少包括：顺序号、档号、责任者、题名、日期、保管期限、密级、页数、备注等。

电子档案以多层级进行管理的，其目录数据项宜按照 DA/T 18、

DA/T 39、DA/T 50、DA/T 78、DA/T 85—2019 的要求进行设置，并保持各层级之间的关联。

5.3.3 电子档案内容数据准备

电子档案内容数据的数据类型和格式应符合 GB/T 18894—2016 中 8.3、GB/T 33190—2016、GB/T 39362—2020 中第 9 章、DA/T 47—2009 的要求。

5.3.4 元数据准备

文书类电子档案的元数据应符合 DA/T 46—2009、GB/T 39362—2020 中 7.2、DA/T 85—2019 中第 8 章的要求，照片类电子档案的元数据应符合 DA/T 54—2014 的要求，录音录像类电子档案的元数据应符合 DA/T 63—2017 的要求，其他门类电子档案的元数据项应符合相关标准要求。

6 电子档案移交

6.1 组织电子档案移交信息包

6.1.1 确定待移交电子档案

档案移交单位应按照电子档案移交范围和时间要求确定待移交电子档案，并按照附录 A 中表 A.1 的样式生成电子档案移交清单。电子档案移交清单应与电子档案共同移交。电子档案移交清单应采用版式文件格式或由档案移交单位与档案馆双方约定文件格式。

6.1.2 编制移交说明文件

档案移交单位应编制说明文件，存放与移交电子档案有关的信息，包括电子档案的移交单位、内容描述、起止档号、档案数量、读取电子档案所需要的软硬件环境和其他有助于说明移交电子档案的信息。

采用离线移交方式时，说明文件中还应包括离线移交的载体参数(如载体类型、载体容量等)、载体编号、载体数量、载体制作单位和载体检查单位等信息。

6.1.3 形成移交信息包

档案移交单位应对电子档案移交清单与待移交电子档案的一致性进行检查，确认无误后，导出待移交电子档案的目录数据、内容数据和元数据，形成电子档案移交信息包。电子档案移交信息包的存储结构见附录B，也可按照DA/T 48的要求进行组织。

6.2 检测电子档案移交信息包

档案移交单位应对电子档案移交信息包的真实性、完整性、可用性和安全性进行检测，检测合格后方可提交。电子档案移交信息包的检测方案宜按照DA/T 70—2018中5.2的要求执行。

6.3 形成登记表

档案移交单位在提交电子档案移交信息包之前应按照附录C中表C.1给出的样式和内容将相关信息写入电子档案移交接收登记表。

6.4 提交电子档案移交信息包

档案移交单位宜采用在线方式，使用相关应用系统向档案馆提交电子档案移交信息包。

采用离线移交方式时，档案移交单位应按规定方式将电子档案移交信息包存储在准备好的离线存储载体上。存储电子档案移交信息包的载体或载体盒上应标注可反映其内容的标签，载体和载体盒的标注方法见附录D。

7 电子档案接收

7.1 签收电子档案移交信息包

档案馆收到电子档案移交信息包后，应向档案移交单位进行确认。在线移交时，可通过应用系统签收功能或系统日志记录等方式进行确认。离线移交时，可将签收人、签收时间等信息记录到电子档案移交接收登记表(见附录C)上。

7.2 检测电子档案移交信息包

档案馆应对签收的电子档案移交信息包的真实性、完整性、可用性和安全性进行检测，检测方案宜按照 DA/T 70—2018 中 5.2 执行。检测不合格时应将电子档案移交信息包退回档案移交单位，并将检测结果信息一并退回，移交单位应重新组织提交。

7.3 办理交接手续

检测合格后，档案馆与档案移交单位应办理电子档案交接手续，填写完成电子档案移交接收登记表(见附录 C)，由交接双方确认，各自留存。

如具备符合国家有关要求的电子印章系统或其他形式可确保电子档案移交接收登记表上电子印章的有效性，电子档案移交接收登记表可采用电子形式办理和保存；否则应以纸质形式盖章留存。

7.4 入库电子档案

档案馆将接收的电子档案纳入档案数字资源库管理，妥善保存电子档案移交信息包、电子档案移交清单和电子档案移交接收登记表，完成电子档案移交接收工作。

附　录　A

（规范性）

电子档案移交清单

表 A.1 规定了电子档案移交清单的样式。

表 A.1　电子档案移交清单

移交单位：　　　　　　　　　　　　　　　　移交时间：

序号	档号	题名	文件数量	密级	保管期限	备注

附　录　B

（资料性）

电子档案移交信息包的结构示例(以“件”的方式整理)

图 B.1 给出了以“件”的方式整理的电子档案移交信息包结构的示例。

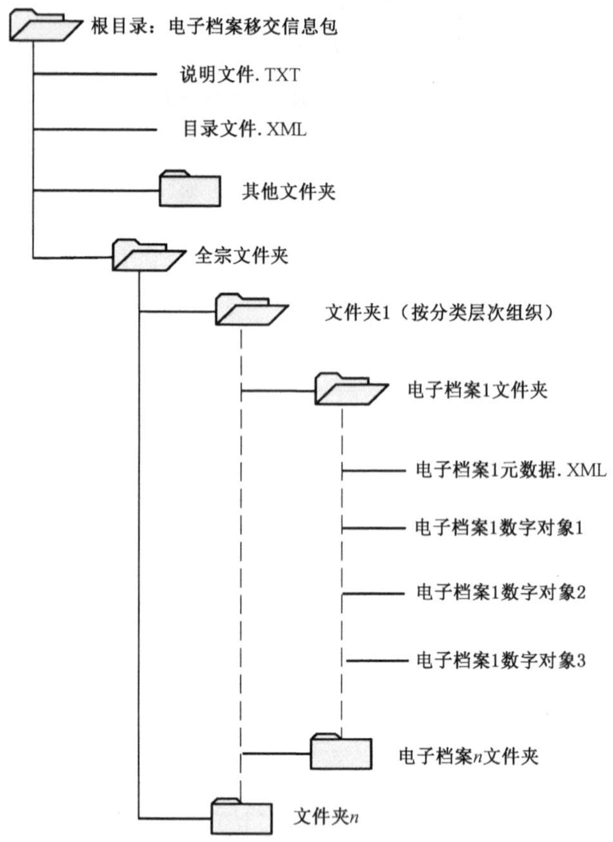

图 B.1　电子档案移交信息包结构示例(以“件”的方式整理)

图 B.1 中，说明文件命名为“说明文件. TXT”，存放与移交电子档案及其载体有关的信息，包括离线移交时的载体参数(如载体容量、载体类型等)、载体编号、载体制作单位、载体检查单位，以及电子档案的移交单位、内容描述、起止档号、档案数量、读取电子档案所需要的软硬件环境和其他各种有助于说明移交电子档案及其载体的信息。说明文件的模板见示例 1。

示例 1：

载体容量： 载体类型： 载体编号： 载体制作单位： 载体检查单位： 移交单位： 内容描述： 起止档号： 档案数量： 软硬件环境： 其他：

图 B. 1 中，目录文件命名为“目录文件. XML”，存放有关档案的目录信息，目录文件与每份电子档案相对应，根据电子档案具体归档方式进行描述。以“件”的方式管理为例，目录文件 XML 信息格式见示例 2（encoding 属性值可以是“GB18030”“GB2312”“UTF-8”）。

示例 2：

```
<? xmlversion="1. 0" encoding="GB18030" ? >
    <文件目录>
    <文件>
    <顺序号></顺序号>
    <档号></档号>
    <责任者></责任者>
    <题名></题名>
    <日期></日期>
    <保管期限></保管期限>
    <密级></密级>
    <备注></备注>
    </文件>
    ………
    <文件>
    ………
    </文件>
    </文件目录>
```

图 B. 1 中的全宗文件夹下，按分类层次组织文件夹，电子档案文件夹以档号命名，存放电子档案内容数据及其元数据。

图 B. 1 中的其他文件夹命名为“其他”，存放各种与此次移交接收工作相关的文件，可包括：电子档案移交清单、元数据规范、数据封装规范、分类编号规则、内容数据命名规则、固化验证信息和交接过程信息（包含移交接收过程元数据和《电子档案移交接收登记表》的扫描件或电子签名件）等。

附 录 C

（规范性）

电子档案移交接收登记表

表 C.1 规定了电子档案移交接收登记表的样式。

表 C.1　电子档案移交接收登记表

移交接收事项			
内容描述			
移交电子档案数量		移交数据量	
载体起止顺序号（或起止档号）		移交载体类型、规格、数量	
检测内容	单位名称		
	移交单位：		接收单位：
真实性检测			
完整性检测			
可用性检测			
安全性检测			
填表人（签名）	年　月　日		年　月　日
审核人（签名）	年　月　日		年　月　日
单位（印章）	年　月　日		年　月　日

填写说明：

1. 移交接收事项：按移交单位或全宗号、移交档案的年度、批次等内容描述本次交接工作。
2. 内容描述：交接档案内容、档案门类、数据类型、格式、交接方式、过程等说明事项。
3. 移交电子档案数量：交接档案的文件总数和案卷总数。
4. 移交数据量：一般以 GB 为单位，精确到小数点后 3 位。
5. 载体起止顺序号：在线移交时，按载体内电子档案的存储结构组织数据，并标明其起止档号。
6. 移交载体类型、规格、数量：在线移交时，填写"在线"。
7. 真实性检测：对电子档案来源、内容及移交信息包的真实性，元数据准确性，元数据与内容关联一致性进行检测。
8. 完整性检测：对电子档案及其元数据的完整性进行检测。
9. 可用性检测：对电子档案内容、移交信息包的内容可读性和格式规范性进行检测。
10. 安全性检测：对移交信息包计算机病毒、移交载体和移交过程的安全性进行检测。

附 录 D

（资料性）

电子档案载体标注内容

载体标注：全宗号-档案门类代码-起止年度-载体顺序号。

载体盒标注：全宗号、档案门类代码、起止年度、起止档号、载体顺序号、数据量、密级、保管期限、存入日期、运行环境等。

——全宗号是档案馆给定每个全宗的代码；

——档案门类代码是载体内存储档案信息的类别，用英文大写字母表示，如文书档案用 WS 表示、科技档案用 KJ 表示、专业档案用 ZY 表示、照片档案用 ZP 表示、录音档案用 LY 表示、录像档案用 LX 表示等；

——起止年度是该载体内档案起止年度，如 2010 年至 2016 年即标定为 2010/2016；

——载体顺序号是由载体代号和顺序号两部分组成，载体代号分为 3 类：硬磁盘用 DK 表示、DVD 光盘用 DVD 表示、蓝光光盘用 BD 表示；

——数据量是载体内档案存储容量；

——存入日期是将电子档案存储至载体的日期，格式为“年月日”，如 2020 年 2 月 8 日即写为 20200208；

——运行环境即识别或操作电子档案的软硬件平台。

例：

载体标注：B×××-WS-2010/2016-DK1

B×××-WS-2010/2016-DK2

参 考 文 献

［1］GB/T 33481—2016 党政机关电子印章应用规范

［2］DA/T 18 档案著录规则

［3］DA/T 39 会计档案案卷格式

［4］DA/T 48 基于 XML 的电子文件封装规范

［5］DA/T 50 数码照片归档与管理规范

［6］DA/T 58—2014 电子档案管理基本术语

［7］DA/T 70—2018 文书类电子档案检测一般要求

［8］DA/T 78 录音录像档案管理规范

后记

在本书即将付梓之际，回顾整个研究与写作过程，心中充满了感慨与感激。信息技术的迅猛发展与全球性普及，加速了国际国内的数字化转型。与此同时，计算机辅助管理场景下的档案制度设计与管理流程受到全面挑战，已经不能满足工程档案数字化、信息化管理的新要求。我国是一个建设工程大国，而身处数字时代，无论是“大基建”还是“新基建”，都离不开信息技术对建设工程项目的全生命周期管理。作为数字化浪潮中的一分子，我们深刻认识到建设项目电子档案管理领域所蕴含的复杂性、挑战性及其对于推动我国工程建设领域数字化转型的重要意义。

本书的研究始于对国内外建设项目电子档案政策实施、理论研究与实践进展的全面考察。在国家政策导向、行业发展趋势和实践管理需要的多重驱动下，我们聚焦建设项目电子档案标准及系统构建这一核心议题，合理架构了学术界、实践部门与技术研发专家相结合的写作团队，通过学理分析、实证研究、系统设计等深度研究，旨在为当前建设项目电子档案管理中的主要问题提供科学、可行的参考方案。

数字环境下，电子档案对于建设项目管理具有深远影响。它不仅改变了传统档案管理的思维和模式，更在提升档案管理效率、保障档案信息安全、促进档案资源开发利用等方面展现出巨大的潜力。而想要真正实现电子档案的科学管理，就必须制定出符合实际需求的格式规范和数据标准，并构建安全可控、易于维护、便于使用的电子档案管理系统。

为此，我们积极响应国家“安可”“信创”的要求，提出了新的电子档案格式规范和数据标准，并设计了具有自主知识产权的电子档案管理系统。这一系统不仅满足了电子档案管理的基本需求，还引入了区块链技术和大数据技术，为电子档案的真实性验证、完整性校验、智能化检索提供了有效解决方案。我们相信，这一系统的推广和应用，将进一步提升我国建设项目电子档案管理的水平和利用效能。

本书脱稿之日，正是柯桥至诸暨高速（柯诸高速）全线贯通的典礼日，也是深中通道通车半年之时，前者是中国人民大学“2024年档案数据领域创新案例”优秀案例，后者为国家档案局2024年优秀科技成果一等奖；前者为浙江省首个全过程采用电子档案管理的项目，后者为全国首个全过程采用电子档案单套制管理的项目。这两个项目的成绩代表了电子档案管理在实践中已经获得高度认可。本书相当部分调研数据和实例研究均来自上述项目的建设方和参建方，在此表示感谢和祝贺！

《电子档案管理办法》（国家档案局第22号令）于2024年11月1日正式生效，为本书的研究成果增加了政策注脚，也表明了国家层面对于建设工程项目实施电子档案管理的决心与定力。我们满怀期许，愿此书能为中国建设行业广泛接纳并实施电子档案管理注入强劲的驱动力与创新活力。

在本书的撰写过程中，我们得到了来自行业管理部门、设计单位、建设单位、施工单位、监理单位以及信息化服务单位等多方面的支持与帮助。他们不仅为我们提供了宝贵的研究资料和实践案例，还在我们遇到困惑时给予了耐心的解答和指导。在此，向他们表示诚挚的感谢！

感谢参与书稿相关问题调研的专家、学者和从业人员。他们的意见和建议为我们提供了宝贵的参考和启示，使得本书的内容更加贴近实际、更具针对性。

感谢钟福平、卢贵英两位同人在书稿相关资料搜集与修改校对期间的默默奉献。

感谢湖南大学出版社编辑对本书出版的辛勤付出。

感谢所有关心本书并为之付出努力的家人、朋友和同事。你们的理解和支持是我们能够坚持完成这项研究的重要动力。

由于时间、精力、学识有限，我们深知本书还存在诸多不足之处。恳请各位方家批评指正，不胜感激。

聂云霞　阮洪银　张泽升

2024 年 12 月 16 日